JÚLIO CÉSAR

Série Biografias **L&PM** POCKET:

Átila – Eric Deschodt / Prêmio "Coup de coeur en poche" 2006 (França)
Balzac – François Taillandier
Baudelaire – Jean-Baptiste Baronian
Billie Holiday – Sylvia Fol
Cézanne – Bernard Fauconnier / Prêmio de biografia da cidade de Hossegor 2007 (França)
Freud – René Major e Chantal Talagrand
Gandhi – Christine Jordis / Prêmio do livro de história da cidade de Courbevoie 2008 (França)
Júlio César – Joël Schmidt
Kafka – Gérard-Georges Lemaire
Kerouac – Yves Buin
Leonardo da Vinci – Sophie Chauveau
Luís XVI – Bernard Vincent
Michelangelo – Nadine Sautel
Modigliani – Christian Parisot
Picasso – Gilles Plazy
Shakespeare – Claude Mourthé
Van Gogh – David Haziot / Prêmio da Academia Francesa 2008

Joël Schmidt

JÚLIO CÉSAR

Tradução de Paulo Neves

www.lpm.com.br

Coleção **L&PM** POCKET, vol. 559
Série Biografias/4

Título original: *Jules César*

Primeira edição na Coleção **L&PM** POCKET: novembro de 2006
Esta reimpressão: julho de 2010

Tradução: Paulo Neves
Capa: Projeto gráfico – Editora Gallimard
 Ilustrações – Busto de Júlio César (detalhe) e O assassinato de Júlio César por outros romanos, entre os quais Brutus e Cássio, no Senado, 15 de março 44 a.C.
Revisão: Larissa Roso e Rosélis Pereira

CIP-Brasil. Catalogação-na-Fonte
Sindicato Nacional dos Editores de Livros, RJ.

S376j

Schmidt, Joël, 1937-
 Júlio César / Joël Schmidt; tradução de Paulo Neves. – Porto Alegre, RS: L&PM, 2010.
 272p. – (L&PM POCKET; v.559)

 Tradução de: *Jules César*
 Inclui bibliografia
 ISBN 978-85-254-1591-2

 1. César, Júlio, 101-44 a.C.-Biografia. 2. Roma-História. I. Título. II. Série.

| 06-3426. | CDD 923.1 |
| | CDU 929:32(37) |

© Éditions Gallimard 2005

Todos os direitos desta edição reservados a L&PM Editores
Rua Comendador Coruja 314, loja 9 – Floresta – 90220-180
Porto Alegre – RS – Brasil / Fone: 51.3225.5777 – Fax: 51.3221-5380

Pedidos & Depto. comercial: vendas@lpm.com.br
Fale conosco: info@lpm.com.br
www.lpm.com.br

Impresso no Brasil
Inverno de 2010

Sumário

César antes de César / 7
Como tornar-se César / 22
O político e o pródigo / 38
César e Cícero: um combate de líderes / 55
À sombra de Catilina / 71
O caso Clódio / 86
O primeiro triunvirato / 100
Início das guerras das Gálias / 116
As Gálias: um trampolim para César / 135
César e Vercingetórix / 149
A marcha sobre Roma / 158
A guerra civil / 174
Vitória de César sobre Pompeu / 189
César e Cleópatra / 203
Triunfos, vitórias, reformas / 214
Rumo à monarquia e à morte / 233
César depois de César / 252

ANEXOS
   Referências cronológicas / 259
   Referências bibliográficas / 262
      As fontes latinas / 262
      As fontes gregas / 263
   As obras fundamentais / 264
   Sobre o autor / 267

César antes de César

César pertence tanto à História quanto à lenda, ao mito e à realidade. É o único conquistador cujo nome passou às línguas européias como um título genérico, *kaiser* para os imperadores da Alemanha, e *czar* ou *tzar* para os da Rússia, o que lhe assegura a perenidade e a glória desde há mais de dois mil anos. Caio Júlio César soube conquistar tanto uma quanto a outra, graças certamente ao destino excepcional que soube forjar para si mesmo e graças ao talento de comunicador e de propagandista de sua própria pessoa.

De fato, nada predispunha César, muito embora bem-nascido, a tornar-se um dos personagens mais emblemáticos da Antigüidade romana; tanto assim que um de seus biógrafos alemães contemporâneos, Christian Meier, outorgou-lhe o título ambíguo de *outsider* na política romana, como se, na corrida em busca do renome da qual, em seu tempo, não foi o único a participar, ele não fosse esperado como o vencedor, muito menos considerado como o favorito por seus contemporâneos, mesmo no início de sua carreira política e militar.

César compreendeu o quanto suas origens muito singulares podiam colocá-lo, não de maneira automática, entre os primeiros dos romanos, mas que ele podia aspirar a uma existência de exceção a partir do momento em que soubesse tirar-lhes, por sua astúcia, sua coragem, sua inteligência e sua cultura, todas as vantagens. Suetônio, seu principal biógrafo latino, ou pelo menos o único cujo relato chegou até nós, juntamente com o do grego Plutarco, comprazeu-se em destacar frases capitais que César teria pronunciado sobre si mesmo, uma espécie de curta autobiografia, definindo em poucas linhas o homem e seu desejo de fazer carreira no seio de um mundo romano em plena mutação e de uma República que, sob o peso de suas conquistas e com instituições acometidas seguidamente de incapacidade, não podia mais pretender governar o mundo. Ela começa uma agonia que conduzirá

Roma a transformar-se em Império, do qual César, nascido em 101 antes de nossa era, foi, de certo modo, o promotor mais ardente e o mais atacado, sem poder tornar-se seu primeiro beneficiário, assassinado muito cedo, em 44 a.C.

> Por sua mãe, minha tia Júlia – declarou César na tribuna, quando era um dos questores encarregados das finanças de Roma – é oriunda dos reis; por seu pai, está ligada aos deuses imortais. Com efeito, de Anco Márcio descendiam os reis Márcio, cujo nome foi o de sua mãe; de Vênus descendem os Júlio, cuja raça é a nossa. Vêem-se assim unidas em nossa família a majestade dos reis, que são os mestres dos homens, e a santidade dos deuses, que são os mestres dos reis.

Com a idade de trinta anos, Júlio César impunha já a imagem de um homem cujos antepassados haviam estado muito próximos da realeza e, posteriormente, da República romana, e em cujas veias corria o sangue da deusa do Amor. De fato, queria a tradição que o Julius, ou Iule, fundador de Alba, a Longa, núcleo de Roma, fosse filho de Enéias, o herói troiano filho de Anquises e de Vênus. Esse tipo de filiação, cuja reivindicação poderia nos parecer risível se ignorássemos que os romanos a levavam a sério mesmo sem acreditar muito nos deuses, com freqüência era afirmado, sem ostentação mas com orgulho, pelas grandes famílias patrícias, como a de César. Através das origens de uma tal família, César podia invocar os costumes e a virtude dos antepassados sobre os quais repousava a estabilidade do poder romano e de seu senado, e aspirar a exercer os cargos de honra para culminar no supremo poder de cônsul. De certo modo, ele estava ungido, consagrado pelo passado prestigioso de Roma desde sua fundação, em 753 a.C., por Rômulo, filho do deus Marte. Trazia consigo o peso respeitável e respeitado de mais de seiscentos anos de história de Roma.

É verdade que ele podia também invocar antepassados menos míticos que haviam chegado ao consulado, como seu avô materno, Lúcio Aurélio Cotta, em 119 a.C. Assim como podia, remontando em sua genealogia a tempos mais remotos, citar dois antepassados que, respectivamente em 267 e em 157 a.C., ocuparam igualmente a função de cônsul. Mas César não ignorava que sua família tinha um lugar modesto na hierarquia da nobreza romana e não podia rivalizar com muitas outras grandes famílias patrícias, como a dos Cipião, por exemplo, cujos feitos de armas e o papel político foram capitais nos séculos III e II a.C., especialmente por ocasião da conquista da bacia do Mediterrâneo, das campanhas da Grécia, da Hispânia [Espanha], e durante as três guerras púnicas contra os cartagineses. Razão a mais, devia pensar César, para exaltar o papel eminente de alguns raros antepassados.

A questão de sua data de nascimento é objeto de debate, o que é curiosamente habitual nos personagens da História ou de importância nacional e internacional. Nasceu em 100 ou 101, de todo modo em 13 de julho? Jérôme Carcopino, em *Les Profils des Conquérants* [Os perfis dos conquistadores], inclina-se a favor da segunda hipótese. Veio ao mundo por cesariana, como afirmou Plínio, o Velho, e como ainda hoje é costume acreditar, para dar às crianças nascidas desse modo um certo prestígio? Nada é menos seguro. O sobrenome César teria sido atribuído a um Júlio que participou da segunda guerra púnica, entre 218 e 202 a.C., por ter abatido um elefante de Aníbal, pois sabe-se que César, em língua púnica, significa elefante! A exceção quase milagrosa de um nascimento de César fora das vias naturais de sua mãe Aurélia, o que o conquistador nunca desmentiu, serviu à sua propaganda e à de seus sucessores sem se basear na menor certeza.

No momento em que César nasce, no começo do século I a.C., a República romana está confrontada com uma das mais graves crises econômicas e sociais de sua história. O Senado, composto em sua imensa maioria de patrícios, é incapaz de avaliar o perigo e de compreender, por apetite de luxo e de lucro, ou mesmo de luxúria, as ameaças que pesam sobre o regime republicano. De fato, as conquistas romanas, que se completaram na segunda metade do século I a.C., permitiram aos senadores adquirir imensos territórios, cuja exploração, especialmente de terras produtoras de trigo, esteve na origem de riquezas consideráveis. Os escravos prisioneiros, em grande número, foram utilizados gratuitamente nessas terras, a fim de explorá-las para seus mestres romanos ou para nelas praticar a criação de gado intensiva, ocasionando, com isso, uma baixa calamitosa do preço do trigo da península italiana. Pequenos proprietários e modestos agricultores que ali viviam viram-se arruinados, assim como os trabalhadores agrícolas, os capatazes e os rendeiros. Deixando suas terras não cultivadas, eles vieram engrossar a plebe das cidades, obter, pela mendicidade ou pela delinqüência, alguma subsistência, ruminar seu ódio aos mais ricos que os haviam espoliado. A fratura social que sempre existira na República romana controlada pela oligarquia senatorial tornou-se um verdadeiro abismo, com o risco de transformar-se num foco pernicioso de revoltas endêmicas ou de revoluções violentas.

Trinta anos antes do nascimento de César, algumas personalidades oriundas dos patrícios, porém mais lúcidas e atentas que seus colegas ao perigo que constituía essa crise econômica em que os ricos eram cada vez mais ricos e os pobres cada vez mais pobres, tentaram promover reformas para diminuir as tensões sociais e apaziguar o descontentamento do povo miúdo. Dois irmãos, Tibério e Caio Graco, provenientes por sua mãe, Cornélia, da família dos Cipião, e por seu pai da não menos nobre dos Semprônio, engajaram-se nessa luta difícil, mas em vão, promulgando leis agrárias em defesa dos mais desfavorecidos. Mas o egoísmo dos senadores fez com que os dois reformadores acabassem sucessivamente por perecer de morte violenta, entre 133 e 122 a.C. É muito provável, ainda que a História permaneça silenciosa sobre esse ponto, que a família de César não tenha desaprovado essas mortes, fosse porque fizesse uma idéia elevada de suas origens e de sua aristocracia, fosse porque quisesse, ela também, proteger os bens adquiridos por seus antepassados no momento das conquistas.

Ela defendeu abertamente o Senado, que não poupou esforços, entre os anos 121 e 109, para apagar o mais rápido possível, até mesmo da lembrança, as iniciativas sociais e financeiras dos Graco, e que praticou uma política autoritária e conservadora, expulsando e matando todos aqueles que, de perto ou de longe, haviam ousado apoiar os dois irmãos, considerados como inimigos do povo romano. Cerca de três mil defensores dos Graco encontraram a morte durante essa proscrição sem precedente, outros foram detidos e aprisionados, vários deles estrangulados na prisão de Tullianum, em Roma.

Certamente no seio do Senado se ergueram alguns espíritos esclarecidos que aos poucos tentaram, auxiliados por alguns tribunos da plebe, conter essa política, a seus olhos suicida para a coesão da República romana. Essa oposição dos populares, como eram chamados, não tendia de modo algum a provocar uma revolução, mas a retomar algumas das reformas dos Graco, suavizando-as, a fim de prevenir uma sublevação possível da plebe, reduzida com freqüência à mais extrema miséria.

No ano 107, seis anos antes do nascimento de César, o partido popular consegue fazer eleger um cônsul favorável a suas idéias, Mário, cavaleiro originário, como o será mais tarde Cícero, de Arpinum, que acabava de vencer Jugurta, rei da Numídia, como chefe do estado-maior do cônsul Metelo, após uma luta de quatro anos. Mário, então com cinqüenta anos de idade, graças às suas origens obscuras e também à sua franqueza e à sua desconfiança em relação à aristocracia, chega à função suprema na República e é logo considerado pelos populares como seu chefe e como o homem providencial capaz de curvar a arrogância dos patrícios, em razão de seu próprio prestígio militar. Com efeito, foi ele que comandou, após sua eleição, o exército romano na província da Numídia, onde no ano seguinte Jugurta foi traído e entregue aos romanos.

É verdade que os romanos, sobretudo por ocasião das grandes guerras de conquista, haviam freqüentemente dado plenos poderes a seus generais, e a carreira de muitos membros da família dos Cipião, nos séculos III e II, podia testemunhar essa popularidade, às vezes próxima da adulação, que nunca lhes fora recusada. Mas, pela primeira vez, uma maioria de romanos confiava-se a um general-chefe para não apenas prosseguir a luta contra os númidas, a fim de conquistar a África do Norte, mas também para buscar dirigir a política romana num sentido favorável à plebe.

Mário aparece como o primeiro sinal de uma mudança nos costumes políticos, por muito tempo imobilizados, que César haveria de explorar mais tarde. Com efeito, esse homem rústico, rude, mas adorado por seus soldados, esposara alguns anos antes Júlia, a irmã do futuro pai de Júlio César. Assim, uma família patrícia de origens prestigiosas e divinas aceitava ligar-se a um militar plebeu, o que de certo modo simbolizava uma evolução na mentalidade de uma pequena parcela esclarecida da nobreza romana, em relação ao conservadorismo intransigente da maioria de seus membros e dos senadores mais obtusos. Sem dúvida alguma, César saberá lembrar-se disso, quando chegar à idade de apreciar essa aproximação, tirando lições e um modelo para sua futura carreira militar e política.

Mário, enquanto prossegue seus feitos militares e rechaça os teutões perto de Aix-en-Provence, em 102, e os cimbros em Vercelli, na Itália, em 101, faz-se reeleger várias vezes cônsul, argumentando que não convém mudar de comandante, sempre vitorioso, em plena luta contra os bárbaros, e que, portanto, ele é o único homem de Estado a poder salvar a República ameaçada pelas hordas germânicas.

Foi em meio a esse temor de uma invasão, como Roma já a conhecera em 389 a.C., durante seu cerco pelos gauleses de Breno, que Aurélia deu à luz César. Nessa época, Roma era o palco de uma agitação inquietante entre facções que se preparavam para a guerra civil, uma dirigida por Mário e o partido popular; outra, pelo partido senatorial e por Sila, militar igualmente coberto de glória e ex-subordinado de Mário, cujo apetite pelo poder ele não suportava. Se o pai de César contava em sua família tios, um irmão e um primo que haviam exercido a função de cônsul, Aurélia podia também se orgulhar de ser a filha de Aurélio Cotta, cônsul em 119.

Os primeiros anos da infância de César serão agitados por lutas intestinas que a guerra dita social apenas irá reforçar. Esta, de fato, irromperá por volta dos anos 90, quando os povos da Itália, cansados de se verem excluídos das riquezas acumuladas por Roma graças às conquistas, se revoltarão para ter também sua parte no butim. Sila, no curso de várias campanhas, reprimirá essa sublevação de uma maneira impiedosa. Com isso ganha o reconhecimento dos senadores, torna-se o chefe deles frente a Mário e faz-se eleger cônsul em 88.

Não parece que a família de César, nessa época, tenha sofrido muito com essas hostilidades, mesmo que se possa ter certeza de que devia sentir simpatia por Mário, o tio por aliança do jovem Caio Júlio. Mas ela evita intervir diretamente no conflito implacável que oporia os partidários de Mário e os de Sila e concentra-se na educação de Caio Júlio, sem esquecer a de uma filha mais moça, Júlia, que um dia, por seu casamento com Átio Balbo, haveria de dar nascimento a Átia, a futura mãe de Augusto, o primeiro imperador de Roma. Eis aí outro sinal do destino de estranhos acasos de César, no núcleo de umas poucas famílias senatoriais que formavam uma espécie de curiosa endogamia política.

No momento do nascimento de Caio Júlio, seu pai exerce o cargo de questor, um dos primeiros postos na carreira das honrarias, e ele podia esperar um dia chegar ao posto supremo de cônsul. Ocupado por suas atividades na sede de Roma, ele divide com a esposa Aurélia os cuidados com a educação do jovem César, sabendo o quanto sua mulher se preocupava em respeitar os antigos costumes de educação a que se submetia sem exceção todo jovem patrício. De fato, Aurélia é conhecida por ser um modelo da matrona romana, termo que não era então pejorativo, mas que designava toda mãe que respeitava os códigos e as práticas de Roma, e que se afirmava como um exemplo de virtude e de pureza de costumes no exercício de suas funções de mulher doméstica. Um pouco menos de dois séculos mais tarde, Aurélia será saudada e celebrada por Tácito, um dos maiores historiadores da Antigüidade romana, em termos marcados pelo louvor e a admiração, no capítulo 28 de seu *Diálogo dos oradores*. Ele compara Aurélia, mãe de César, a Cornélia, mãe dos Graco, cuja vida fora tão exemplar que os inimigos mortais de seus filhos nunca haviam atentado contra sua reputação. Tácito pronuncia esse elogio de Aurélia para saudar a boa educação que ela soube dar a César, como mais tarde Átia dará a seu filho Augusto. E o fará com tanto mais convicção quanto deplora, em seu tempo, a corrupção dominante em Roma, que "ataca", ele escreve, "nossos filhos desde o nascimento e, desenvolvendo-se com a idade, leva a depravação ao máximo". A educação e o ensinamento que César recebeu, explica ele, dependem de uma severa disciplina. Assim ficamos sabendo que, nascido de uma mãe virtuosa, César não foi abandonado aos cuidados incertos e talvez nefastos, para sua saúde, de uma ama-de-leite, mas que bebeu o leite da mãe e conheceu seus braços afetuosos.

Contudo, tão logo atinge a idade de falar e de se instruir, isto é, por volta dos sete anos, César deve submeter-se à autoridade do pai, que o introduz, como fazia Catão, o Antigo, com seu próprio filho, às primeiras práticas esportivas, obrigando-o a suportar sem queixa o frio do inverno romano ou os fortes calores do verão, especialmente na vila fora de Roma onde a família tinha o hábito de passar férias entre as diversas sessões do Senado. Ao longo dos anos, o jovem César praticará os exercícios esportivos mais rudes e competirá com jovens de sua idade e classe social na corrida a pé, no arremesso do dardo, no combate corpo a corpo, chamado pugilato, no recinto do Campo de Marte, às portas de Roma. Irá exercitar-se no lançamento do disco e, sobretudo, em montar a cavalo, a equitação sendo seu esporte preferido. Conta

Plutarco que ele gostava de um exercício particularmente perigoso, o de cruzar os braços atrás das costas sem guiar o cavalo nem controlar o passo do animal, de modo que às vezes se via o jovem cavaleiro sendo levado sem rédeas por seu cavalo a galope. No verão, e mesmo no inverno, a fim de acostumar o corpo ao frio, mergulhava no Tibre e o cruzava várias vezes. Oferecia-se assim como espetáculo aos parentes e amigos, bem como às famílias dos colegas que gostavam de acompanhar as façanhas esportivas de seus rebentos e, se necessário, encorajá-los ou morigerá-los.

Essa educação esportiva não era imposta a César, como a todos os jovens patrícios, apenas para respeitar tradições ancestrais; tinha por objetivo, sobretudo, prepará-los para suportar as provações físicas da guerra e fazer deles militares resistentes. Cabe supor que ela teve sucesso em César, pois os historiadores da Antigüidade sublinharam muitas vezes seu vigor e sua valentia quando se tornou comandante-chefe e se lançou nas conquistas militares. Suetônio, entre outros, relata uma de suas façanhas esportivas:

> Ele atacava uma ponte na Alexandria, mas a chegada brusca do inimigo obrigou-o a saltar num barco. Como saíssem em seu encalço, ele lançou-se ao mar e nadou a distância de duzentos passos, até a nave mais próxima, elevando a mão esquerda acima das ondas para não molhar os escritos que trazia, arrastando seu manto de general com os dentes para não deixar esse despojo aos inimigos

Plutarco não cessa de fazer o elogio da coragem física de César, adquirida ao longo de suas disputas esportivas no Campo de Marte, no começo da juventude: "César buscava nos exercícios da guerra um remédio a suas doenças: combatia-as com marchas forçadas, com um regime frugal, com o hábito de deitar-se ao ar livre, e fazia seu corpo resistente a toda espécie de fadiga".

Para sua aprendizagem intelectual, o pequeno César é confiado a um mestre escolhido entre os escravos gregos, célebres por sua instrução e sua pedagogia. Sob a férula desse professor, que às vezes se abate sobre seus ombros ou sobre seus dedos, ele aprende a leitura, a escrita, a gramática; depois, passados os dez anos de idade, a retórica e o grego, é claro, que se impõe a todo romano bem nascido como língua da cultura, da filosofia, da reflexão e da meditação. Alguns anos mais tarde, por volta de seus quinze anos, aprende o direito romano e a célebre Lei das Doze Tábuas, base das instituições políticas e administrativas de Roma, noções essenciais que lhe são ensinadas por um alforriado grego, nascido em Alexandria, então capital intelectual da bacia mediterrânea.

Muito jovem, César se envolve na vida cotidiana de sua cidade, não mais encerrado no ambiente familiar. É convidado com o pai às recepções e aos banquetes oferecidos pelos cônsules, pelos senadores, pelas outras famílias patrícias. Observa seu pai nas funções de edil, encarregado da intendência da cidade, e em seguida de pretor, responsável pelas finanças. Está atento às relações do pai com o Fórum, à sua clientela de eleitores e aos debates dos tribunais. De volta para casa, submete a seu pedagogo as observações que fez. Comparece aos festins dados por seus parentes a altas personalidades do Estado ou a renomados chefes militares e escuta as conversas. Prepara-se, assim, para ser um cidadão de Roma, antes de tornar-se um de seus animadores políticos, segundo o caminho traçado para um filho da nobreza romana.

O jovem César prossegue seus estudos não numa das escolas de retórica que começam a se multiplicar em Roma, mas com escravos ou alforriados de uma excepcional cultura, a ponto de serem comparados a dicionários vivos e ambulantes. Eram os chamados nomenclatores. Alguns são capazes de recitar trechos inteiros da história de Roma, outros conhecem a filosofia grega e desfiam, diante do aluno, citações de Sócrates e de Platão ou os princípios da retórica grega, objeto de esnobismo intelectual na época. Outros, ainda, têm saberes enciclopédicos e podem evocar todos os assuntos. É possível que Plínio, o Velho, os tenha consultado para escrever sua *História natural*, que tinha a pretensão de ser a enciclopédia universal de seu tempo, na qual se misturavam o utópico, o real, o legendário ou o histórico. Dotado de grande memória, César escuta, escreve em suas tabuinhas, retém, aprende de cor, consulta os rolos, as tabuinhas e os pergaminhos nos arquivos públicos, como os do Senado, mas também na biblioteca de seus pais, pois todas as famílias patrícias se orgulham de possuir uma. É ainda um garoto, mas está ciente de que, destinado por sua classe social às funções da política ou da justiça – embora as duas carreiras muitas vezes se confundam, e Cícero será o exemplo mais famoso –, deverá saber replicar aos contraditores, aguçar os argumentos por meio de citações, utilizar a dialética, construir um plano de seus discursos, a fim de impressionar e vencer os adversários pela força mesma de sua cultura e de seus argumentos.

No meio de tantas ocupações, Caio Júlio César certamente não conhece os prazeres inocentes ou gratuitos das brincadeiras da infância. Já é considerado, às vésperas da adolescência, um adulto. Não é algo que lhe cause lamento ou incômodo; ele consagra-se a Roma, a seu serviço, ao da República. Não tem ainda quinze anos, ainda veste a toga pretexta, bordada com uma faixa cor de púrpura, mas já o consideram com gravidade, e ele extrai disso um incontestável sentimento de superioridade e de confiança em si.

No início do ano 86 a.C., Mário está no poder, que lhe é contestado por Sila. As ruas de Roma são percorridas por partidários de um e de outro. A guerra civil é uma realidade cotidiana observada por César, que se inclina naturalmente a favor de seu tio Mário. De repente, nesse mesmo ano, falece seu pai, vítima, ainda jovem, de uma crise cardíaca, quando acaba de aceitar o cargo de pretor, isto é, oficialmente, de administrador do tesouro de Roma. Plínio, o Velho, em sua *História natural*, baseado talvez no depoimento de um nomenclator de seu tempo, conta que a morte súbita do pai de César, em Roma, deveu-se aparentemente a esforços excessivos feitos ao levantar, de manhã.

Eis, portanto, César órfão, com a irmã. Mas a mãe deles é também uma mulher obstinada e, em vez do papel de viúva lacrimosa, quer levar até o fim a educação dos filhos, em particular a de Caio Júlio. Este, habituado a controlar seus sentimentos por uma educação geralmente impiedosa, reprime sem dificuldade seu pesar e não veste por muito tempo o luto pelo pai, já que se consagra, antes de tudo, à cidade de Roma e seu império. Pouco tempo depois, no dia de seus quinze anos, veste a toga viril durante uma festa oficial. Os tios e os primos, na ausência do pai, encarregam-se de apresentá-lo no Fórum ao povo de Roma, segundo um costume ancestral e um tanto solene. Depois, para testemunhar claramente que é um adulto completo, César vai ao Capitólio e oferece um sacrifício a Júpiter. Torna-se em seguida "auxiliar" de um senador cujo nome ignoramos e que se encarrega de iniciá-lo nos assuntos políticos. É autorizado a ouvir, do exterior, os debates do Senado, cujas portas permanecem abertas. É muito provável que, nessa época de lutas implacáveis, em que diariamente se reúnem nas ruas de Roma os partidários de Mário ou de Sila, ele tenha podido assistir, mesmo de longe, a disputas particularmente acirradas e ouvir discursos de uma extrema violência. Isto, com certeza, lhe daria uma impressão de desordem, o sentimento de que a República romana passava por uma crise fundamental e incurável, do que irá lembrar-se no futuro, quando diversas vezes estará no poder.

Aos dezesseis anos, quem é verdadeiramente Caio Júlio César? Segundo Suetônio, que traçou seus retratos em diferentes épocas, ele aparece como um jovem de "alta estatura, pele branca, membros bem proporcionados, rosto redondo, olhos negros e vivos, temperamento robusto (...) que faz um uso muito moderado do vinho" e não é, de modo algum, sempre segundo o historiador latino, um apreciador de manjares finos ou um glutão.

Ele prossegue seus estudos, aprofundando-os graças a professores de alto nível que sua mãe escolheu. Extremamente dotado, domina com perfeição o latim e tem uma particular afinidade pelo grego, língua cuja musicalidade e sutileza aprecia muito, chegando a praticá-la com freqüência em conversas com amigos.

Apesar dessas faculdades excepcionais de inteligência e dos conhecimentos que logo serão universais, e sobre os quais falaremos seguidamente, ele não se mostra como um jovem empolado, um intelectual retirado em seu gabinete de leitura. É galante, como lembra Suetônio, gosta de cuidar da aparência e busca conservar a pele fresca mediante ungüentos com que seus escravos lhe massageiam o corpo. Perfuma-se, faz-se depilar e barbear com freqüência pelos escravos. Cuida do vestuário, veste togas imaculadas ou túnicas, laticlavos bordados de púrpura e guarnecidos de púrpura e ouro, imitando cabeças de cravos, com franjas que descem até as mãos. Contrariamente ao hábito geral, usa sempre um cinto em volta da túnica, mas colocado de uma maneira bastante frouxa para fazer-se notar. Mania que fará o ditador Sila dizer, alguns anos mais tarde, dirigindo-se a seus companheiros: "Desconfiem desse jovem que usa tão mal seu cinto".

É verdade que ele não esperou muito para "fazer diabruras" e tornar-se um jovem sedutor reputado, colecionando aventuras e amantes sempre prontas a cair nos braços de um moço tão bem-nascido, galante e mesmo encantador, de conversação deslumbrante e vigor físico não menor. Sofrerá de uma calvície precoce, puxando habitualmente para a testa os raros cabelos de trás. Esse dandismo, essa frivolidade, sua mãe Aurélia certamente os deplora num filho visto como votado aos mais altos destinos. Mas ele com certeza a terá feito compreender que, nesses tempos em que os assassinatos são numerosos e os dois partidos, o de Mário e o de Sila, exigem que se faça uma escolha política clara em seu favor e que se arrisque a existência por uma ou por outra causa, é preferível aparecer provisoriamente como um personagem sem ambição e mais preocupado com sua boa fortuna do que com o futuro da República. Caio Júlio César, que nada ignora da história de Roma, desde os reis até os tempos de seu nascimento e de sua infância, utiliza pela primeira vez a dissimulação e a astúcia, duas qualidades de um homem político já experiente e que lhe serão em muitos momentos necessárias.

Aurélia aceita facilmente as razões do filho, com quem manterá relações de grande confiança. César não hesitará várias vezes em pedir-lhe conselho. Irmã de Júlia, esposa de Mário, ela está decidida a integrar o filho à causa do partido popular, ou marianista, opondo-se à oligarquia senatorial cujo cego espírito de cupidez, perigoso para a tranqüilidade da República, ela não partilha.

Em 87, Mário, após diversas tribulações no além-mar, consegue escapar à prisão e à execução, fugindo no momento oportuno, e acaba por entrar à força na cidade graças à aliança de Cinna, o cônsul do ano 87. Os dois expulsam os partidários de Sila em lutas fratricidas particularmente horríveis, e fazem-se eleger cônsules para o ano 86. Mário, porém, com 71 anos de idade, sofre uma pleurisia e morre no décimo oitavo dia de seu consulado. Os partidários do velho chefe permanecem no poder, aproveitando o afastamento de Sila, que partiu dois anos antes em expedição contra Mitridates, o rei do Ponto. Eles já reconhecem em César um dos seus, e certamente um dos mais dotados, mas desejam que alguns anos passem antes de integrá-lo verdadeiramente a seu partido; enquanto esperam, querem protegê-lo fazendo-o sacerdote de Júpiter, numa espécie de retiro provisório para sua salvaguarda e proteção. Mas as negociações são difíceis para fazer admitir um homem tão jovem numa confraria patrícia formada por homens idosos.

Aurélia, sempre para proteger o filho de uma escolha política precipitada em favor dos marianistas para os quais ele pende cada vez mais, casa-o, em 84, com uma certa Cossúcia, filha de um obscuro cavaleiro e plebeu muito rico. Essa moça, que certamente não inspira ao jovem libertino qualquer sentimento, serve-lhe, de certo modo, de escudo provisório à espera de melhor. Ele não irá esperar muito. No mesmo ano, Cinna, o herdeiro dos poderes de Mário, oferece-lhe sua filha

Cornélia em casamento. Com cinismo, e aconselhado pela mãe, César imediatamente divorcia-se de Cossúcia, recém desposada, e torna-se o genro de um dos homens mais poderosos de Roma. Promoção rápida e inesperada. Cinna havia observado bem César e reconhecera nele qualidades superiores por trás de suas atitudes de galanteador. Também não foi insensível ao parentesco de César com seu caro e venerado chefe, Mário.

Certamente pensa nele para sucedê-lo e, enquanto isso, o protege fazendo-o entrar sem dificuldade no colégio dos sacerdotes de Júpiter, que garante a seu protegido imunidade total no caso de a guerra civil recomeçar, além de conferir-lhe uma honra não menos negligenciável. Mas essa estratégia fracassa no final do ano 84, quando Cinna é assassinado por um dos oficiais de sua tropa, no momento em que seu exército se preparava para passar da Itália à Grécia, onde enfrentaria Sila e seus soldados que marchavam em direção a Roma.

Papírio Carbo, que sucede a Cinna como chefe do partido popular, não possui nem o carisma nem a inteligência do predecessor. Não sabe negociar com Sila, que, acompanhado de suas legiões, entra em Roma em 83 e durante três anos elimina todos os seus adversários, retomando o controle de um Senado amedrontado e convencendo a ilustre assembléia de que a nobreza romana, por um instante derrotada pelos populares apoiados por traficantes e prevaricadores recrutados entre os cavaleiros, deve novamente governar, para o bem da República. Nomeado ditador, Sila se encarrega da sinistra tarefa, que repugna aos senadores, das proscrições e dos assassinatos programados.

Como tornar-se César

Entre as vítimas designadas encontra-se, naturalmente, César, sobrinho de Mário e esposo da filha de Cinna, uma dupla provocação insuportável para Sila, homem de autoridade a quem ninguém ousa resistir. Sila percebeu que César, sob as aparências de um jovem brilhante e superficial, esconde ambições bem mais profundas. Ele exige que César repudie Cornélia. Talvez tivesse mesmo o secreto propósito de casar César com sua filha, fazendo entrar em sua família esse homem perigoso, a fim de neutralizá-lo. César retira então a máscara e mostra-se irredutível diante da exigência do ditador, expondo, assim, sua vida à crueldade de um homem que matou milhares de oponentes. Num primeiro momento, Sila, nas palavras de Suetônio, "retira de César as funções de sacerdote de Júpiter, priva-o dos bens de sua esposa, das sucessões de sua casa, e o considera desde então como um inimigo". Antes de abatê-lo, quer, portanto, arruiná-lo política e financeiramente.

Mas César, certamente sustentado pela mãe, sempre à altura das circunstâncias, mesmo as mais dramáticas, não cede, mostrando uma coragem já exemplar e uma fidelidade total à causa que escolheu. Ele também não ignora que os senadores estão mais aterrorizados do que fascinados por Sila e que apreciarão sua temeridade se for bem-sucedida. Imediatamente os esbirros, a soldo de Sila, passam a persegui-lo. Suetônio conta que "César foi obrigado a se esconder e, embora acometido de febre quartã, a mudar quase todas as noites de esconderijo, para se livrar, a preço de dinheiro, das mãos dos que o perseguiam". Ou seja, descoberto, mas sabendo o quanto os homens são fáceis de subornar, ele teria regado com moedas de ouro e prata seus perseguidores, que teriam, desde então, cessado implicitamente as buscas. No curso de sua carreira, César, nos perigos supremos, utilizará com freqüência a arma da corrupção.

Sila é então instado por vários de seus amigos, por Mamerco Emílio, pelas vestais de seu palácio, por Aurélio Cotta, um primo-irmão de César que será cônsul em 75, a perdoar um jovem simplesmente mais fogoso que os outros. Ao cabo de longos meses, e após ter resistido a esses pedidos e súplicas, Sila, já experimentado pelo peso do poder, acaba por ceder. Mas, segundo Suetônio, "ele exclamou, por uma inspiração divina ou por um secreto pressentimento do futuro: 'Está bem, vocês venceram; fiquem satisfeitos. Mas saibam que aquele cuja vida lhes é tão cara esmagará um dia o partido da nobreza que defendemos juntos. Pois há em César mais de um Mário'." Ele viu bem.

César, que nessa época está com vinte anos e cuja consciência e o conhecimento dos homens e da política se aprofundaram e refinaram, não deixa de sentir uma certa admiração por Sila, por sua obstinação em conservar o poder, por seu valor militar, por seu papel de protetor de um Senado e de uma nobreza incapazes de governar. Mas ele conhece muito bem a crueldade, o cinismo e a astúcia de Sila para não desconfiar de seu pretenso perdão. Decide, então – estamos no ano 82 –, certamente aconselhado pela mãe e pelos parentes próximos, afastar-se o mais rápido possível de Roma, antes que o ditador mude de idéia e mande prendê-lo. Como é costume para os jovens romanos patrícios começarem sua carreira política no serviço armado durante um ano, e eventualmente numa das províncias conquistadas por Roma, ele embarca em Óstia quase clandestinamente e dirige-se à província da Ásia comandada pelo pretor Marco Minúcio Termo, um partidário declarado de Sila.

César é acolhido com alegria pelo pretor, que sem dúvida reconhece em Caio Júlio um homem de futuro do qual é preferível ser um amigo do que um inimigo. Constatando seu zelo e seu desejo de servir, encarrega-o de uma missão delicada, a de obter junto ao rei Nicomedes IV da Bitínia, um aliado, os navios de guerra que Roma reclamava em vão para aumentar os efetivos de sua frota. Para grande assombro dos auxiliares do pretor, César cumpre sem dificuldade a missão junto a esse soberano, conhecido por seus gostos homossexuais. Talvez César, que freqüentara jovens efebos e não sentia repulsa, a exemplo da juventude romana, de abandonar às vezes o caminho das damas – ainda que os romanos não fossem como os gregos e pouco apreciassem essa prática sexual, quando não a escarneciam –, tenha aceitado, antes de obter o título de chefe da esquadra dos navios, partilhar o leito do rei e, conforme o boato que logo chegou a Roma, tornar-se por algum tempo seu amante.

César não cessará de ouvir mexericos, gracejos maliciosos sobre esse episódio de sua vida. Suetônio afirma que essa relação íntima com Nicomedes prejudicou sua reputação e o acompanhou como um opróbrio inapagável, eterno. O historiador peca por exagero; por escrever baseado nas torpezas sexuais dos imperadores da dinastia júlio-claudiana, certamente na época do reinado de Trajano, ele projeta em seus escritos a ordem moral dessa época. É verdade que no tempo de César os costumes adquiriram uma liberdade pouco comum e que sua denúncia pelo povo, pelos escritores, pelos poetas, é também um jogo libertino do qual ninguém se priva. Em Roma, todos gostam de gracejar, e Nicomedes e César são temas favoritos para exercitar o espírito. César não se melindrará com isso, sabe perfeitamente que é preferível falarem dele, mesmo zombando, do que o ignorarem.

Suetônio reuniu um florilégio dos gracejos romanos a respeito; eis alguns deles:

> Não lembrarei estes versos, tão conhecidos, de Calvo Licínio:
>
> > Roma iguala em horrores a Bitínia infame
> > E o impudico rei do qual César foi a fêmea.
>
> Não citarei os discursos de Dolabella e de Curião, o pai, em que César é chamado pelo primeiro "a rival da rainha, o assento interior da liteira real" e, pelo segundo, "a cloaca de Nicomedes" e "a prostituta bitiniana". Não me deterei

tampouco nos éditos de Bíbulo contra seu colega, éditos nos quais o trata de "rainha da Bitínia", reprovando-lhe, ao mesmo tempo, seu antigo gosto por um rei e sua recente inclinação pela realeza. Bruto relata que nessa mesma época um certo Otávio, espécie de iluminado que se arrogava o direito de tudo dizer, deu a Pompeu, diante de uma assembléia numerosa, o título de rei e saudou César com o nome de rainha. Mêmio também o acusa de ter servido Nicomedes à mesa, com os eunucos desse grande príncipe, e de ter-lhe oferecido a taça e o vinho diante de um grande número de convivas, entre os quais se achavam vários negociantes romanos, cujos nomes ele cita. Cícero, não contente de ter escrito, em suas cartas, que César foi conduzido por seus guardas ao quarto do rei, que lá se deitou, coberto de púrpura, num leito de ouro, e que esse descendente de Vênus prostituiu na Bitínia a flor de sua idade, disse-lhe um dia, em pleno Senado, onde César defendia a causa de Nisa, filha de Nicomedes, e lembrava o reconhecimento que devia a esse rei: "Peço-lhe que deixemos isso de lado. Sabemos muito bem o que recebeu dele e o que deu a ele."

É interessante notar que são os adversários de César que divulgam essas insinuações, o que não quer dizer que não tenham fundamento. Mas César as tratará sempre com o silêncio do desprezo, o que era boa tática. Apesar do que escreve Suetônio, os amores do rei Nicomedes nunca prejudicarão a carreira nem mesmo a reputação de César, sedutor impenitente de numerosas mulheres, como veremos ao longo de sua vida. Tampouco o impedirão de distinguir-se nessa província da Ásia por iniciativas e ações militares surpreendentes. De fato, ele parte em campanha e não se contenta em permanecer prudentemente no seio de um pacífico estado-maior de guerra, mas arrisca-se ao perigo, participando na linha de frente da tomada de Mitilene. Estando um de seus soldados a ponto de ser cercado, ele consegue salvá-lo e neutralizar seus atacantes. Por essa façanha, obtém do pretor Termo uma alta condecoração, comparável à nossa medalha militar, a coroa cívica trançada de folhas de carvalho, e que o beneficiário podia usar em cerimônias e ocasiões solenes.

Assim que ele aparecia numa assembléia com a fronte cingida dessa condecoração, os espectadores, como os senadores, eram constrangidos a levantar-se para saudá-lo.

César deve ter considerado essa coroa como o primeiro emblema de sua marcha rumo ao poder supremo. Ele prossegue, então, suas atividades, tomando o mar para chegar à Cilícia, governada por um certo Servílio Isáurico, ao qual propõe por algum tempo seus serviços. Encontra-se ainda na Cilícia quando lhe chega, no ano 78, o anúncio da morte de Sila. Ele volta imediatamente a Roma, esperando encontrar em Marco Emílio Lépido, cônsul naquele ano e aparentemente oposto a Sila – a ponto de tentar impedir que o ex-homem forte de Roma tivesse funerais no Campo de Marte –, um amigo e um aliado para suas ambições políticas.

Mas Lépido busca apenas tomar o poder no lugar do falecido ditador. Por pura demagogia, finge abolir as leis atrozes que este promulgara, provocando na Etrúria as primeiras revoltas dos espoliados de Sila, o que inquieta o Senado. Lépido parte à frente de várias legiões para debelar essa rebelião. Mas faz isso frouxamente e, no início do ano 77, recusa-se a voltar a Roma para as eleições consulares e acampa com suas tropas na Etrúria, armando os revoltosos e os ex-partidários de Mário. Desse modo, trai a causa dos senadores, que o declaram inimigo público e lançam contra ele seu colega de consulado Catulo, doravante seu adversário, e um certo Pompeu que não esconde sua cobiça pelo poder. Os exércitos de Lépido, que chegam até as portas de Roma, são logo derrotados. Seu chefe, arrasado e obrigado a se esconder, adoece e morre no verão de 77.

E César? Ele era muito prudente para se lançar nessa aventura temerária; muito embora, segundo Suetônio, tenha sido procurado por Lépido, que queria associá-lo a seus propósitos, evitou se envolver. Compreendeu que seria apenas o segundo, em caso de vitória, e, em caso de derrota, que sua carreira corria o risco de ser definitivamente truncada. No entanto, tentou uma operação legalista, acusando de concussão, durante um processo, Cornélio Dolabella, um ex-cônsul, outrora honrado com o triunfo reservado por Roma a seus maiores servidores, ex-partidário de Sila e protegido pela maioria conservadora do Senado. O processo não foi bem conduzido por César, ainda mal preparado aos ataques verbais, e acabou pela absolvição de Dolabella.

Compreendendo que a situação não está ainda madura e que os senadores são ainda muito vigilantes e poderosos, ele decide expatriar-se novamente, para não desgastar seu crédito e sua boa reputação em manobras políticas intempestivas, após o parto de sua esposa Cornélia, que lhe dá uma filha, Júlia – de quem sempre terá muito orgulho. De fato, ele se envolvera também num processo, que Plutarco evoca, contra um certo Antônio, acusado igualmente de concussão. Mas este apelou aos tribunos do povo, e César viu-se forçado, frente a uma hostilidade bem organizada, a exilar-se prudentemente uma segunda vez. Assim, torna a partir rumo ao Oriente, não para novas operações militares, mas para cultivar ainda mais seu espírito e freqüentar a célebre escola de retórica e de filosofia da ilha de Rodes, onde conta aprender a arte de ser um procurador ou um advogado, para enfrentar os inimigos e defender os amigos. Mas, sobretudo, ele se submete a um costume desde então habitual nas famílias patrícias, o de enviar seus filhos às terras gregas para lá estudarem.

Em Rodes, logo se revela o mais dotado dos discípulos de Apolônio Mílon, o mais célebre mestre de retórica de seu tempo. Tão célebre que é autorizado, durante uma visita que faz a Roma em 81, a exprimir-se em língua grega diante dos senadores. Cícero havia sido, um ano antes, seu fervoroso aluno, e junto a esse professor emérito César adquire a agilidade intelectual necessária e o senso da réplica obrigatória para pôr em dificuldade todo contraditor. César não é um neófito na arte da oratória. Muito jovem, distinguiu-se no gênero da eloqüência. Conta-se que tinha uma voz poderosa e que sabia unir, em seus movimentos e gestos, a graça e o calor. Deixou vários discursos. Plutarco enalteceu suas capacidades para a eloqüência política, cultivadas e ampliadas ao longo de seus estudos. Ele afirma inclusive que César "ocupava o segundo lugar entre os oradores de Roma", quando deveria ter sido o primeiro, mas que renunciara a esse título:

> Preferiu a essa glória a superioridade que o poder e as armas conferem. Desviado por outros desejos, ele não se elevou, na eloqüência, à perfeição a que a natureza o chamava: dedicou-se unicamente aos trabalhos militares e ao manejo dos assuntos políticos que o conduziram ao poder supremo. Assim, na resposta que deu, muito tempo depois, ao *Catão* de Cícero [sob o título de *O Anti-Catão*, duas obras que não chegaram até nós], ele pede ao leitor que não compare o estilo de um homem de guerra ao de um hábil orador que ocupava seu tempo com esse tipo de estudos.

Tácito, em seu *Diálogo dos oradores*, também insistirá nesse ponto, escrevendo: "Perdoemos a Júlio César, em favor de suas grandes ocupações e de seus vastos projetos, por não ter levado a eloqüência tão longe quanto se podia esperar de seu divino gênio".

Todavia, a despeito dessas reservas, Suetônio propõe uma série de testemunhos que mostra que a arte da oratória não foi tão negligenciada por César, que compreendeu que essa podia ser uma arma política persuasiva ou agressiva de grande amplitude. O próprio Cícero, embora com freqüência hostil a César, reconheceu, em seu *Bruto*, escrito no final da vida – onde enumera os oradores, por um diálogo imaginário entre seu amigo Ático e Bruto –, as qualidades oratórias de César em termos particularmente elogiosos:

> César é talvez, de todos os nossos oradores, aquele que fala a língua latina com mais elegância: não deve essa vantagem apenas aos ensinamentos recebidos na casa paterna. Certamente eles começaram a obra, mas César só chegou a essa admirável perfeição por estudos variados e profundos, seguidos com um grande ardor e um trabalho infatigável. Acaso não viste, ele acrescentou olhando para mim, ele referir-se, no tempo de suas maiores ocupações, a um erudito tratado sobre a língua latina, no primeiro livro do qual é dito que a escolha das palavras é a base da eloqüência?

Cícero, mestre da arte oratória, dirigindo-se um dia a César, teria lhe dito, sempre segundo o que relata seu *Bruto*: "Alguns tentaram, à força de prática e de aplicação, exprimir seus pensamentos sob formas brilhantes. Mas você foi o primeiro a descobrir todas as riquezas da elocução, e sob esse aspecto mereceu perfeitamente o nome romano e honrou a pátria". Mais adiante, ele prossegue:

> César, tomando a razão por guia, corrige os vícios e a corrupção do uso por um uso mais puro e um gosto mais severo. Assim, quando a essa elegante latinidade, necessária a todo romano bem-nascido, mesmo não sendo orador, ele acrescenta os ornamentos da eloqüência, seus pensamentos são como quadros perfeitos dispostos sob uma luz favorável. Dotado de tão belo privilégio, que ele une, aliás, às outras partes da arte, não vejo de que rival poderia ficar abaixo. Sua declamação é brilhante e cheia de franqueza; sua voz, seus gestos, todo o seu exterior têm algo de nobre e de majestoso.

Pode-se dizer que César, à leitura de seus discursos, especialmente aos soldados durante suas campanhas militares, uns trinta anos mais tarde, em nada ficava abaixo, na arte oratória e na argumentação, dos advogados mais experientes. Apaixonado pelo grego já na infância e na primeira juventude, ele aprofunda ainda mais o estudo dessa língua, que falará com freqüência e com refinamento.

Em 74, ele interrompe seus estudos quando Mitridates, rei do Ponto e adversário perpétuo de Roma, retoma a ofensiva e invade a Bitínia, que os romanos acabavam de adquirir por testamento do rei Nicomedes, como o fizeram com a província da Ásia legada em 133 pelo rei Átalo. César, amigo de coração e talvez de corpo de Nicomedes IV, como vimos, não suporta esse ultraje e dirige-se à Ásia Menor, onde reúne tropas em todas as cidades da região e expulsa um dos oficiais superiores de Mitridates da província da Ásia, na qual se infiltrara com seus soldados. É tal a rapidez de decisão e de execução que as cidades da Ásia Menor não ousam apoiar o rei do Ponto. Com vinte e sete anos, César, sem consultar ninguém, tomou uma decisão solitária, corajosa, mas igualmente eficaz, e salvou a província da Ásia de uma ocupação estrangeira. Alguns espíritos ressentidos poderão se irritar com tamanha audácia, com um tal atrevimento, diríamos hoje. Mas todos terão de se curvar ante um caráter dessa têmpera. Ele acaba de agir como um aventureiro, e ninguém pode criticá-lo. No final do ano 74, fica sabendo que foi escolhido para fazer parte do colégio dos pontífices e decide voltar a Roma.

Ele não teme navegar numa parte das águas do Mediterrâneo que sabe estarem infestadas de piratas. Estes não deixam de abordar sua embarcação nas proximidades da ilha de Farmacusa, entre Salamina e Chipre, e de fazê-lo prisioneiro. Tanto Suetônio como Plutarco narram esse episódio rocambolesco da vida de César, e o relato do segundo merece ser citado por seu aspecto pitoresco, mas também pelo retrato que faz de César e de sua inabalável fleuma.

> Os piratas pediram ao prisioneiro vinte talentos como preço do resgate. César alçou os ombros e pôs-se a rir, dizendo a seus carcereiros que merecia bem mais, levando em conta suas origens e sua personalidade, e lhes propôs cinqüenta talentos. Ordenou aos marujos, aprisionados com ele, que fossem à costa da Ásia Menor e recolhessem essa quantia nas diferentes cidades que atravessassem. De sua parte, permaneceu numa pequena ilha com um amigo e dois criados, em meio aos piratas cilicianos, conhecidos por serem "os mais sanguinários dos homens". Longe de buscar-lhes a indulgência, "tratava-os com tanto desprezo que, quando queria dormir, exigia num tom de comando que parassem de fazer barulho".
> Passou 38 dias assim, menos como um prisioneiro do que como um príncipe cercado por seus guardas. Não manifestando qualquer temor, jogava dados e ossinhos com eles, participava de seus exercícios militares e compunha poemas e discursos que lhes lia. Se alguns se mostravam refratários à sua cultura, não hesitava em chamá-los abertamente de ignorantes e bárbaros. Com freqüência os ameaçava, rindo, de mandá-los enforcar. Os piratas gostavam

dessa franqueza, que tomavam por uma ingenuidade e uma alegria naturais.

Eles deviam estar igualmente subjugados por uma personalidade que demonstrava ao mesmo tempo sangue-frio e autoridade.

"Assim que César recebeu da cidade de Mileto o resgate e o entregou aos piratas, ele foi libertado. Mas em vez de considerar o assunto encerrado, e querendo vingar a humilhação que sofrera, mandou equipar navios no porto de Mileto para atacar os piratas." Consegue surpreender estes na enseada de Farmacusa, onde são detidos em sua quase totalidade juntamente com o butim. César faz com que sejam levados e aprisionados na cidade de Pérgamo e solicita audiência ao pretor Júnio, então governador da Ásia, a fim de punir seus carrascos. Júnio, que era um homem particularmente venal, mostrou-se mais interessado pelo butim que César expôs diante dele do que pelo castigo aos piratas. Assim, respondeu evasivamente que pensaria no tratamento a infligir aos prisioneiros. Desrespeitando a lei que autorizava apenas o pretor a praticar justiça, César volta a Pérgamo e suplicia os piratas, crucificando-os, como lhes prometera na ilha em tom de gracejo. Eis um outro traço de seu caráter, em que a duplicidade se alia com a crueldade. Raros serão os momentos em que César sentirá remorsos após ter agido com ferocidade contra seus inimigos.

De volta ao mar, César é tomado de uma certa apreensão. Ele pôde escapar uma primeira vez dos piratas, mas não é certo que o mesmo milagre possa acontecer de novo, ainda mais que as informações circulam depressa no Mediterrâneo e os piratas, certamente sabendo do destino reservado por César a seus companheiros, devem estar decididos a vingá-los. Evitando embarcar num navio, ele escolhe uma pequena embarcação de quatro remos e leva consigo dois amigos, estudantes como ele em Rodes, e uma dezena de escravos. Assim atravessa toda a extensão do Adriático, segundo conta o historiador Veleio Patérculo, que acrescenta, um pouco maliciosamente:

> Durante o trajeto, César julgou avistar barcos de piratas. Imediatamente despiu suas roupas e, munido de um punhal, preparou-se para qualquer eventualidade. Mas logo reconheceu que se enganara, tomando por mastros de navios uma fileira de árvores que apareciam no horizonte.

Ele tem pressa de voltar a Roma. É verdade que durante sua ausência se manteve a par da política romana. Não ignora que nessa data o general Pompeu, cinco anos mais velho que ele e contemporâneo de Cícero – ambos nasceram em 106 a.C. –, está em campanha contra a sedição de Sertório, na Espanha e que, se em 74 ainda não obteve vitória, faz-se destacar pela bravura e pela tenacidade estratégica. Três anos mais tarde, será o senhor da situação, após o assassinato de Sertório e, de volta à Itália, juntar-se-á a Crasso na repressão contra a revolta de Espártaco e seus escravos. Diante de um tal concorrente, César não pode senão redobrar esforços e empenhar-se, desde o regresso a Roma, em fazer-se destacar, preocupado com a popularidade crescente de Pompeu.

Ao chegar a Óstia, vai imediatamente a Roma para assumir suas funções de pontífice no início do ano 73. Estas não são negligenciáveis e asseguram a quem as exerce um caráter particularmente sagrado. O descendente de Vênus pode estar satisfeito com elas. Ele faz parte de um colégio de quinze pontífices que zelam pelo respeito às leis religiosas de Roma e pelo culto prestado aos deuses. Lá é encarregado do calendário baseado no ano lunar, o que exige reajustamentos a cada dois anos. César, escolhido também em razão de sua idade para assegurar no tempo a continuidade, ocupa então o assento de um primo de sua mãe, Caio Aurélio Cotta, cônsul em 75. Ele encontrou o apoio de numerosos amigos que se apressam a fazer esquecer, junto a uma aristocracia desconfiada, suas opiniões em favor de Mário e sua hostilidade a Sila, atribuindo-as à impetuosidade de um jovem patrício. Seu afastamento também contribuiu para apagar um pouco a memória dos senadores e da aristocracia, que o reintegram nas honrarias de um cargo muito invejado. Em poucos anos, César reconquista, de certo modo, uma virgindade política.

Desde então ele não tergiversa mais e empreende a carreira política que lhe cabe por nascimento. Apresenta-se na votação da assembléia do povo, é eleito facilmente contra um concorrente, Caio Propílio, e, em 72, junta-se ao grupo de 23 outros tribunos militares, passando a encarregar-se do recrutamento das tropas. Este é tanto mais imperativo, pois Espártaco, chefe de uma coalizão de escravos revoltados, pequenos proprietários sem terra e trabalhadores agrícolas sem emprego, devasta a Itália, ameaçando inclusive Roma. É possível que, em sua qualidade de tribuno, isto é, de oficial, ele tenha assumido um comando e participado por algum tempo dessa guerra servil. Mas os biógrafos gregos e latinos de César permanecem mudos sobre esse período; certamente porque César não espera obter qualquer glória militar combatendo seres vis que são, para ele, os escravos, os quais não merecem sequer o nome de homens na ideologia antiga.

Quando, em 71, termina a epopéia trágica de Espártaco pela crucificação de mais de cinco mil escravos ao longo da via Ápia, César volta a Roma para sustentar proposições favoráveis ao poder dos tribunos do povo, cerceados por Sila, que deles desconfiava, e trabalha no sentido de fortalecê-los. Toma também a palavra a fim de reclamar a anistia, proposta por seu colega Pláucio, em favor de seu cunhado Lúcio Cinna e seus amigos, que alguns anos antes haviam defendido o cônsul Lépido e, após a derrota e a morte deste, refugiado-se imprudentemente na Espanha junto a Sertório, o secessionista. Ele consegue fazer passar a lei, atraindo para si os favores populares e a desconfiança dos senadores mais lúcidos.

É verdade que sua eloqüência faz maravilhas e, como diz Plutarco, "brilha com um vivo esplendor". Mas ela não basta, e César, que parece ter reencontrado aos trinta anos a fortuna, certamente graças à generosidade dos amigos, não teme viver daí em diante no fasto. "Ao mesmo tempo em que a afabilidade, a polidez, a acolhida graciosa que dispensava a todos, qualidades que possuía num grau acima de sua idade, angariavam a afeição do povo, por outro lado a suntuosidade de sua mesa e a magnificência em sua maneira de viver faziam aumentar aos poucos sua influência política". César compreendeu que as aparências eram tão importantes para seduzir, mesmo as camadas baixas da sociedade, quanto seus discursos, por mais brilhantes que fossem. De fato, o povo gosta de ser defendido por um homem de alta posição e que não abre mão da elegância, do prestígio pessoal.

Certamente César dá também o troco aos que poderiam tomá-lo por um perigoso político. Ele repete a todo momento, para aplacar a desconfiança dos senadores, uma frase tirada das Fenícias de Eurípides: "Se é preciso ser injusto, que seja para reinar. Em outras palavras, pratiquem a piedade." Como suspeitar de que tenha ambições políticas perigosas uma personalidade que diz tal frase, e que, além disso, é um pontífice? César é apenas um patrício viciado por dinheiro, um esteta apaixonado por cultura. Não acaba de compor uma tragédia sobre Édipo, um Elogio de Hércules, uma Coletânea de ditos espirituosos, como lembra Suetônio? Isto sem falar de diversos escritos libertinos e licenciosos, dos quais Augusto, cinqüenta anos mais tarde, preocupado em trazer de volta a ordem moral a seu império, se apressará em fazer proibir a publicação. Plínio, o Moço, amigo do imperador Trajano, um século e meio mais tarde, saudou, numa de suas cartas a Aríston, em César e em alguns outros personagens importantes, como Cícero, Sila, Sêneca, os imperadores Augusto (o que mostra que sua interdição era marcada de hipocrisia!), Tito e Nerva, o prazer que sentiu divertindo-se à leitura de seus escritos surpreendentes:

> Os que ignoram que os mais sábios personagens, os mais sensatos, os mais irrepreensíveis, escreveram coisas vulgares me fazem uma honra quando se surpreendem ao ver-me dedicar algumas horas a isso; mas ouso supor que os que conhecem meus modelos e meus guias me perdoarão facilmente, se me perco seguindo os passos de tantos homens ilustres, homens que não é menos glorioso acompanhar em seus divertimentos do que em suas ocupações.

A nomeação de César como questor, primeiro grau da carreira das honrarias, no ano 70, não inquieta os senadores, pois é uma tarefa que cabe a todo patrício interessado em contribuir para a glória da nobreza romana. Ele entra então no círculo muito fechado dos senadores e passa a vestir a túnica com a larga faixa púrpura. Mas César, como já foi dito, tem gostos particulares desde a adolescência e, contrariamente aos costumes, veste a túnica com um cinto bastante frouxo, para que o tecido pareça voar sob seus passos quando se desloca. Do mesmo modo, fez franjar a faixa púrpura. Tudo para distinguir-se e suscitar o espanto, a ira, mas nunca a indiferença. Para César, cada detalhe de sua vida conta, inclusive o das roupas, a fim de fazer-se notar em todas as ocasiões.

Ele também aproveita essa função para pronunciar, à morte de sua tia Júlia, viúva de Mário, seu elogio fúnebre na tribuna do Fórum. Escolheu bem o momento e o lugar. A ditadura de Sila e a guerra civil não foram esquecidas, especialmente pelo povo, primeira vítima desses distúrbios trágicos. É nessa ocasião que ele lembra, como sublinhamos no começo deste livro, suas origens divinas, que lhe foram transmitidas por sua tia, esposa de Mário. Numa provocação calculada, chega mesmo a fazer levar, atrás do cortejo fúnebre, retratos de Mário que, comenta Plutarco, "se mostravam pela primeira vez depois que Sila, senhor em Roma, fizera declarar Mário e seus partidários inimigos da pátria". César certamente atrai alguns apupos e murmúrios dos nostálgicos do ditador, porém – o mais importante – suscita aclamações espontâneas da plebe, que ele sabe muito bem que um dia lhe será necessária para chegar ao poder supremo. Segundo Plutarco, o povo manifesta "uma grande satisfação de ver trazidas de volta, por assim dizer dos Infernos, as honras de Mário, sepultadas havia tanto tempo". César vale-se do efeito-surpresa desse elogio inesperado para apoiar Pompeu e seu colega de consulado no ano 70, a fim de restabelecer o poder tribunício e ganhar prestígio junto ao povo miúdo de Roma, ao qual é restituído um poder injustamente confiscado por Sila.

Pouco tempo depois, sua esposa Cornélia, que ele terá amado profundamente, morre de forma prematura. Cornélia, irmã de Cinna, o inimigo jurado de Sila. César, escutando tanto sua dor quanto sua intuição política, pronuncia o elogio fúnebre. Trata-se de uma novidade em relação a uma jovem defunta, habitualmente saudada apenas pelas matronas romanas. Essa inovação, imposta por César com autoridade, surpreende e seduz novamente o povo que "viu nessa sensibilidade", escreve Plutarco, "a marca de costumes brandos e honestos". É provável, embora sobre isso se calem os historiadores antigos, que César não mencione seu sogro, pois sabe até onde pode ir sem transpor os limites da decência política.

No inverno de 69-68, César, então com 32 anos de idade, cumpre as tarefas de questor na Espanha-Ulterior, isto é, no sul dessa província, a fim de presidir, como é de praxe, as questões judiciárias, tarefa ainda mais importante em razão dos recentes distúrbios causados pela secessão de Sertório. Ele avança na província por pequenas etapas, sempre por terra. "Dizem que, ao atravessar os Alpes", escreve Plutarco, "e ao passar por um vilarejo ocupado por bárbaros gauleses e que era o palco de rivalidades entre seus habitantes, cada um deles desejando obter a primazia", César ouviu as reflexões de seus companheiros e soldados que diziam, rindo: "Será possível que também aí há brigas por cargos, disputas pela primeira posição, ciúmes entre os cidadãos mais poderosos?" E eles mostravam, às gargalhadas, os miseráveis casebres feitos de barro amassado com palha, objetos de tantas cobiças. César, em vez de rir, falou seriamente aos amigos: "Eu preferiria ser o primeiro entre eles do que o segundo em Roma".

Ele chega ao porto de Gades, a atual Cádis, na Espanha, alguns meses mais tarde, na primavera de 68. Lá avista uma estátua de Alexandre, o Grande, junto a um templo consagrado a Hércules, e sente uma grande tristeza. Passam-se algumas semanas e seus administradores o vêem, um dia, lendo, numa casa de campo posta à sua disposição, passagens em grego da história de Alexandre. Eles se surpreendem, algumas horas mais tarde, de encontrá-lo mergulhado em profunda meditação, com o rosto coberto de lágrimas. Perguntam-lhe a causa dessa aflição, e César, nas palavras de Plutarco, responde: "Não é um justo motivo de dor ver que Alexandre, com a idade em que estou, já havia conquistado tantos reinos, enquanto eu ainda não fiz nada de memorável?". Através dessa frase e dessa dor sincera, César não consegue ocultar sua ambição de dominação.

O afastamento de Roma lhe pesa e ele está tão impaciente de voltar que solicita dispensa do serviço antes de haver terminado seu tempo legal de questor. Tem o sentimento de cumprir apenas um papel de figurante numa Espanha pacificada por Pompeu e de ter-se afastado desastradamente do centro do poder romano. Segundo Suetônio, sucede-lhe então sonhar, uma noite, que viola sua mãe, o que o deixa muito perturbado ao despertar. Consulta adivinhos, encarregados da interpretação desse sonho incestuoso, e estes lhe dão em seguida uma resposta que irá satisfazê-lo: "Essa mãe que ele viu submetida a seus desejos não é senão a terra, nossa mãe comum", e portanto ele, César, estava destinado a dominá-la.

Ele volta lentamente por terra, passa pela Gália e detém-se por algum tempo na província da Gália cisalpina na Itália do Norte, cujas cidades reclamam o direito de cidadania romana, pois há muito foram colonizadas por romanos e as famílias patrícias de lá gozam já desse direito. César não comete, por certo, a imprudência de instigá-los à revolta, mas pede-lhes que pressionem Roma para que sua exigência seja ouvida. O Senado, informado e subitamente receoso, ordena a seus cônsules não retirarem suas tropas que se acham nessa província para enviá-las à Cilícia, como fora inicialmente previsto. A ilustre assembléia espera a partida de César para que as legiões se ponham em marcha rumo ao Oriente.

O político e o pródigo

César finge ignorar tudo e retorna tranqüilamente a Roma, onde, num primeiro momento, busca aproximar-se de Pompeu, homem forte da República romana, o vencedor de Sertório e, juntamente com Crasso, de Espártaco e seus gladiadores. César é recebido por Pompeu e seus amigos na vila deste, e acaba pedindo ao ilustre comandante-chefe a mão de sua filha Pompéia, que lhe é concedida. Por esse casamento, ele ingressa numa família que está no auge de sua popularidade e apazigua as maledicências e desconfianças dos senadores que viam nele um perigoso partidário de Mário. Pois Pompéia, por sua mãe Cornélia, vem a ser neta de Sila! César, mesmo em sua vida privada, joga mais uma vez com a duplicidade. Ora se aproxima dos mais conservadores da nobreza, ora agita as imagens de Mário para mostrar à plebe que não a esquece.

Em 67, muito naturalmente e confiante em seu recente casamento, César apóia todos os decretos – propostos por A. Gabínio, tribuno da plebe – que visam conferir plenos poderes a seu sogro para pôr fim às incursões de piratas. Pompeu finge-se de modesto, para não ser visto como um general-chefe que se valeria de decretos no limite da legalidade para exigir sempre mais poder. Mas os senadores não se deixam iludir por essa atitude no mínimo hipócrita e instigam dois outros tribunos da plebe a exercer o veto contra a proposta de Gabínio. A multidão se enfurece, há tumulto e ameaças de morte aos tribunos que buscam em vão contemporizar. Pompeu obtém os plenos poderes militares e sobretudo financeiros para se lançar em sua expedição contra os piratas. A atitude de César, dessa vez, foi sem ambigüidade: ele apoiou a moção de Gabínio, e conta-se que foi o único senador a agir assim. Mas teve sua recompensa, pois o povo lhe é grato. No ano seguinte, em 66, propõe uma lei de exceção que confere a Pompeu amplos poderes para combater mais uma vez o indestronável Mitridates, rei do Ponto, no Mar Negro. Desta vez, ele recebe o apoio de ex-cônsules e sobretudo de Cícero.

A estratégia política de César foi bem-sucedida. Aliado de Pompeu, o único que pode se opor ao Senado, totalmente desguarnecido, e que tem a confiança do partido popular, ele se sente protegido por alguns anos e pode considerar novas táticas para enfraquecer ainda mais o poder dos senadores e algum dia colher todos os benefícios somente para si.

Enquanto Pompeu guerreia no Mediterrâneo contra os piratas e depois contra Mitridates, César dá um novo passo na carreira das honrarias e se torna, em 66, curador da via Ápia, uma das mais importantes estradas que liga Roma à Campânia e às províncias do sul da Itália até Brindisi. A função que exerce então não é menor. Consiste em verificar o estado da estrada que, nessa época, não é ainda pavimentada, exceto nas entradas das cidades. Ele deve zelar para que permaneça transitável para carroças, charretes, cavaleiros ou simples pedestres no inverno, fazendo despejar sobre a terra, por exemplo, areia e cascalho. Às vezes, inundações destroem passarelas ou pontes, que o curador deve fazer reconstruir o mais rápido possível. Ele deve cuidar também que os vaus dos rios e ribeiros, geralmente aumentados pelas chuvas do outono e da primavera, permaneçam praticáveis ou, no caso contrário, permitir que os que utilizam o caminho atravessem os cursos d'água mediante balsas, acionadas a remos por escravos. Mas a função não se limita apenas à vigilância da infra-estrutura dessa via célebre, onde alguns anos antes foram crucificados os últimos partidários do gladiador Espártaco.

César percorre-a várias vezes para multiplicar, se necessário, as estações de muda de cavalos; para construir novos albergues ou estalagens aos viajantes que desejam descansar, ou melhorar-lhes o conforto; para facilitar o traçado dos caminhos que dão acesso à estrada, a fim de tirar do isolamento aldeias e campos afastados das grandes vias, desenvolvendo assim a rede viária de Roma, essencial às atividades e às trocas econômicas. Ele não esquece que as legiões romanas utilizam com freqüência esses caminhos em seus exercícios ou em longas marchas de uma caserna a outra, e que a importância da via Ápia, na eventualidade de conflitos, merece todas as atenções e cuidados.

Durante suas viagens ao longo dessa estrada, ele tem a oportunidade de cruzar com inúmeros viajantes das mais variadas condições, ou de conversar mais longamente com eles nos albergues, de escutar suas queixas, tomando nota quando lhe indicam trechos perigosos da estrada, deslizamentos de terra, lamaçais, qualquer incidente ao qual ele se apressa em dar solução. Entrando assim em contato com romanos de origem simples, camponeses, trabalhadores agrícolas, alforriados, rendeiros, ele abandona um pouco seu meio protegido de citadino e de patrício e adquire uma experiência nova, conquistando ao mesmo tempo o reconhecimento desses "estradeiros" por seu zelo e eficiência. Desse modo, cultiva, num nível modesto, uma nova popularidade, fazendo-se apreciar e preparando já o embrião de uma clientela eleitoral que em breve lhe será necessária.

O curador, personagem de importância, deixa também seus registros, e muitos marcos miliários ao longo da via Ápia enaltecem os méritos de César e servem sua propaganda. Os senadores sabem disso e, sempre receosos em relação a qualquer pessoa, colégio ou assembléia que possa lhes fazer sombra, evitam ao máximo que a rede viária caia nas mãos dos curadores e lhes sirva de trampolim a outras funções mais elevadas. Assim, restringem as despesas dos curadores com a pavimentação de estradas, concedendo-lhes um orçamento dos mais modestos.

César, no entanto, saberá contornar a dificuldade e contentar-se com míseros recursos, pedindo aos ricos proprietários de terras às margens da via Ápia que assegurem uma parte da manutenção da estrada, em troca de ajudas financeiras passadas em segredo. Também não se privará de recorrer à sua fortuna pessoal para melhorar trechos dessa grande via de comunicação, o que ele fará saber mediante inscrições à sua glória. Essa prodigalidade lhe custa caro, tanto mais por não pertencer a uma das famílias mais ricas de Roma, como a de Crasso, por exemplo, a quem pede muito dinheiro emprestado. Assim, ao deixar suas funções de curador, ele se vê particularmente endividado, não tendo jamais querido restringir suas festas e banquetes, insistindo em mostrar uma prodigalidade legendária. Esse endividamento é necessário à sua carreira; ele deve distribuir ao redor importantes quantias, especialmente aos mais pobres, para assegurar seus votos numa eleição importante e constituir uma rede de eleitores fiéis. Deve também adular as classes médias, sobretudo a dos cavaleiros, convidando-os a banquetes em que as iguarias, servidas por centenas de escravos, rivalizam em originalidade e raridade: com freqüência faz com que sejam trazidas do Oriente e preparadas pelos melhores cozinheiros de Roma. Como resistir a um homem que manifesta tanta amabilidade, cortesia, generosidade, e cuja conversação é das mais refinadas? As mulheres são as primeiras a sucumbir. A infeliz Pompéia vê-se obrigada a encontrar nos braços de homens mais acolhedores uma compensação à frieza de um marido que a engana abertamente.

César é bastante lúcido para saber que não gasta em vão seu dinheiro, muito além de seus recursos, pois as funções de pretor e de cônsul às quais aspira vão lhe assegurar, se os eleitores que ele conquista com seu luxo derem prova de reconhecimento, retornos de dinheiro bem mais substanciais.

Em 66, César é eleito edil para o ano de 65 e, nessa nova função que o aproxima do poder consular, não faz economia de seus bens nem perde o senso do gasto suntuário. Com efeito, a magistratura da edilidade lhe dá plenos poderes sobre a polícia da cidade, sobre a vigilância e a repressão do banditismo, sobre a segurança das pessoas e dos bens, sobre o abastecimento da cidade, em particular de trigo, sobre as distribuições dos bens de consumo, sobre os mercados e, enfim, de uma maneira geral, sobre a ordem pública. Sob esse aspecto, ele pode ser considerado um verdadeiro chefe de polícia. Compete-lhe também a tarefa essencial de zelar pela boa distribuição da água nas mansões ricas, nas fontes e nos banhos públicos, inspecionando o estado das adutoras feitas de chumbo ou tijolos, assim como os canais, os reservatórios e as cisternas. Essa tarefa administrativa, ele a delega a seus conselheiros, sobre os quais exerce simplesmente a autoridade de chefe, reservando para si a essencial, a de organizar os jogos públicos, religiosos ou profanos.

Esta é, de fato, uma tarefa particularmente apreciada pelos aspirantes ao poder. César não ignora que, ao multiplicar as festas, mesmo sob pretextos de culto, as cerimônias ou as comemorações mais diversas, dando-lhes um brilho especial, ele pode atrair os favores da plebe, freqüentemente às voltas com o desemprego, o tédio, e em busca de distrações. Não poupa os espetáculos que quer oferecer ao público para deslumbrá-lo, seduzi-lo; busca superar os precedentes edis, e mesmo seus colegas no cargo, para atrair as boas graças desse público e futuramente seus votos nas eleições. Certamente conta com um recurso, o *aerarium*. Mas este é insuficiente, e o edil deve abrir seus cofres para alimentar os enormes gastos desses folguedos públicos.

Para seduzir a massa, ele orna com estátuas, enfeites e arremates de estuque um tanto frágeis um certo número de monumentos e lugares famosos em Roma, como o Comitium, ao lado dos rostros*, no interior do Fórum, onde se reúnem os membros da assembléia popular dos comícios, verdadeiro contraponto ao poder do Senado, sejam eles curiates, sem muita competência no final da República romana e formados então apenas por trinta lictores encarregados de acompanhar os altos magistrados; sejam centuriates, à imagem da hierarquia militar das centúrias; sejam, sobretudo, tributes, os mais importantes porque entregues à plebe maleável, egoísta e geralmente disposta à sedição. São estes últimos que César

---

* Tribuna dos oradores romanos, ornada com proas de navios conquistados aos inimigos. (N.T.)

se propõe a adular, muito particularmente. Além disso, ele manda reparar os pórticos do Fórum, acrescenta novos, limpa e torna a pintar os basiliscos, restaura os monumentos do Capitólio que começam a se deteriorar e ordena a construção de novos pórticos para exposições sobre as curiosidades e obras de arte que os exércitos conquistadores de Roma trazem em seu butim, a fim de fascinar o povo e enchê-lo de orgulho. César também organiza ali reuniões públicas onde expõe suas idéias políticas, bajulando a plebe de modo a fazê-la esquecer suas origens patrícias, mas também recordando estas para mostrar que ele não é indiferente às dificuldades da vida e mesmo à miséria do povo. De fato, mais da metade da população de Roma é composta de escravos e alforriados geralmente sem trabalho e de pessoas que, diríamos hoje, encontram-se no limiar da pobreza, enquanto uma pequena quarta parte vive na opulência.

Mesmo o Coliseu ainda não estando construído nessa época – ele data do tempo de Nero, mais de cem anos depois –, numerosos circos de madeira se elevam, aqui e ali, nos arredores de Roma, onde César oferece jogos, em setembro de 65, fazendo combater, como de costume, gladiadores, mas também homens contra animais ferozes, tigres, lobos e javalis. Certamente, seu colega Marco Calpúrnio Bíbulo tenta rivalizar com ele na qualidade desses jogos, mas, por não dispor de uma fortuna suficiente, e apesar dos subsídios comuns alocados aos dois edis, é César que acumula, de certo modo, a bolada a seu favor e obtém "o reconhecimento do povo", como escreve Suetônio. Bíbulo não esconde sua amargura ao declarar, segundo as palavras citadas por Suetônio: "Assim como era costume chamar apenas de Cástor o templo erigido no Fórum em honra dos irmãos Cástor e Pólux, chamaram magnificência de César as liberalidades de César e de Bíbulo!".

Para comemorar o vigésimo aniversário da morte de seu pai e votar a seus manes um sacrifício solene, César oferece, com uma ostentação insolente, num grande circo construído para essa finalidade e capaz de acolher um grande público, combates de gladiadores das mais diversas origens, como nunca haviam sido vistos em tão grande número. Mais de seiscentos combatentes, que ele faz vir de Cápua, lá deverão se enfrentar. Os senadores se inquietam com a chegada a Roma desses gladiadores que não lhes trazem boas lembranças, pela proximidade e pelo pavor ainda presentes da guerra contra Espártaco, iniciada justamente em Cápua. Eles vêem nesses homens, que consideram como animais ferozes, uma força anárquica muito perigosa para sua segurança e a da cidade. Votam então, precipitadamente, uma lei que proíbe a todo empreendedor de jogos na arena o recrutamento de um número muito grande de gladiadores.

César desconsidera um decreto que ele vê como retroativo e faz entrar na cidade, cuidadosamente protegida, gladiadores samnitas, fortemente armados, com capacete, escudo e perneiras; gladiadores trácios, com seu pequeno escudo redondo; gladiadores armados de punhal e rede que lançam sobre o adversário para imobilizá-lo; gladiadores gauleses mal protegidos por um pequeno capacete e um minúsculo escudo. O combate, embora de grandes proporções, não teria sido excepcional se César não tivesse mandado fabricar e dar aos gladiadores armaduras de prata que, sob o sol de outono da Itália, resplandecem diante da multidão embasbacada. O massacre está à altura do número de infelizes engajados nesse combate sem esperança, para a grande alegria da plebe, que não haverá de esquecer esse espetáculo, a seus olhos sangrento e festivo, e do qual César é o generoso promotor.

Se César mostrou sua coragem, seus talentos de administrador ao longo das precedentes magistraturas, ele mostra agora, nas funções de edil, um outro talento, o da ostentação, enchendo os olhos de uma população disposta a votar naquele que lhe dá prazer. Ele pratica uma demagogia bem dirigida, capaz de lhe render, a curto e a longo prazos, muitos benefícios. No mesmo ano, confirma seu desejo de aproximar-se ainda mais do partido popular, entregando-se a um ato de provocação como já o fizera nos funerais da segunda esposa, Cornélia, quando pôde avaliar seus perigos, mas também suas vantagens políticas. Plutarco nos oferece aqui um relato circunstanciado, o que mostra a importância do acontecimento na carreira de César:

> Roma estava dividida em duas facções, a de Sila, muito poderosa, e a de Mário, reduzida então a uma extrema fraqueza, fragmentada, e que mal ousava se mostrar. César quis reerguer e reanimar o partido de Mário. No momento em que as magnificências de sua edilidade produziam mais brilho, manda fazer secretamente imagens de Mário, com Vitórias portando troféus. Uma noite, leva-as até o Capitólio. No dia seguinte, quando aparecem à luz essas imagens resplandecentes de ouro, essas obras-primas de uma arte consumada, e cujas inscrições lembravam as vitórias obtidas sobre os cimbros, todos se espantam com a audácia daquele que as colocara: pois não podia haver dúvida sobre o autor do ato. A notícia logo se espalha e atrai todo mundo a esse espetáculo. César, pelo que diziam os gritos de alguns, aspirava à tirania, ressuscitando honrarias enterradas por leis e decretos públicos. Ele estava tentando, diziam, sondar as disposições do povo, já cativado [pelas liberalidades de César edil, entenda-se], para ver se as festas públicas que oferecera eram suficientes a seu desejo de seduzir, e se lhe deixariam agir desse modo e tentar novidades tão temerárias.
> Os partidários de Mário, por sua vez, voltaram a ter confiança em sua causa. Reuniram-se em multidão imensa e encheram o Capitólio com o ruído de seus aplausos. Muitos deles, vendo a figura de Mário, derramavam lágrimas de alegria. Todos cobriam César de elogios e o elevavam às nuvens, proclamando-o digno do parentesco de Mário.

O Senado reúne-se nessa ocasião, e Lutácio Catulo, o mais estimado de todos os romanos de seu tempo, levanta-se e faz um severo discurso contra César, pronunciando esta frase que ficará célebre: "César não ataca apenas a República, minando-a. Ele destrói abertamente suas máquinas." César intervém então na ilustre assembléia e, exímio na arte da oratória que lhe ensinara seu mestre Apolônio Mílon na escola de Rodes, consegue acalmar os espíritos, tranqüilizar os mais inquietos, afirmar que prestou homenagem a Mário, glória de Roma, por tê-lo protegido do perigo mortal dos bárbaros cimbros e teutões, mais do que ao cônsul que foi por muito tempo o chefe político. Mas ele não se desculpa por essa ação temerária. Seus admiradores o encorajam a não fazer qualquer concessão de fundo aos senadores e a permanecer firme e orgulhoso. "César, eles disseram, vencerá todos os seus rivais e, por contar com a confiança do povo, logo atingirá a primeira posição em Roma". O Senado desiste então, covardemente, de qualquer iniciativa contra o insolente, e mostra, assim, uma grave fraqueza política que César, na verdade, quis testar antes de poder explorá-la.

Embora atento à sua função de edil, César não esquece as grandes manobras políticas dos anos 66-65 e quer participar. Com efeito, sua edilidade foi obtida graças a um movimento eleitoral geral dirigido contra a oligarquia do Senado. No mesmo ano, são designados à censura – função extremamente importante porque determina o número de cidadãos romanos e zela pelo respeito às leis – Crasso, homem tido como o mais rico de Roma, e de quem César toma grandes empréstimos para obter uma popularidade necessária à sua carreira, e Catulo. Os dois cônsules eleitos para o ano 65 também são inimigos da oligarquia e simpatizantes de César: P. Cornélio Sila, que, a despeito do nome comprometedor, é um adepto do partido popular, e P. Autrônio Paeto, um dos filhos mimados da Roma antiga e da República romana tardia que renegam sua classe social privilegiada para se tornarem agitadores profissionais.

Diante dessa ameaça à legalidade, os senadores encarregam, num sobressalto de lucidez, dois de seus membros, L. Mânlio Torquato e L. Aurélio Cotta, de condenar, sob o pretexto falacioso de "manobra ilícita", os dois cônsules nomeados, os quais são destituídos e substituídos pelos dois acusadores. Essa farsa política, no limite da legalidade, é vista como um golpe de Estado por Crasso, que reage imediatamente, convocando, em 5 de dezembro de 66, seus partidários, entre os quais César; os dois cônsules excluídos; um aristocrata pouco recomendável, C. Antônio Hybrida; um aventureiro sem escrúpulos, P. Sítio; um endividado endêmico, Calpúrnio Pisão; e um nobre furioso, L. Sérgio Catilina. Este, em ruptura com suas origens por ter sido afastado do consulado em razão de ações desonestas durante seu pretorado na província da África, está disposto a vingar-se dos inimigos de suas ambições, sejam eles quais forem.

É tal a determinação dos conjurados, entre os quais, não esqueçamos, o próprio César, que eles decidem assassinar no Capitólio, em 1º de janeiro de 65, no momento da entrada em função, os dois cônsules autoproclamados e cujos mandatos, segundo seus adversários, resultam da impostura. Salústio, em sua obra *A Conjuração de Catilina*, faz um resumo da situação e a nomeia a primeira conjuração de Catilina, por facilidade, pois na verdade é Crasso o instigador do complô. Senadores também se encontram na lista das vítimas potenciais. Uma vez cumprida a missão, os conjurados entregariam o consulado a Paeto e a Sila e nomeariam Crasso ditador por um período de seis meses, como era costume na República romana quando se produziam acontecimentos particularmente graves. Quanto a César, ele seria promovido à condição de mestre da cavalaria, um título honorífico, mas que o projetaria entre os primeiros dos romanos, e, nessa qualidade, seria encarregado de anexar o Egito a Roma. Dos outros conjurados, Pisão teria um comando nas duas províncias da Espanha-Ulterior e Citerior, e Sítio ficaria com a província da África, aliando-a à causa de Crasso. Este pretendia, desse modo, pôr um termo às ambições de Pompeu e a seu insaciável apetite de glória militar, do qual tinha inveja.

César, sempre prudente, parece, assim, ter cruzado o Rubicão antes da hora. Mas ele compreende muito depressa que a situação não está madura e que a conjuração corre o risco de fracassar. Não ignora – quem sabe por intermédio de seu parente, o cônsul Torquato, do qual, no entanto, diz ser adversário – que o Senado foi informado do complô e reforçou a guarda dos cônsules ameaçados. Os senadores, muito supersticiosos, como a maioria dos romanos, foram alertados dos perigos que corriam por um certo número de presságios e prodígios: um raio caiu no Capitólio, uma estátua de Júpiter foi separada de sua base, estátuas de antepassados gloriosos se racharam, a estátua do recém-nascido Rômulo, fundador legendário de Roma, suspenso às tetas da loba, teve a mesma sorte. Sinais, todos esses, a indicar que a República estava em perigo. Assim, o 1º de janeiro de 65, que deveria ser o dia de um grande massacre, transcorre sem incidentes. De uma maneira um tanto perversa, os senadores enviam Pisão à Espanha, onde ele cai numa emboscada e se faz matar. Com isso, Sítio refreia suas ambições do lado da África. César, que sente repugnância de assassinar um de seus parentes, no caso Cotta, e sem muita simpatia por Crasso, de quem é apenas o devedor e cujo acesso ao poder não quer favorecer, retarda de semana em semana o dia dos assassinatos, marca um último encontro dos conspiradores em 5 de fevereiro de 65 e, diante da prudente ausência de Crasso nesse dia, suspende o sinal convencionado do massacre, não deixando cair um lado de sua toga sobre o ombro, segundo Suetônio, e ao mesmo tempo não se lança na aventura de pregar a revolta aos povos da Gália cisalpina, em particular aos ambronos, programa do qual também se encarregara, enquanto coubera a Pisão sublevar a Espanha.

César, como de costume, quis simplesmente avaliar a força de resistência ou a fraqueza do Senado. Constatou que a Assembléia era ainda capaz de defender-se e preferiu romper antes de ver-se muito comprometido. Ele inclusive se orgulha de aparecer como o homem que quis apaziguar as disputas e não lançar a República romana na aventura de uma nova guerra civil. Sai engrandecido dessa aventura política, em vez de ser considerado como seu cúmplice: reviravolta soberba da qual ele tem o segredo.

O ano 65, marcado por sua edilidade e pela entrada numa conjuração contra a República romana que lhe serviu de aprendizagem tática e estratégica, é, assim, fasto para César. Mas o ano ainda não terminou e ele busca novas vantagens, incitando alguns tribunos de sua confiança a conseguir-lhe uma espécie de governo excepcional no Egito, a fim de conduzir uma investigação nessa região para transformá-la talvez em província romana e restabelecer oficialmente no trono o rei Ptolomeu XII (Alexandre II), amigo e aliado do povo romano e expulso do trono pelos habitantes de Alexandria. A pretensão de César é ainda mais espantosa, pois ele ainda não exerceu o pretorado e muito menos o consulado, sendo-lhe impossível, de acordo com a constituição da nação, obter esse comando extraordinário. Ele tenta, também, fazer-se designar a esse título e a essa função por meio de um plebiscito.

Por esse procedimento, César pretende colocar-se frente ao conquistador Pompeu, mesmo que oficialmente as relações com o sogro sejam excelentes, e tornar-se o concorrente dele fora das fronteiras da Itália, num país do Mediterrâneo que ainda não se submeteu ao jugo dos romanos. Ele não ignora que o vale do Nilo pode ser um celeiro de trigo inesgotável para Roma, bem como uma fonte de lucros que ele quer canalizar ao partido popular, para fazer deste um cliente sempre devotado à sua causa.

Os senadores estão mais uma vez estupefatos diante dessa petulância. Eles não apenas não querem se lançar na aventura de uma nova conquista, mas também o partido da ordem eqüestre, que compõe igualmente o Senado, recusa-se a fazer de César um concorrente de Pompeu. Assim, os senadores, convencidos por um discurso hostil de Cícero, hoje perdido – "a facção dos grandes", escreve Suetônio –, fazem fracassar as pretensões de César, que se depara com o voto hostil das tribos. Num outro discurso que chegou até nós, o segundo consagrado à Lei Agrária, Cícero, cinco anos mais velho que César e porta-voz da classe eqüestre, faz ouvir sua opinião desfavorável sobre o assunto, sem jamais citar, diplomaticamente, César. Ele se limita, de forma prudente mas hipócrita, a evocar os decênviros, isto é, os dez enviados especiais de Roma que seriam encarregados, nessa hipótese, de fazer uma investigação sobre o Egito, e, à sua maneira, desenvolve uma posição, como a da grande maioria dos senadores, hostil a toda conquista, de modo a ser bem ouvido e compreendido por César, com quem suas relações serão sempre muito ambíguas, entre o medo e a admiração:

> Em primeiro lugar, acaso dez homens se pronunciarão sobre a validade de uma herança do povo romano, quando quereis que haja cem para se pronunciar sobre as heranças dos particulares? E depois, quem defenderá a causa do povo? Onde o processo será debatido? Quais os decênviros dos quais podemos afiançar que darão o reino da Alexandria a Ptolomeu? (...) Por que não reclamar abertamente esse país em virtude de um senátus-consulto? Por que, não tendo podido entrar em Alexandria diretamente e de coração aberto, imaginar que chegaremos lá por vias obscuras e tenebrosas? A todas essas objeções, acrescentai esta. Aqueles de nossos concidadãos que obtêm legações livres, com uma autoridade muito pequena, e que viajam assim por seus interesses privados, as nações estrangeiras já não os apreciam. Pois o simples título do comando é odioso [César é aqui diretamente visado]; é temido mesmo em relação a um personagem insignificante, pois esse personagem, uma vez saído de Roma, abusa não do nome dele, mas do vosso. Quando os decênviros, com seus plenos poderes, seus bastões, e a jovem elite de seus agrimensores se espalharem por toda a terra, quais serão, em vossa opinião, os sentimentos, os temores, o perigo das infelizes nações? O formidável aparato do poder inspira o terror, e elas obedecerão. Sua chegada ocasiona despesas, e elas as suportarão. Serão exigidos alguns presentes, elas não irão recusá-los. Mas o que será, romanos, quando um decênviro, ou esperado numa cidade como hóspede, ou nela chegando de improviso como mestre, anunciar que o lugar aonde chega, que o teto sob o qual recebe hospitalidade, é propriedade do povo romano? Que desgraça para os habitantes, se o disser! Que fonte de proveito para si mesmo, se não o disser!

E eis a flecha reservada para o final: "E esses homens de cobiça [como não ver aqui uma alusão a Crasso e César?] são os mesmos que às vezes se queixam que a terra e o mar foram abandonados a Pompeu...". A conclusão é clara: "Quando se trata de uma dignidade extraordinária, será a mesma coisa o povo romano outorgá-la a quem quiser ou, por uma lei capciosa, ser ela impudentemente arrancada, de surpresa, ao povo romano?".

Crasso, sempre obcecado pelo dinheiro, tenta desviar esse projeto propondo uma lei, em sua qualidade de censor, que incluiria as receitas do Egito nas do povo romano. Mas seu colega Catulo, diz Plutarco num relato dedicado a Crasso, "opôs-se com energia a essa medida tão violenta quanto injusta que tendia a fazer o Egito tributário de Roma, e, após uma contestação encarniçada, ambos abdicaram voluntariamente de seu cargo".

Antes, Crasso havia levantado a questão dos transpadanos, latinos que ele queria transformar em cidadãos romanos e que, evidentemente, lhe dariam seu apoio. Catulo também havia contestado essa proposição que Júlio César, confiando no prestígio de sua edilidade, defendera, pedindo aos tribunos do povo para plebiscitá-la. Um tribuno, um pouco menos adulador que os outros, não quis se submeter a essa manobra e a proposição foi rejeitada, pois, se tivesse sido votada, teria incluído um povo fora das fronteiras de Roma, delimitadas pelo rio Rubicão, o que era impensável. César, que quisera testar as forças em jogo, constatou que elas ainda não eram favoráveis a seus propósitos, inclusive pela interposição de Crasso como marionete que se agita, e absteve-se de insistir. Mas, através desse Rubicão simbólico, a História lhe acenava mais uma vez com seus segredos.

Ele prossegue o empreendimento de minar a República romana, cuja agonia e sobressaltos observa. Uma nova ocasião se apresenta quando Lúcio Sérgio Catilina prepara-se para fazer tremer o regime de Roma. Ele fora excluído das eleições consulares de 65 para o ano 64, sob acusação de prevaricação pela qual seria responsável no comando da província da África. Acusação contestada por Públio Clódio, um de seus compadres, que evita revelar as provas esmagadoras que detém. Assim, Catilina é absolvido, e pode então aspirar a fazer-se eleger cônsul em 64 para o ano 63. Os dois vão desempenhar um papel capital na história do fim da República romana, na vida de Cícero, certamente, mas também na de César.

Em sua *Conjuração de Catilina*, Salústio traça um retrato impressionante desse personagem. Oriundo de uma família patrícia muito antiga, mas arruinada,

> Catilina tinha uma grande força de alma e de corpo, mas um caráter perverso e depravado. Desde sua adolescência, as guerras intestinas [em particular a guerra civil que opôs os partidários de Mário e de Sila], os assassinatos [diz-se que mandou assassinar a mulher e a filha], as rapinas e as discórdias civis foram para ele divertimentos, e neles continuou a exercer sua juventude. Seu corpo sabia suportar a fome, o frio, as vigílias, para além do imaginável. Espírito ousado, astuto, ágil, capaz de tudo dissimular e de tudo fingir, ávido dos bens de outrem, pródigo com os seus, impetuoso em suas paixões, de grande eloqüência mas pouco julgamento. Seu espírito vasto buscava a todo instante as causas desmedidas, inacreditáveis, gigantescas.

Ele é conhecido por seus homicídios no tempo de Sila, seus excessos, suas fraudes, e por uma carreira feita à base de intrigas e empreendimentos criminosos. Públio Clódio, também originário da nobreza romana de velha linhagem, assemelha-se a ele, comprazendo-se em acanalhar-se com a plebe para solicitar-lhe os votos.

Aos 36 anos, César, que acaba de completar sua edilidade com o fasto que vimos, não pode ainda ter acesso ao consulado, segundo os Anais que regem a constituição da República romana, muito austeros em relação às idades a partir das quais se pode aspirar às magistraturas. Mas ele é muito apaixonado pela política para ficar à margem dos confrontos entre partidos e pessoas. Quer mesmo desempenhar um papel de maçador profissional, freando ou mesmo destruindo carreiras, a fim de eliminar de antemão eventuais concorrentes e prosseguir o empreendimento de lenta demolição da democracia romana oligárquica. Assim, ele se alegra com o aparecimento de Catilina e de Clódio no pântano político de Roma. Esses dois personagens estão ali perfeitamente à vontade, e César deseja utilizá-los em segredo para abalar um regime do qual está convencido que seu destino é um dia derrubá-lo.

Sendo assim, ele vai desenvolver táticas para fustigar os candidatos às magistraturas, para testar-lhes a força, o apoio ou o valor, e para aperfeiçoar sua arte da astúcia e da esquiva. Aproveita o momento em que preside o tribunal de justiça para julgar o ex-centurião L. Lúcio, que, por ordens de Sila, matara três pessoas acusadas de simpatia pelos membros do partido popular, e L. Belênio, que com as próprias mãos apunhalara Lucrécio Orfela. Desse modo, César lembra oportunamente aos senadores que a guerra civil entre Mário e Sila, e depois entre seus respectivos partidários, não terminou, e que convém contar com ele e com a plebe para refrescar-lhes a memória. Os senadores vêem-se de novo mergulhados num pesadelo por esse jovem ambicioso que desperta funestas lembranças.

Embora tenham sido anistiados por uma lei precedente, César empenha-se contra esses criminosos, faz-se promotor e consegue condená-los à morte, sobretudo por terem recebido dinheiro do tesouro público em troca de seus crimes contra cidadãos romanos. Ele se atribui um digno papel, fingindo preocupar-se com uma espécie de *habeas corpus* dos cidadãos e desempenhando a função de um moralista acima de qualquer suspeita frente à covardia do Senado. Em seu *Discurso em favor de Ligário*, bem depois da tomada do poder por César, e mesmo não sendo um amigo deste, Cícero recordará esse episódio funesto e, ao falar de Sila, escreverá: "Esse ditador mandava matar todos os que o odiavam. Ordenava os assassinatos, ele só, sem que o solicitassem: que digo? Encorajava-os por recompensas." Segue-se então o elogio de César: "No entanto esses cruéis agentes foram punidos por esse mesmo César que hoje vos parece cruel". Conta-se que César, feliz por não ser considerado um novo Sila, pediu uma cópia desse discurso.

César não esquece Catilina, do qual quer se servir sem parecer ser o cúmplice de um assassino que, no tempo de Sila, matara M. Márcio Gratidínio, comprazendo-se em levar sua cabeça cortada do Janículo* ao templo de Apolo. De fato, verifica-se que dois homens, Catilina e A. Antônio Hybrida, estão a caminho de se tornarem cônsules. Cícero decide então, diante do perigo que representam esses dois membros do partido popular, apresentar-se às eleições, ele, o pequeno cavaleiro de Arpinum, como um homem novo, e empreende uma campanha eleitoral no sentido do apaziguamento.

Mas César, com seu amigo de circunstância Crasso, não se deixa seduzir pelo apelo lenificante de Cícero a uma reunião dos homens de boa vontade. Enquanto esperam o 1º de janeiro de 63, os dois homens entram em contato com Catilina e Caio Antônio, que se agitam nos bastidores e fazem correr boatos de conjuração, a tal ponto que o Senado se amedronta e reforça as leis contra manobras eleitorais ilegais. Um tribuno tenta opor-se a esse voto de desconfiança e é detratado por Cícero, que pronuncia um forte discurso contra Antônio, qualificado, segundo o que relata Ascônio, de "bandido, gladiador, cocheiro de biga", e contra Catilina, que recebe os títulos pouco invejáveis de "adúltero, prevaricador, assassino e sacrílego".

---

*Uma das sete colinas de Roma. (N.T.)

César e Cícero: um combate de líderes

César mantém-se na sombra e observa à distância, sabendo bem que essas disputas e esses ataques violentos de um competidor contra adversários que lhe metem medo serão desprezados pelo povo. Mas desta vez ele se engana, pois Catilina assusta de fato a população romana, e Cícero obtém uma eleição quase por unanimidade: em 29 de julho de 64, é designado pelo conjunto dos comícios centuriates como o cônsul do ano 63. Em contrapartida, o outro cônsul eleito, Caio Antônio, está muito próximo de Catilina. Este, levado novamente aos tribunais por conta de um assassinato cometido em 82, consegue ser absolvido mais uma vez graças à sua habilidade junto a lideranças do partido popular.

César se alegra com a eleição: Cícero terá a companhia de um colega que é amigo secreto de Catilina, membro do partido popular que ele copiosamente insultou. Não há esperança de que os cônsules recém designados se entendam, e as instituições romanas, no seu mais alto nível, correm o risco de ser paralisadas. César espera, uma vez mais, acumular a bolada e demonstrar aos mais lúcidos que a República romana necessita claramente de reformas e, sobretudo, de um chefe carismático para enfrentar os problemas que se colocam e que ele manifestamente suscitou e multiplicou.

Ele observa com atenção o comportamento dos dois cônsules indicados e, já no final do ano 64, pode ficar satisfeito. De fato, Caio Antônio, o colega de Cícero, parece disposto, pressionado pelos tribunos, a preparar uma lei agrária como não se via desde os Graco e a fazê-la aplicar desde sua investidura. O pesadelo suscitado na classe senatorial pelas leis revolucionárias de Tibério e Caio Graco, nos anos 130, estaria a ponto de se repetir? Pois, como as leis agrárias dos dois irmãos, a do tribuno Públio Servílio Rulo, devidamente instruído por Antônio, pretende estabelecer uma parte do povo indigente nas terras do Estado, graças aos decênviros investidos de um poder absoluto, e fazer o inventário dos butins dos generais romanos, com exceção dos de Pompeu, a fim de confiscar-lhes uma parte em favor do povo, constituindo, especialmente na rica Campânia, colônias de povoamento destinadas aos mais pobres e aos veteranos. Cícero, informado desse projeto, que ele considera temível, procura entender-se com Antônio e seus amigos, mas é rechaçado. A posse dos novos tribunos, aliados de Antônio e dos populares, em 10 de dezembro de 64, é imediatamente marcada pelo projeto de lei agrária de Públio Servílio Rulo, que, para agradar a seus eleitores plebeus, também se apresenta sem grandes formalidades. Os enunciados do projeto de lei são afixados no Fórum para serem conhecidos de todos. Cícero os copia e, tão logo assume o mandato, combate esse projeto que ele diz ser criminoso e ameaçar reintroduzir a guerra civil em Roma. Parece claro então, a todos os historiadores e certamente a Cícero e a seus amigos, que Rulo é apenas um testa-de-ferro e que Antônio foi manipulado por César, verdadeiro instigador dessa reforma que ele retomará, quase idêntica, quando tiver chegado ao poder supremo.

Assim, os três discursos que nos restam de Cícero contra essa Lei Agrária contêm, na verdade, um ataque implícito ou disfarçado ao edil do ano 65, se trocarmos o nome de Rulo pelo de César. Para compreender a resistência dos senadores, dos quais Cícero é o aliado, contra a mudança econômica exigida por César, não só porque este vê sua necessidade, mas também porque ela semeia a discórdia no inimigo, não é indiferente citar alguns trechos desses discursos pronunciados, o primeiro no Senado, em 1º de janeiro de 64, e outros três (chegaram até nós apenas dois) diante dos tribunos do povo. O que denota uma certa coragem da parte de Cícero, mas também a angústia dos senadores abastados que, pela voz do orador, decidem intervir, vivamente e com urgência, para impedir qualquer veleidade de reformas. César, que assiste às exortações de Cícero, certamente se rejubila por ter provocado uma nova crise no seio da República e tira uma desforra da ação passada do senador que, como vimos, opôs-se a seu projeto no Egito. Quanto a Cícero, trata-se de desmascarar as contradições de César e de fazer o povo constatar que esse homem, do qual tanto se orgulham desde sua edilidade, é um inconseqüente, um político pouco confiável.

Segundo Cícero, Rulo (entenda-se César) é "um dissipador que introduz a desordem na República, entregando à dispersão e à ruína os domínios de nossos ancestrais". Ele o acusa com indignação: "Você, quando sou cônsul, e sob os olhos do Senado, [quer] tocar em nossas receitas, retirar do povo romano a arrecadação de seus recursos em tempos de guerra, de suas magnificências em tempos de paz!". Insurge-se contra a venda das terras conquistadas pelos romanos de maior prestígio, como os Cipião em Cartago e na Espanha: "A venda dessas insígnias sagradas do império, dessas heranças suntuosas de nossos pais", impossível e mesmo sacrílega, para Cícero e seus amigos.

São os decênviros, isto é, magistrados, que, munidos de imensos poderes, se encarregarão de fazer o levantamento das terras.

> Que ninguém se engane, comenta Cícero, os decênviros [ou seja, os partidários de Rulo e, portanto, de César] manifestam sua antipatia contra o nome desta República, contra Roma, sede de nosso império, contra o templo do grande Júpiter, contra esta cidadela de todas as nações. Eles querem estabelecer uma colônia em Cápua, opor esta cidade à nossa, levar suas riquezas e transferir o nome deste império.

Cícero chama os decênviros inclusive de "manipuladores".

O termo é desferido diretamente contra César e seus amigos, conselheiros ocultos de Rulo. Ele é assim acusado, por pessoas interpostas, de querer atentar contra o regime republicano e de aspirar ao poder de um só sobre todos. César não reage, como se o ataque não lhe concernisse. Pois Cícero, embora suspeite ser ele o redator clandestino da Lei Agrária, não tem provas ou, se conhece nomes, procura não citá-los. Cícero prossegue sua ofensiva, com uma certa violência:

> Você se engana grosseiramente, Rulo, você e alguns de seus colegas [César deve certamente permanecer impassível], quando espera, a despeito de um cônsul mais popular que você [trata-se naturalmente de Antônio], sem ostentar sê-lo, marchar à popularidade sobre as ruínas da República. Eu o desafio, pois, o convoco à assembléia do povo [trata-se dos tribunos]: é o povo que desejo como árbitro entre eu e você.

Cícero faz uma pausa, César finge nada ter ouvido e provavelmente fecha os olhos em sinal de sonolência. Mas ele escuta a diatribe de Cícero e compreende que os senadores não se acham tão enfraquecidos como ele supunha, que através do cônsul suas vozes se fazem duras: seguramente estão dispostos a lutar. Cícero volta-se então para os tribunos do povo, partidários de Rulo e da lei agrária, e profere a eles estas palavras:

> Peço-vos, portanto, tribunos do povo, em nome dos deuses imortais, (...) uni-vos aos homens de bem. Males desconhecidos ameaçam a República, complôs parricidas são tramados contra ela por criminosos [a História não diz se César sente-se concernido...]. No entanto, o perigo não vem de fora. (...) O mal está aqui, no seio de Roma e sob nossos próprios olhos. Devemos todos remediá-lo e procurar curá-lo.

Eis um apelo tradicional à união sagrada, tendo por corolário uma dramatização da situação para servir-se do medo como meio de persuasão: Cícero é também um mestre em política, e César não o ignora. Os dois homens, nos próximos vinte anos, haverão de se cruzar, de se medir, de se aliar com má consciência, de se estimar às vezes, mas nunca irão se gostar. Um verdadeiro combate de líderes.

Transportando-se com o Senado e os tribunos até o povo romano reunido, Cícero pronuncia o mesmo discurso e utiliza os mesmos argumentos, orgulhando-se também de ser um cônsul "popular". Ele lembra suas origens modestas de cavaleiro de Arpinum, insiste mais uma vez que, através de sua pessoa, não é um patrício que chega ao consulado, mas um homem novo, próximo do povo e aprovado por ele, como o testemunha sua carreira, e explica o que entende por cônsul popular.

> Que há de mais popular que a paz, cujo gozo todos os seres dotados de sentimento, nossos lares e nossos campos apreciam? Que há de mais popular que a liberdade, tão vivamente desejada e preferida a qualquer outra ventura, não só pelos homens mas também pelos brutos? Que há de mais popular que o repouso, situação tão atraente...?

Cícero passa então à ofensiva contra Rulo e sua Lei Agrária, como fez no Senado, mas, numa mudança, pronuncia um elogio inesperado aos Graco, o que é fácil, pois estão mortos, para tentar mostrar que Rulo, comparado a eles, não passa de um impostor e de um sinistro revolucionário. As frases a seguir são saborosas de hipocrisia, quando se sabe que os senadores ainda tremiam, sessenta anos depois, só de ouvir os nomes de Tibério e Caio:

> Digo com franqueza, romanos, não reprovo por inteiro a lei agrária em si mesma. Lembro com satisfação que dois de nossos mais ilustres cidadãos, de nossos mais brilhantes gênios, Tibério e Caio Graco, tão devotados ao povo de Roma, estabeleceram esse povo em terras da República, das quais alguns particulares eram proprietários. Não sou um cônsul à maneira de alguns outros que consideram um crime louvar os Graco, esses magistrados austeros cujos conselhos, a sabedoria e as leis provocaram uma reforma salutar em diversos setores do governo.

César e muitos romanos, se não têm a memória curta, devem ter escutado com um certo pasmo esse elogio dos Graco, quando se sabe que a classe senatorial, da qual Cícero é o defensor, e a despeito das aparências que deseja dar, apressou-se em assassinar os infelizes irmãos, vistos como perigosos reformadores. Cícero, como bom especialista, serve-se simplesmente das palavras, e César deve sorrir em segredo ante esse discurso de má-fé bem preparado, perguntando-se se o povo romano, aquele oriundo da plebe, lhe dará algum crédito. Mas ele sabe a multidão maleável, o que também lhe serve, pois a deslumbrou facilmente pelos esbanjamentos dispendiosos de sua edilidade, e não duvida de nada. Por ora César está na platéia e, bem instalado em seu assento, escuta um Cícero cada vez mais enfatuado, ao mesmo tempo em que admira sua maneira de encadear com atrevimento as contraverdades. O orador continua a falar do sentimento de honra e de eqüidade de Caio Graco, evoca por certo a lealdade de César na questão do Egito, e César aprecia, mas compreende também que Cícero quer apenas aliciá-lo e obter pelo menos sua neutralidade benevolente. Ora, César não é neutro nem benevolente em política; já o mostrou e o demonstrará mais tarde. Cícero faz o elogio de Pompeu, o sogro de César e seu principal concorrente, afirmando, não sem razão, que a Lei Rulo é dirigida contra ele. Para quem o escuta, Rulo é um futuro ditador, um homem capaz de tudo, e ele se torna, sob as frases assassinas de Cícero, o bode expiatório de todas as dificuldades econômicas e sociais que Roma atravessa.

Cícero termina seu segundo discurso sobre a Lei Agrária enaltecendo a união que cimentou entre seu colega cônsul e ele, quando se sabe que Antônio é amigo de Catilina, o qual deve estar preparando algum futuro golpe em Roma, e que César certamente mantém contatos com ele. Rulo está ausente quando Cícero pronuncia esse discurso perante a Assembléia, mas, assim que o orador deixou a tribuna, precipita-se para clamar que Cícero não passa de um sequaz dos amigos de Sila e dos detentores dos bens dos proscritos. Avisado das palavras acusatórias de Rulo, Cícero volta de novo à tribuna para atacar a Lei Agrária e seu artigo quarenta.

Ainda que a lei de Rulo fosse mais do que necessária para apaziguar a miséria de que padecia o povo pobre de Roma, ela era também, apesar das aparências, dirigida contra Pompeu, pois à comissão dos decênviros, verdadeira ditadura de dez cabeças na República, seria atribuída a responsabilidade de distribuir terras aos soldados de Pompeu sem que este fosse consultado, por não fazer parte da comissão. A Lei Agrária, portanto, constituía uma afronta ao comandante-chefe extremamente popular, além de indiretamente destinar-se a enfraquecê-lo se fosse votada, o que Crasso, e principalmente, César desejavam, invejosos das conquistas e vitórias desse concorrente.

Embora a Lei Agrária seja rechaçada, César permanece satisfeito. Ele não é ingênuo para acreditar que Rulo pudesse vencer os interesses egoístas dos senadores. Também não quer que um outro lhe confisque, para seu proveito, essa lei necessária. Ele comprometeu Cícero, que se lançou na batalha irrefletidamente e é visto aos olhos da plebe como o homem do conservadorismo mais reacionário, o representante do partido dos ricos, dos optimates, como são chamados, frente aos populares.

César volta à carga para enfraquecer ainda mais o crédito de Cícero e, através dele, o partido da classe senatorial. Ele acusa com razão o governador da Narbonesa [província da Gália meridional], C. Calpúrnio Pisão, "de ter, por dinheiro, condenado injustamente um habitante da Gália transpadana", segundo Salústio em *A Conjuração de Catilina*. Cícero cai na armadilha e faz-se defensor desse governador prevaricador, quando havia denunciado o mesmo delito em Verres, numa de suas famosas Verrinas. Inclusive orgulha-se de ter sido o advogado de Pisão, numa passagem de seu discurso em favor de Flaco, no ano seguinte, dizendo: "Recentemente, quando eu era cônsul, defendi C. Pisão: como ele mostrou, em seu consulado, muita firmeza e coragem, foi conservado para a República". Ao falar assim, Cícero provocará a ira dos provinciais romanos, muito seguidamente esmagados por impostos de governadores venais. César terá, uma vez mais, motivo de se felicitar.

Sentindo-se bastante forte desde então, ele se envolve numa ação que, desta vez, não é mais clandestina. Aproveitando a morte do grande pontífice Metelo Pio, César, que faz parte, não esqueçamos, do colégio dos quinze pontífices desde o ano 73, decide apresentar-se como candidato a essa alta função. Uma lei editada no tempo de Sila o impediria, mas um de seus amigos, o tribuno T. Labieno, vem em seu apoio e consegue que a designação do grande pontífice caiba, como outrora, ao povo soberano, através do voto de dezessete tribos sorteadas no último momento.

Duas outras grandes personalidades se lançam igualmente como candidatos: um, P. Servílio Vatia Isáurico, famoso em Roma após seu consulado em 79, e o outro, Catulo, cônsul em 78 e príncipe do Senado. São bem mais velhos que César, sua folha de serviços é imensa, e a função de grande pontífice é tradicionalmente, em Roma, o coroamento para personalidades em fim de carreira. Mas César não se deixa intimidar. Pede dinheiro emprestado a Crasso e rega com moedas de ouro e prata as 35 tribos para comprar-lhes os votos, não sabendo quais delas serão sorteadas. Segundo Plutarco, "Catulo, que mais temia, em razão da consideração de que gozava, as incertezas da disputa, mandou oferecer secretamente a César uma quantia considerável, se ele concordasse em retirar sua candidatura. César responde que obteria quantias ainda maiores para sustentar o combate". Pelo orgulho e pela altivez da resposta, César consegue ocultar sua angústia. Assustado pela enormidade da dívida, escreve Plutarco, "no dia da eleição ele diz, ao beijar a mãe, que o acompanhava em lágrimas até a porta da casa: 'Hoje verás teu filho ou grande pontífice ou arruinado'".

César joga tudo numa última cartada e consegue, em março de 63, apesar de muitas contestações sobre a validade dos sufrágios, suplantar os dois concorrentes. Suetônio diz mesmo que "obteve mais votos em suas próprias tribos do que eles tiveram juntos em todas as outras". Em suma, é eleito grande pontífice por uma maioria esmagadora. Podemos adivinhar sem dificuldade a satisfação de César, estreante em política, e que se contentava em fustigar clandestinamente seus adversários, diante desse sucesso alcançado, é verdade, por manobra, mas também por sua popularidade junto às camadas mais pobres de Roma. Sucesso que o projeta, com uma idade bastante jovem, no pequeno círculo dos aspirantes aos graus superiores da carreira das honrarias.

O papel de um grande pontífice não é apenas religioso, mas também político numa Roma onde a religião, seus cultos e seus ritos são submetidos ao poder. O prestígio de César é tão grande que ele abandona um bairro mais popular, o do Esquilino, onde mora numa casa da qual sua família é proprietária há muito tempo, para residir no palácio que cabe, de direito, ao grande sacerdote, situado não longe do templo das Vestais e da Via Sagrada, palácio do qual se diz, então, que foi a residência do rei Numa, quatro séculos atrás, antes de se transformar num prédio público e naturalmente sagrado. Lá permanecerá até sua morte, em 44, e publicará nesse meio-tempo uma biografia daquele Júlio, descendente de Enéias e de Vênus, que deu origem à sua família, como ele dissera, reafirmando assim suas pretensões excepcionais a um poder que não o é menos, habitando a antiga morada de um rei, nela encontrando o sinal de uma predestinação a um poder soberano. Os senadores não são cegos para não perceber esses símbolos nos quais César apóia agora abertamente suas ambições de monarca, e sentem um indiscutível pavor, pois a realeza, que cedera o lugar à República no final do século V a.C., havia se tornado ao longo dos séculos um regime cada vez mais odiado por Roma.

Fortalecido pelo pontificado e pela inviolabilidade que essa função lhe dá, César retoma então sua política de fustigar os senadores, sobretudo os cônsules Cícero e Antônio. Em meados da primavera de 63, entende-se com T. Labieno, tribuno do povo, para acusar de crimes um senador, C. Rabírio, que, no ano 100, teria mandado assassinar o tribuno do povo Lúcio Apuleio Saturnino, bem como seu colega, o cônsul Gláucia, ambos amigos de Mário, que não se haviam privado, de sua parte, de eliminar fisicamente seus adversários. Em conseqüência, tumultos sangrentos haviam irrompido no centro de Roma, e Saturnino e Gláucia, refugiados na Cúria, foram alcançados pela multidão e lapidados a golpes de tubos de chumbo que conduziam a água ao Capitólio, arrancados pela populaça em cólera. Durante o tumulto, um tio de Labieno fora morto, e este queria vingar o parente 37 anos depois dos fatos, desconsiderando a objeção de caducidade e qualquer anistia. Com efeito, parecia estabelecido que Rabírio havia "mais do que ninguém ajudado o Senado a reprimir as sediciosas iniciativas do tribuno L. Saturnino", nas palavras de Suetônio.

Nem César nem Labieno estavam realmente seguros da procedência da acusação. Era somente um pretexto para irritar o Senado, trazendo à justiça um de seus membros mais antigos, a fim de derrubar uma lei que, em período de crise ou de perigo para Roma, investia o Senado de um poder supremo de vida e morte sobre os cidadãos romanos, o senátus-consulto supremo, sem qualquer recurso. Designado por sorteio, de uma maneira particularmente fraudulenta, para ser um dos juízes de Rabírio, Q. Hortênsio toma a defesa do acusado e demonstra que este é inocente, Saturnino tendo sido morto por um escravo que foi recompensado com a liberdade por esse ato. Não escutando esses argumentos certamente pertinentes, César desempenha o papel de promotor, auxiliado por seu primo L. Júlio César, e os dois se comprazem em condenar Rabírio à morte, o que significa que o infeliz senador será chicoteado e supliciado publicamente, disposição infamante e contrária à Lei Pórcia sobre as condenações à morte dos cidadãos, que devem ser simplesmente decapitados. Cícero apela então ao povo. Depois de muitas negociações, uma das quais estipula, por proposta de Labieno, que ele só poderá falar por meia hora nos comícios centuriates no Campo de Marte, Cícero faz-se advogado de Rabírio e pronuncia um discurso que chegou até nós sob o nome de *Pro Rabirio*.

Cícero, na função de cônsul, então com pouco mais de quarenta anos, viu claramente, por trás desse processo-pretexto, as intenções nocivas de César e de seus acólitos, o que ele mal oculta no começo do seu discurso:

> Se Rabírio é alvo de uma acusação capital, não é que ele seja pessoalmente culpado de um delito, (...) é que querem destruir esta lei soberana, protetora de vossa majestade e

de vosso império, e que recebestes de nossos antepassados. Querem que a partir de agora os decretos do Senado, a autoridade do cônsul, a concordância das pessoas de bem não tenham força contra criminosos armados para a ruína da República. Sim, é na esperança de derrubar estas sábias barreiras que vieram atacar um velho fraco e isolado.

A alusão aos criminosos é clara. Embora ataque apenas Labieno, o acusador público, Cícero pensa em César, que ele sabe perfeitamente ter suscitado esse caso. Ao apostrofar Labieno, com indignação, ele exclama:

> Pois bem, qual de nós, Labieno, é o amigo do povo? É você que quer, nesta assembléia mesma, ver cidadãos entregues ao carrasco e postos a ferros? É você que pede, nos comícios centuriates, seja plantada e elevada uma cruz no Campo de Marte para o suplício dos cidadãos? Ou eu que proíbo profanar a assembléia pública pela presença funesta de um carrasco? Eu que quero ver apagados os vestígios de um crime odioso da praça onde se reúne o povo romano? Eu que sustento que não se deve atentar contra o caráter sagrado de nossas assembléias, contra a santidade do Campo de Marte, contra a inviolabilidade da pessoa de todos os cidadãos romanos, contra a integridade de seus direitos e de sua liberdade?

Mais ainda, Cícero aceita, por artimanha, que Rabírio teria sido culpado da morte de Saturnino, mas que teve razão de cometer esse ato de salubridade pública para a defesa de Roma e da República, e que todas as leis o teriam absolvido por esse gesto.

Cícero é ouvido, e os comícios centuriates se preparam para não seguir as conclusões de César e de seu primo, quando são obrigados a se dispersar após avistarem uma bandeira vermelha agitada pelo pretor e áugure Metelo Celer, indicando que os auspícios não são favoráveis. Assim não haverá votação e Rabírio nunca mais terá que se preocupar, apesar do descontentamento de Labieno, frustrado de uma execução. César, sempre desempenhando o papel de homem particularmente humano, evidentemente não pensara em ver Rabírio morto e estava disposto a salvá-lo da forca alegando algum vício de forma, fácil de encontrar no matagal das leis romanas e na sua jurisprudência inumerável. Mas ele havia mostrado ao povo, mais uma vez, que o Senado podia outorgar-se poderes discricionários e colocar-se acima das leis da cidade e das assembléias populares. Era uma maneira de prevenir Cícero de que, na próxima crise que a República certamente enfrentaria, ele não poderia se prevalecer, sem oposição, desse senátus-consulto supremo que lhe daria plenos poderes. A tática de César é diabólica e será proveitosa alguns meses mais tarde.

De fato, no verão de 63 preparam-se as eleições para as magistraturas de 62, com as agitações e as manipulações habituais. Um dos tribunos impostos pelos senadores, isto é, pelos optimates, é M. Pórcio Catão, bisneto do grande Catão, o Antigo, conhecido por sua cultura filosófica grega, por sua adesão ao estoicismo e por ser, ao contrário dos jovens transviados da nobreza romana, particularmente austero em seus princípios e em seus costumes.

César, por sua vez, pretende postular o pretorado, último grau antes do consulado, enquanto Catilina, sempre furioso com seus fracassos, volta à carga para ser cônsul. Ele tem concorrentes sérios na pessoa de Sérvio Sulpício Rufo, jurista e grande estudioso; de D. Júnio Silano, suficientemente rico para comprar eleitores; de L. Licínio Murena, oficial superior que conquistou a glória militar em campanhas no Oriente e dono de uma fortuna considerável para gastar em propaganda, além de ter obtido o reconhecimento dos cavaleiros quando governou a Narbonesa, dando-lhes todo o poder para lá exercerem suas operações financeiras lucrativas.

Frente a esses adversários, Catilina, que se comportou como desclassificado e mesmo como delinqüente criminal ao longo de sua carreira, como dá a entender Salústio – assassinando membros de sua família no tempo de Cinna, tendo relações sacrílegas, ao que diziam, com uma vestal que lhe entregara a virgindade, obtendo ganhos indevidos na província da África, em sua qualidade de pretor –, recorre à mais extrema demagogia para assegurar sua eleição. Salústio não esconde que Catilina há muito é possuído pelo "desejo de apoderar-se da República; e contanto chegasse a governar, pouco lhe importavam os meios. Esse espírito feroz vivia cada vez mais atormentado pela desordem de seus negócios e pela consciência de seus crimes. (...) Era encorajado pelos costumes corruptos do Estado, acometido de dois males contrários mas igualmente funestos: o luxo e a cupidez".

Ele promete tudo à plebe, segundo Salústio, "a abolição da dívida, a proscrição dos ricos, as magistraturas, os sacerdócios, a pilhagem e tudo o que a guerra põe à disposição do vencedor. (...) Lança maldições às pessoas de bem e, chamando pelo nome cada um de seus amigos (homens expostos a todas as misérias), lembra a um sua indigência, a outro sua ambição, a outros ainda os perigos que correm ou suas ações pouco recomendáveis", a fim de reuni-los num partido heteróclito dos descontentes que nada mais têm a perder.

Crasso, como de hábito, empresta dinheiro a Catilina, sempre atolado em dívidas. César, como sempre, pratica um jogo duplo, para não se comprometer e encontrar uma porta de saída. Ele pede aos tribunos para apresentar um projeto destinado a restabelecer em seus direitos os descendentes dos proscritos de Sila. Assim é novamente bem visto pelos plebeus e aparece como um aliado objetivo de Catilina. Esse projeto é combatido por Cícero, que não quer, nesses tempos de agitação em que a República mostra-se vacilante, abrir o caminho a uma lei de anistia. Num discurso perdido, mas ao qual Quintiliano faz alusão, ele se declara a favor da anistia, objetivamente, mas contrário a ela politicamente:

> De fato, que há de mais cruel, comenta Quintiliano, do que proibir os cargos da República a homens oriundos de pais e avós ilustres? É o que confessa este grande mestre na arte de manejar os espíritos. Mas ele protesta que a sorte do Estado está tão ligada às leis de Sila que, sem elas, não poderia subsistir. Assim conseguiu fazer acreditar que agia no interesse daqueles contra os quais falava.

Não se pode dizer melhor que Cícero em nada fica a dever a César na arte da má-fé erigida em moral política aparentemente insuspeita.

Se Cícero se satisfaz por ter rechaçado essa lei, César, por seu lado, alegra-se com a impopularidade crescente do orador após essa verdadeira negação da justiça da qual se fez defensor. Mas, ao mesmo tempo, ele compreende que a lembrança das proscrições de Sila, nas quais Catilina tomou parte ativa no tempo de sua juventude, só pode desgostar uma parte do eleitorado plebeu em relação a esse aventureiro. Ele ganhou dois pontos. E ganha um terceiro ao aconselhar o cônsul Antônio, candidato dos tribunos da plebe, a aceitar uma oferta feita por Cícero de trocar, no ano seguinte, o governo da Cisalpina, que lhe foi designado por sorteio, pelo governo da Macedônia, que coube ao orador. Uma boa oferta, pois esta província é tida como muito rentável em impostos, multas e contribuições diversas. César se beneficia ao apoiar o entendimento dos dois cônsules e ao mostrar com isso seu legalismo, no caso de as ambições de Catilina lançarem a República em distúrbios incontroláveis e talvez mortais para sua sobrevivência, o que faria dele um aliado bastante incômodo. Ele age com sua habitual duplicidade.

Catilina, certamente, não observa a mesma prudência. À medida em que o período eleitoral avança, seu programa é cada vez mais revolucionário, sua agitação, mais desordenada; pronuncia discursos violentos, como os que Salústio relata em sua *Conjuração de Catilina*, e busca sublevar a seu favor, contra a República romana, os muitos indecisos de todas as categorias e tendências:

> Desde que a República romana tornou-se a presa de alguns homens poderosos, é somente a eles que os reis e os tetrarcas são tributários, que os povos e as nações pagam impostos. Nós todos, cidadãos corajosos e honestos, nobres e plebeus, somos o povo desdenhado, sem crédito, à mercê dos que faríamos tremer se a República fosse livre. Assim, favores, poder, honrarias e riquezas são destinados a eles; a nós,

deixaram apenas as afrontas, os perigos, as condenações e a miséria.

Evocando os optimates, os senadores escondidos atrás do muro do dinheiro, Catilina se inflama contra seu esbanjamento:

> Eles compram quadros, estátuas, vasos trabalhados, derrubam prédios recém construídos, constroem outros no lugar, gastam, esbanjam de todas as maneiras seu dinheiro, sem que essas prodigalidades insanas esgotem suas riquezas. Quanto a nós, temos somente miséria no lado de dentro, dívidas no lado de fora, um presente que nos desespera, um futuro mais triste ainda; pois, afinal, o que nos resta? Sem contar o miserável sopro que nos anima (...), tomai-me por chefe ou por soldado; minha cabeça e meu braço são vossos. Eis os projetos que espero executar quando cônsul.

César escuta, no Senado, esse discurso cujos motivos ele compreende, bastante lúcido para saber que a crise econômica e as tensões sociais estão a ponto de provocar revoltas justificadas, mas bastante sensato para compreender que Catilina, corrupto e temerário, não é, de modo algum, o homem da situação e das reformas. Em vista disso, não tenta se opor a Cícero, que, para acalmar os espíritos, faz adiar para setembro os comícios consulares encarregados da designação dos cônsules, ao mesmo tempo em que reforça as leis contra os corruptores, dos quais Catilina é um modelo, impedindo-lhes não apenas o acesso à magistratura suprema, mas opondo-lhes também pesadas multas. Catilina, mais uma vez, a quarta, é barrado ao consulado, e em setembro de 63 dois cônsules são designados, Silano e Murena. César deixou Cícero respirar para não aparecer como um sedicioso, partidário de Catilina. O proveito imediato que obtém é fazer-se eleger pretor para o ano 62, isto é, com a idade de 39 anos. Do alto desse cargo que precede o de cônsul, César pode dominar a situação explosiva que se prepara em Roma.

Catilina, de fato, não mais se oculta e se alia aos piores rebentos das famílias patrícias, dispostos, como ele, a tudo, para fazer esquecer sua indignidade: P. Cornélio Sila e P. Autrônio Paeto, ex-cônsules destituídos em 66; L. Cássio Longino, que usa sem escrúpulo o dinheiro do Estado para chegar em vão a seus fins políticos; Q. Cúrio e C. Cornélio Cetego, homens de costumes brutais; L. Calpúrnio Béstia, tribuno da plebe, função em que encontrou refúgio após ter-se arruinado fraudulentamente; P. Cornélio Lentulo, enfim, um pretor sem honra. Catilina recruta também cavaleiros arruinados e mulheres de costumes pouco recomendáveis, como Semprônia, oriunda da alta nobreza mas que vive, por provocação, na libertinagem. Na Itália, encontra aliados entre os mais corruptos; em Roma, entre a escória da população, matadores profissionais, rufiões de bordel, delinqüentes de toda espécie. Cícero, grande adversário de Catilina, em sua série de discursos conhecida pelo nome de *Catilinárias*, faz uma lista dos cúmplices do conjurador dispostos, como ele, a tomar o poder apenas para dilapidar o Estado, sem qualquer propósito político preciso, a não ser o de pôr as mãos nos tesouros da República. Cícero, bem informado, tenta alertar um Senado que não tem consciência do perigo.

À sombra de Catilina

César e Crasso vigiam e querem servir-se de Catilina como de um espantalho, a fim de observar o grau de reação dos senadores. Para eles não convém elevar ao poder um incompetente e seus esbirros, o que arriscaria provocar o retorno rápido de Pompeu, nos braços do qual, como nos de um salvador inesperado, Roma, assustada, se lançaria. César, que permanece sempre com um pé atrás e joga na sombra, não hesita em retirar o apoio a Catilina assim que este ultrapassa os limites da legalidade, enviando a Cícero seu amigo Crasso, acompanhado de M. Cláudio Marcelo e de Metelo Cipião. Estes entregam ao cônsul cartas muito explícitas que programam, por exemplo, seu assassinato e a sublevação de cidades simpatizantes de Catilina. Cícero, munido de provas, no dia seguinte alerta o Senado, que, consciente enfim do perigo, declara Roma em estado de sedição. No dia 22 de outubro de 63, Cícero, de posse de novas informações, uma das quais passada por César sobre a rebelião da Etrúria – a crer no que diz Suetônio a esse respeito –, adverte mais uma vez os senadores da iminência do perigo. Mas César, que tampouco deseja aparecer como um aliado de Cícero, se abstém de comparecer ao Senado quando este revela a seus colegas a extensão do complô. Encarrega um de seus amigos, Q. Árrio, de confirmar o que transmitiu ao cônsul, não votando, portanto, os plenos poderes dados a este último pelo senátus-consulto supremo.

Cícero, em vez de reagir com firmeza, tergiversa, temendo que sua autoridade agora quase ditatorial lhe seja um dia reprovada. Catilina segue impune e continua seus preparativos de complô, embora exibindo um ar de perfeita inocência quando é citado a comparecer diante do pretor Metelo Celer e do próprio Cícero. Sentindo que o povo romano está com medo, ele decide precipitar o início da conjuração, mandando assassinar Cícero, que, prevenido em 8 de novembro, consegue impedir a ação dos matadores. Não é nosso propósito fazer o relato desse episódio: Salústio e Cícero são seus historiadores precisos, mas é interessante estudar qual é, a cada etapa dessa conspiração agora aberta, a atitude sempre evasiva de César. Catilina, acusado por Cícero em pleno Senado, é obrigado a fugir na noite mesma de 8 de novembro de 63 e a deixar Roma para juntar-se o mais rápido possível a seus cúmplices. Sempre causará surpresa que, discursando com talento, Cícero não tenha agido para tentar detê-lo. A partir daí, o processo da conjuração se desencadeia e torna-se um caso político-policial digno de um romance. A conspiração e todas as suas ramificações são aniquiladas nos primeiros dias de dezembro, os conjurados são detidos, com exceção de Catilina, e Cícero, numa sessão perante os senadores, realizada na colina do Capitólio, certamente no templo da Concórdia, pede a estes que se pronunciem sobre a sorte reservada aos prisioneiros. Devem ser executados ou sujeitos à prisão perpétua? Décimo Silano, cônsul designado para o ano 62, opta pela morte sem julgamento.

É então que César intervém, em 5 de dezembro de 63, na qualidade de pretor designado para 62, e pronuncia um discurso inesperado que Salústio registrou (ele escreve prudentemente: "César falou mais ou menos nestes termos", mas a estenografia já existia em Roma), uma obra-prima de dissimulação, astúcia política, sutileza psicológica e autopropaganda. Ele merece ser citado em grande parte, porque César mostra-se aí não apenas como um homem de envergadura, cujo destino superior é incontestável, mas também como um notável orador que não fica abaixo de Cícero, ambos tendo recebido em Rodes, como sabemos, o mesmo ensinamento retórico.

Plutarco acrescenta, em seu estudo sobre Cícero, um julgamento esclarecedor:

> César era ainda jovem (tinha cinco anos menos que Cícero) e começava, nessa época, a lançar os fundamentos de sua grandeza futura: mesmo por suas intrigas políticas e por suas esperanças, ele já abria o caminho que haveria de levá-lo a transformar em monarquia o governo de Roma. Ninguém reparava nisso. Apenas Cícero tinha contra ele

grandes suspeitas, sem nenhuma prova suficiente. Alguns afirmam que Cícero chegou a embaraçá-lo, mas que César teve a habilidade de escapar. Outros dizem que Cícero negligenciou e mesmo rejeitou propositalmente as provas que tinha de sua cumplicidade, porque temia a superioridade de César e o grande número de amigos que o apoiava.

Mas vejamos o que diz César, segundo Salústio:

> Pais conscritos [é assim que são chamados em Roma os senadores], todos os que deliberam sobre um caso duvidoso devem ser isentos de ódio, de amizade, de ressentimento e de compaixão: aquele obnubilado por essas prevenções tem muita dificuldade de discernir a verdade, e nunca alguém serviu ao mesmo tempo sua paixão e seus interesses. Se vosso espírito é livre, ele pode tudo. Se a paixão o possui, ela domina, e a inteligência nada mais pode.

Eis aí, portanto, uma introdução filosófica na qual visivelmente transparece a corrente do epicurismo.

César prossegue:

> Seria para mim uma boa ocasião, pais conscritos, de vos lembrar os reis e os povos que, por terem cedido ao impulso da cólera ou da piedade, tomaram resoluções funestas. (...) Vós também, pais conscritos, cuidai que o crime de Lentulo [um dos conjurados detidos] e seus cúmplices não prevaleça sobre vossa própria dignidade; evitai consultar vosso ressentimento em vez de vossa glória. De fato, se uma pena for proporcional ao crime, aprovo a inovação proposta. Mas, se o horror do atentado vai além de tudo que se pode imaginar para puni-lo, penso que devemos nos ater aos meios de repressão que as leis oferecem.

Ele acrescenta mais adiante: "Quanto mais elevado se é, menos se é livre, e cumpre evitar ainda mais a parcialidade, o ódio e, principalmente, o arrebatamento. O que nos outros se chama cólera, nos que comandam chama-se arrogância e crueldade". Ou seja, para César, os senadores, membros das classes ricas, educados nas filosofias gregas, têm um dever de autocontrole, de ausência de espírito de vingança que os habitantes mais rústicos e grosseiros de Roma não conhecem. César dá essa lição de ética para que os senadores a levem em conta em sua votação.

Após esses preâmbulos, que não são inúteis, pois destinam-se a preparar psicologicamente seus ouvintes que se arriscam a votar uma lei tornando a sentença de morte sem apelação, César, ao mesmo tempo em que toma precauções oratórias e utiliza a adulação, ataca Décimo Silano, favorável à pena capital para os conjurados detidos, com exceção de Catilina, foragido. Ele considera que a atitude de Silano é contrária à tradição romana e suas leis. De passagem, cumprimenta Cícero, que deve sentir-se lisonjeado, louvando sua "sábia vigilância". Depois, aborda o ponto nevrálgico, a pena de morte para os conjurados: "Quanto à pena, posso dizer qual é minha opinião: na aflição e na desgraça, a morte é apenas um estado de repouso e não um suplício. Ela põe termo a todos os males dos mortais. Para além dela, não há mais alegria nem sofrimento."

Mais uma vez, César mostra que está familiarizado com as filosofias gregas da existência e que conhece bem o estoicismo e o socratismo, dos quais decorre sua visão sobre a morte. Depois, previne os senadores dos perigos de uma decisão a favor da pena capital que poderia um dia fazer jurisprudência e, utilizada por um tirano, voltar-se contra inocentes. Ele dá vários exemplos, um deles recente:

> Em nossos dias, quando Sila, vencedor, mandou degolar Damasipo e outros criminosos da mesma espécie que, como ele, deviam sua fortuna às desgraças da República, não houve ninguém que não aprovasse a ação. Esses bandidos, esses sediciosos que haviam abalado a pátria, pereciam, dizia-se, com justiça. Mas isto foi o sinal de uma grande carnificina: pois, quando um miserável cobiçava uma casa, um campo, ou mesmo um vaso ou uma roupa, ele tratava de fazer proscrever seu possuidor. Com isso, aqueles para quem a morte de Damasipo fora um motivo de alegria não tardaram a ser arrastados eles próprios ao suplício, e o massacre só cessou quando Sila fartou de riquezas todos os seus amigos.
> De minha parte", continua ele, "seguramente não temo

> nada de semelhante com Marco Túlio [Cícero] e no tempo em que vivemos. Mas, num grande Estado, a variedade do caráter dos homens é infinita. Pode ocorrer que num outro momento, sob um outro cônsul que terá também o exército à sua disposição, um complô imaginário seja tomado por verdadeiro. E então, seguindo esse exemplo, quando um cônsul tiver sacado a espada com base num decreto do Senado, quem poderá detê-lo ou moderá-lo?

César apresenta-se, pois, como um legalista, fiel à Lei Pórcia, que proíbe executar um cidadão romano, qualquer que seja, sem julgamento: ele desconfia de um precedente perigoso que pode voltar-se um dia contra seus autores ou ser utilizado por homens sem fé nem lei, sob a aparência da legalidade. E conclui, muito naturalmente, em favor da pena de prisão perpétua para os conjurados:

> Devemos então devolver a liberdade aos prisioneiros e engrossar o exército de Catilina? De modo nenhum, mas a minha opinião é esta: que os bens deles sejam confiscados, que fiquem detidos em nossas prisões mais guarnecidas, sem possibilidade de recurso ao Senado ou ao povo, sob pena de serem declarados culpados de atentado contra a República e a salvação comum.

Em suma, contra a opinião geral e em consideração de criminosos comprovados que, como nunca, puseram em perigo a República romana, César propõe a prisão perpétua e não a pena de morte. Ele confirma diante do povo que sempre zelou pelo respeito à dignidade dos cidadãos, mesmo os mais infames, mostrando mais uma vez sua generosidade e sua sensibilidade de homem de Estado. Eleva-se contra as leis de exceção, dá uma piscadela de olho implícita aos partidários de Catilina, muitos deles do partido popular fundado, de certo modo, por Mário, e espera que apreciem no futuro sua atitude humana e responsável.

Seu discurso perturba os senadores e provoca neles, como se diz eufemisticamente, reações diversas, devido ao efeito-surpresa. A popularidade de César e a habilidade com que fez valer as leis protetoras da vida dos cidadãos lançam a confusão, a hesitação e a incerteza entre seus colegas: o que é exatamente o objetivo visado por César. Tibério Cláudio Nero pede que a decisão seja adiada; o irmão de Cícero, Quinto, concorda com a opinião de César, assim como o próprio Silano, principal interessado e que foi convencido pelo orador de um modo que não deixa de ter sal: ele dá a entender que, quando sugeriu o suplício dos conjurados, pensou unicamente, como César, na prisão! Catulo, por sua vez, declara-se favorável à morte, assim como Catão. A divisão do Senado não pode senão alegrar César. Cícero permanece inflexível e se lança numa quarta Catilinária para tentar atenuar o efeito do discurso de César. Os dois homens se enfrentam novamente. Cícero joga com o medo dos romanos para pedir um castigo supremo aos que quiseram atentar contra a República e impor-se literalmente em Roma a ferro e fogo. Ele simplifica ao extremo as duas opiniões em disputa, a de Silano, que ele finge estar a seu lado, e a de César:

> Até aqui duas opiniões dividem esta assembléia: a de Silano, que julga dignos de morte os assassinos da pátria, e a de César, que, rejeitando a pena de morte, não encontra entre os outros suplícios nada que seja demasiado rigoroso. Um e outro pronunciaram um discurso à altura de seus cargos e que faz ver uma severidade proporcional à grandeza do delito. O primeiro pensa que homens acusados de querer tirar-nos a vida, exterminar o povo romano, derrubar o império, apagar o próprio nome de Roma não devem um instante sequer usufruir a luz e respirar o ar do qual quiseram nos privar. Ele lembra, ao mesmo tempo, que esta República viu mais de uma vez cidadãos perversos punidos com o último suplício. O outro está convencido de que os deuses não quiseram fazer da morte um castigo, sendo ela uma lei da natureza, o fim dos trabalhos e das misérias. Assim, o sábio nunca a aceitou com desgosto e o homem corajoso vai freqüentemente ao encontro dela. Mas as cadeias, e as cadeias por toda a vida, foram inventadas, como todos sabem, para serem o castigo de um grande delito. César deseja que os culpados fiquem detidos nas prisões municipais. Impor às cidades esse fardo parece injusto. Fazer com que elas se

encarreguem disso pode ser difícil. Ordenai essa disposição, se achais boa essa proposta. Encarrego-me de fazê-la cumprir e espero encontrar cidades que julgarão um honroso dever contribuir convosco para a salvação comum.

Cícero parece, pois, num primeiro momento, aceitar a hipótese de César, mas é para atacá-la melhor a seguir, mostrando-lhe os perigos, a utopia e as impossibilidades.

> Mas ela representa um castigo terrível aos habitantes dessas cidades se as cadeias de um desses culpados vierem a se romper. Ele [César] cerca os criminosos de tudo o que pode tornar sua prisão terrível. Por uma precaução à altura dessa perigosa conjuração, proíbe que nunca se possa pedir ao Senado e ao povo o indulto dos condenados. Retira-lhes até a esperança, único consolo dos infelizes. Quer o confisco de seus bens, reserva a esses homens execráveis somente a vida (...). Assim a sabedoria dos antigos, por colocar na vida um terror capaz de deter o criminoso, quis que houvesse nos infernos suplícios reservados aos ímpios: ela compreendia que, separada desse temor salutar, a morte deixava de ser temível.

Além do confronto entre dois políticos, dois oradores de uma profunda cultura greco-latina e de uma inteligência superior, é um debate sobre a pena de morte, há dois mil anos, que nos é revelado através desses dois discursos e do final da conjuração de Catilina, debate que não envelheceu e que, nos países onde hoje a pena de morte não está abolida, poderia retomar os argumentos de César e de Cícero, a questão resumindo-se a este argumento supremo: para um condenado, mais vale a morte do que a prisão perpétua, ele próprio desejando em geral a primeira solução. Cícero, fingindo objetividade, pede ao Senado que escolha entre as duas propostas, ao mesmo tempo em que presta uma homenagem um tanto melíflua a César e, não sem perversidade, faz alusão às amizades deste com plebeus, que o descendente de Vênus adula ao mostrar-se clemente. Eis o que ele diz:

> César, ao emitir um voto digno de seu nobre caráter e de seu alto nascimento, acaba de nos dar uma prova eterna de sua afeição à pátria. Sabemos agora que distância separa a verdadeira popularidade da falsa, o homem que adula o povo daquele que quer salvá-lo.

É um cumprimento dos mais perversos: Cícero, por suas palavras, parece afastar qualquer idéia de que César é um demagogo, mas pensa exatamente o contrário. E ele declara... que não tem preferência entre a prisão perpétua ou a pena de morte, mas sua escolha é pela segunda solução, e a confessa revestindo-a num retrato lisonjeiro de si mesmo: "A severidade que mostro não vem de uma alma dura e inflexível: que caráter é mais doce que o meu? É a humanidade que me inspira. É à força de piedade que sou severo (...)". Lembrando a catástrofe sangrenta que Roma teria sofrido se o complô de Catilina fosse bem-sucedido, ele conclui: "Neste caso, para ser humano é preciso ser severo. A indulgência seria crueldade. A fraqueza, insensibilidade bárbara aos males da pátria".

Cícero banca o valentão, mas na verdade teme tanto as reações da plebe que termina por pedir aos senadores que votem a condenação à morte dos conjurados e lhe dêem a autorização de aplicá-la, protegendo-se assim da acusação de ter ultrapassado seus direitos constitucionais de cônsul, disposto a usar a fórmula célebre: "Não fui eu, foram eles!".

Lutácio Catulo combate a opinião moderada e por isso suspeita de César, pronunciando-se a favor da morte, assim como Catão, o jovem, que não esconde suas desconfianças em relação a César, reprovando-lhe, como escreve Plutarco em seu *Catão, o Jovem*, "suas maneiras populares, seus discursos cheios de humanidade, como outras tantas manobras para agitar a cidade e lançar o pavor no Senado". Ele inclusive o ataca de um modo veemente:

> Deves temer por ti mesmo, diz ele, e julgar-te feliz se podes parecer inocente de tudo o que se fez, e pôr-te ao abrigo da suspeita, tu que, sem disfarce e com tamanha audácia, propões arrancar à severidade e à justiça os inimigos da pátria; tu que, indiferente ao perigo de uma cidade tão

> poderosa, que esteve a dois passos da perdição, reservas tua sensibilidade e tuas lágrimas a monstros que nunca deveriam ter nascido; tu, enfim, que pareces temer que, pela morte deles, Roma se livre dos massacres e dos perigos terríveis que a ameaçam.

Catão, após desferir esses duros golpes contra César, que se acreditava intocável e pensava que seus acordos prudentes com Catilina nunca seriam revelados, pronuncia-se firmemente em favor da sentença de morte para os culpados. Cícero leva em conta essa recomendação quase unânime, que a seu ver tinha força de lei, mas não exige o confisco dos bens dos conjurados. Estes são prontamente executados, em meio à satisfação geral. Cícero anuncia sua morte por um lacônico: "Vixerunt!" [Não vivem mais!].

César conserva o sangue-frio e prefere nada replicar. Advertidos de sua indulgência para com os conjurados, cavaleiros romanos, encarregados da guarda do templo da Concórdia e mesmo da proteção pessoal de Cícero, sacam a espada para matá-lo. Alguns senadores o cercam para protegê-lo, e Curião cobre-o com a toga para ocultá-lo da vista de todos e permitir que escape e alcance sua residência de pretor, não longe dali. É certo que César deve ter temido então por sua vida, pois Suetônio não hesita em dizer que no resto do ano ele se absteve de comparecer ao Senado.

Plutarco, que também relata o episódio em seu *César*, mostra-se crítico em relação a Cícero. Ele afirma que os jovens que estiveram a ponto de desferir um golpe mortal em César interrogaram Cícero com o olhar "como que para receber suas ordens". Este "fez-lhes sinal de que se detivessem, fosse por temer a cólera do povo, fosse por considerar esse assassinato inteiramente injusto e contrário às leis (...). Posteriormente, ele foi criticado por não aproveitar uma ocasião tão favorável para livrar-se de César e por fraquejar diante da afeição singular que o povo sentia pelo personagem".

César terá sido imprudente? Cícero, que se orgulha de ter salvado a República, não acaba de vencer seu adversário? Todas as aparências, de fato, depõem contra César. Ele teve contatos com os conjurados e com Catilina, mesmo se pôde apagar todas as provas formais disso. Tentou subtraí-los à pena de morte. Os cavaleiros, que se viam privados pelo programa de Catilina de seus negócios mais ou menos fraudulentos e de sua liberdade de espoliar os mais fracos e os menos armados dos romanos, quiseram assassiná-lo. Ele privou-se, portanto, de uma classe política importante, ao mesmo tempo em que apareceu como suspeito aos olhos dos senadores. Se a plebe e o partido popular dos tribunos que a representa parecem dar-lhe confiança, César sabe o quanto o povo é fácil de manipular e o quanto suas opiniões e suas paixões são mutáveis.

Mas as aparências escondem mal a realidade política, na verdade mais favorável, em profundidade, a César. Cícero, sob a pressão de Catão e de alguns outros defensores do republicanismo intransigente, foi obrigado a mandar executar os conjurados detidos, mas sabe perfeitamente que esse ato, uma vez restituída a calma e esquecida a conjuração de Catilina, pode lhe ser reprovado no futuro por adversários decididos a derrubá-lo e por uma plebe que, apesar de tudo, sentia-se representada em suas reivindicações pelas propostas revolucionárias de Catilina e seus partidários. Sob as vantagens do momento e uma popularidade de circunstância, Cícero não parece perceber que o amanhã se arrisca a ser difícil para ele. Em troca, César mostrou-se intransigente quanto aos princípios do direito dos cidadãos romanos, mesmo os mais culpados, a serem protegidos por leis que excluem toda execução capital sem processo nem julgamento. Os senadores certamente lhe são gratos, não obstante as suspeitas que momentaneamente pesaram sobre ele, por ter sido o primeiro a assinalar os germes da conjuração. Por suas reviravoltas e retratações bem calculadas, ele semeou a confusão nos espíritos tanto dos senadores quanto dos cavaleiros, que nunca conseguiram saber exatamente em que campo ele estava.

Além disso, enfim, ele continua sendo o esposo de Pompéia, ainda que a engane abertamente, com um charme que, perto dos quarenta anos, permanece intacto, com uma cortesia e uma inteligência cuja sedução é reconhecida por todos, mesmo pelos inimigos. Pois ser o esposo de Pompéia é pertencer à família de Pompeu, o general-chefe, o conquistador inexpugnável, o intransigente defensor de uma República romana, una e indivisível, após sufocar a revolta secessionista de Sertório, o homem que soube erradicar a pirataria no Mediterrâneo e vencer Mitridates, finalmente morto, no outono de 63. Ora, Pompeu é o incontestável homem forte de Roma que se prepara para voltar à cidade e nela triunfar. Ao lado dele, Cícero, orgulhoso por sua importância de cônsul e cego por sua vitória bastante modesta sobre uma conjuração que, se fosse bem-sucedida, logo teria sido esmagada por Pompeu em pessoa, aparece como um personagem sem maior envergadura. Também aí César fez a escolha certa e ele sabe disso, mesmo que quase não apareça até o fim do ano e se recolha em sua vila, cercado de guardas, até que os espíritos se acalmem – mas ele continua a agir na sombra, como sempre.

Ele sugere ao tribuno Q. Metelo Nepos que oponha seu veto às intenções de Cícero de entregar-se a um discurso vaidoso de auto-satisfação, que mostre sua indignação por terem os senadores autorizado leis de exceção contra cidadãos romanos e que peça a estes, como sanção, reconhecer simplesmente que o consulado de Cícero salvou a República, sem fazer outros elogios. Em 3 de janeiro, esse veto é posto em discussão, é aceito e será aplicado algumas semanas mais tarde. Cícero, mesmo que não perceba por trás do tribuno a mão de César, manifesta numa carta ao irmão de Q. Metelo Nepos seu rancor de vaidoso frustrado, sentindo que, ao final de seu consulado, o poder lhe escapa e que não está mais protegido contra adversários que desejarem vingar-se. César, que tem seus informantes e talvez seus espiões, certamente o sabe e se alegra com a decepção de Cícero. Vejamos o que este escreve ao falar de Q. Metelo Nepos e do que se passou no final de dezembro de 63 e início de janeiro de 62, não escondendo seu ressentimento:

> Sua conduta, ele escreve ao irmão daquele que o feriu tão profundamente, nas vésperas das calendas de janeiro,

> certamente lhe é conhecida. Nunca tal insulto foi feito a um magistrado, fosse ele o pior dos cidadãos. Como cônsul, eu acabava de salvar a República e deixava o cargo, e ele me proibiu de discursar ao povo. (...) De fato, declarou alguns dias antes, em plena assembléia do povo, que não se devia deixar falar aquele que condenara cidadãos sem ouvi-los. (...) Eis por que tive de resistir de frente a seu irmão. No terceiro dia das nonas, novo ataque da parte dele, novas ameaças. Não é mais pela justiça ou pela razão, é pela violência e pela intimidação que ele procede.

Eis portanto Cícero, ressentido e desestabilizado, a quem a República agradece com desdém, os senadores divididos e quase assustados por terem cedido a seu pânico, desrespeitando as leis de proteção dos cidadãos. César pode apenas mostrar-se encantado com isso.

É já com muita disposição que ele assume seu cargo de pretor em 1º de janeiro de 62 e permite-se, conjuntamente aos ataques por ele inspirados a Metelo Nepos contra Cícero, percorrer o Fórum, sem ter cedido ao costume de saudar os dois novos cônsules, D. Júnio Silano e L. Licínio Murena, uma falta de cortesia bem calculada, para lançar-se publicamente numa diatribe contra Q. Catulo, príncipe do Senado, incapaz, segundo ele, de ter reconstruído o Capitólio nos prazos previstos após um incêndio. Ele propõe sua substituição por Pompeu, cujo nome será gravado no monumento como seu restaurador. Avisado, Catulo se apresenta, cercado de vários senadores, e replica com veemência a essa acusação, embora César o impeça de falar do alto da tribuna, para humilhá-lo. Mas Catulo tem voz forte e amigos dispostos a discutir com César, o qual, vendo-se em situação de inferioridade, abandona a acusação e o terreno de sua disputa oratória. Ele é bastante esperto para perceber que não conseguirá desabonar Catulo, magistrado que goza de muita consideração, e finge apoiar oficialmente Pompeu esperando tirar vantagens dessa atitude.

Ele encarrega então Q. Metelo Nepos de uma outra missão, a de apresentar um projeto de lei que convida Pompeu a voltar imediatamente para combater as tropas de Catilina, que continuam a ocupar a Etrúria, e a restabelecer a autoridade do Estado romano. Na verdade, César apreciou muito pouco uma lei votada pelo Senado, e proposta por Catão, de distribuir gratuitamente trigo aos indigentes. Estes, que formam a base de sua clientela, e portanto a de Pompeu, correm o risco de abandoná-lo diante dessas liberalidades: de fato, o alvo de Catão é privar César e seu aliado objetivo, Pompeu, de suas bases populares.

> Catão, escreve Plutarco, em vez de invectivar Metelo com sua violência habitual, fez-lhe apenas censuras brandas e moderadas (...). Inclusive louvou a família de Metelo como uma das que sempre haviam sido do partido democrático. Essa moderação fez crescer a audácia de Metelo. Desprezando Catão como um homem que o medo fazia recuar, ele se permitiu ameaças insolentes, discursos impertinentes, e declarou que faria, não obstante o Senado, tudo o que havia decidido. Catão muda então de atitude, de tom e de linguagem: fala a Metelo com muita aspereza e acaba por afirmar que, enquanto ele, Catão, vivesse, Pompeu não entraria com armas em Roma. O Senado julgou que Catão e Metelo haviam perdido a serenidade e que não faziam mais uso da razão (...).

> No dia em que o povo devia votar essa lei [3 de janeiro de 62], Metelo trouxe seus escravos com uma tropa de estrangeiros e gladiadores em armas e os postou diante do Fórum. Era sustentado por uma grande parte do povo que desejava o retorno de Pompeu, à espera de uma mudança. Além disso, César, então pretor, dava-lhe todo o apoio. Catão, por sua vez, tinha a seu favor os principais dentre os cidadãos. Eles partilhavam sua indignação, porém se expunham mais ao perigo, com ele, do que o ajudavam a conjurá-lo (...). Catão ceou, como de costume, e dormiu profundamente até o amanhecer. Minúcio Termo, um de seus colegas no tribunado, veio despertá-lo. Eles foram juntos ao Senado, acompanhados de pouca gente: no caminho encontraram várias pessoas que vinham ao encontro deles para avisá-los que se protegessem.

Ao chegar à praça, Catão detém-se. Vendo o templo dos Dióscuros (isto é, de Cástor e Pólux) ocupado por gladiadores e, no alto da escadaria, Metelo sentado ao lado de César, ele vira-se para seus amigos e lhes diz: "Ó homem audacioso e covarde, que, contra um homem nu e sem armas, reuniu tanta gente armada!". Ao mesmo tempo, avança com passos firmes, acompanhado de Termo. Os que guardam os degraus lhe abrem a passagem, mas recusam-na aos que o acompanham. Com muita dificuldade, Catão consegue fazer subir Termo, puxando-o pela mão. Ele fende a multidão e vai sentar-se entre Metelo e César, para impedi-los de se falarem em voz baixa. Metelo e César não sabem mais como agir.

> Mas as pessoas honestas, cheias de admiração pela firmeza, pela coragem e pela audácia de Catão, aproximam-se dele exclamando que não tema e exortam-se uns aos outros para resistir, permanecer unidos, não abandonar a liberdade nem aquele que combate por ela. Nesse momento, o escrivão toma em mãos a lei, mas Catão o impede de fazer a leitura.

Díon Cássio descreveu de uma maneira mais concisa que Plutarco a seqüência dos acontecimentos:

> Tendo Metelo Nepos tomado a tabuinha para fazer a leitura ele mesmo, Catão e Minúcio Termo arrancaram esta de suas mãos. Mesmo assim Metelo tentou pronunciar algumas palavras, mas Catão e Minúcio taparam-lhe a boca [com as mãos, segundo o detalhe registrado por Plutarco]. Nepos e os tribunos, cada qual defendido por seus partidários, entraram em luta corporal e se agrediram com bastões, pedras e espadas (...) O cônsul Murena não abandonou Catão no meio do perigo. Protegeu-o com a toga, gritando aos que lançavam pedras para parar (...). E, envolvendo-o nos braços, fez com que ele entrasse no templo dos Dióscuros.

Metelo Nepos imagina-se dono da situação e que sua demonstração de força foi bem-sucedida. Mas logo é obrigado a mudar de opinião, diante dos partidários de Catão que voltam a atacar. Os esbirros de Metelo se amedrontam e fogem.

"O Senado", segundo Díon Cássio, "reuniu-se no mesmo dia em seu palácio, vestiu luto e encarregou os cônsules de zelarem para que a República não sofresse qualquer dano." Maneira camuflada de dizer que lhe concedia plenos poderes, como a Cícero algumas semanas antes, e autorizava o famoso senátus-consulto supremo. "Nepos, assustado", prossegue Díon Cássio, "desaparece na mesma hora, lança uma acusação contra o Senado e parte às pressas para junto de Pompeu [que se encontra ainda na Ásia]."

Suetônio nos informa, de fato, que não apenas Metelo Nepos foi destituído do cargo de tribuno pelos senadores, donde seu protesto, mas também César do de pretor. Quando tomou conhecimento da notícia, "César dispensou seus lictores, despiu a toga oficial e retirou-se secretamente para casa, decidido, para enfrentar esse período difícil, a manter-se tranqüilo." Ele não lamenta esse incidente que semeou a confusão e a discórdia, sabe que o povo acabará por se cansar dessas desordens e tentará encontrar o homem providencial para pôr fim a elas. Certamente ele pensará em Pompeu, num primeiro momento, mas depois... César permanece a postos. Em vez de fugir, como o tribuno Metelo, aceita a decisão do Senado e mostra-se, assim, legalista, sabendo o quanto essa atitude será aprovada e louvada. Ele não se engana. Como diz Suetônio: "Dois dias depois, a multidão reuniu-se espontaneamente diante de sua casa e lhe ofereceu apoio para restabelecê-lo em sua dignidade". O tumulto dos que protestam e atacam os senadores está no auge. Em vez de encorajá-los à sedição, César os acalma com um discurso respeitoso para com as instituições e os senadores. Estes, preocupados com um começo de rebelião em favor de César, louvam-no por sua moderação e lhe enviam "uma delegação dos mais ilustres dentre eles, para agradecer-lhe. E ele foi chamado de volta ao Senado, onde lhe prodigalizaram pomposos elogios. Finalmente o reintegraram no cargo, revogando o decreto que o destituíra". César, por sua duplicidade, acabava de ganhar popularidade tanto na plebe quanto no Senado.

O caso Clódio

A partir de então, César pode afirmar sua autoridade de pretor sem a menor timidez. Suetônio nos informa:

> Ele foi acusado de cúmplice de Catilina diante do questor Nóvio Níger por L. Vétio Vindex e, no Senado, por Q. Cúrio, a quem haviam concedido honras públicas por ter sido o primeiro a revelar os projetos dos conjurados. Cúrio afirmava proceder de Catilina sua acusação. Vétio argumentava com uma assinatura de César que teria sido dada a Catilina em pessoa. César não se perturbou com esses ataques. Implorou o testemunho de Cícero para provar que lhe transmitira, de plena vontade, certos detalhes sobre a conjuração, e conseguiu privar Cúrio das recompensas que lhe haviam prometido.

Quanto a Vétio, sempre segundo Suetônio, César o obriga a apresentar-se diante do Senado como diante de um tribunal e exige o embargo de seus bens para forçá-lo a comparecer. O povo, favorável a César, saqueia a casa de Vétio, maltrata-o e empurra-o com tal violência, diz Suetônio, que parece disposto "a fazê-lo em pedaços em plena assembléia ao pé da tribuna". Para livrá-lo da populaça, César faz com que ele seja levado à prisão, assim como o questor Nóvio Níger, "por ter aceitado que acusassem em seu tribunal um magistrado superior a ele". Mestre da justiça através do cargo de pretor, César, tido por um homem que preferia a dissimulação à ação direta e franca, mostra sua força e sua determinação quando a necessidade delas se impõe.

Ele também se desembaraçou provisoriamente de uma testemunha e de um usurário incômodo, pois Crasso, que teme o retorno de seu rival Pompeu e com ele a cólera de Nepos, "deixou secretamente Roma com seus filhos e seus tesouros" e refugiou-se na Macedônia, como escreve Plutarco em seu livro dedicado a Pompeu. Frente a esse poltrão, César, sempre em Roma a despeito das ameaças contra sua pessoa, afirma-se como homem sem medo e sem reproche. Nesse meio tempo, as tropas de Catilina são perseguidas, cercadas, derrotadas, e seu chefe morre em combate. César, provisoriamente, aparece como o único líder, presente e responsável, dos populares e dos democratas, na ausência de Pompeu, que tarda a voltar, temendo, advertido por Metelo Nepos, que foi a seu encontro, a hostilidade dos senadores. O conquistador, acompanhado de suas tropas carregadas de butins e riquezas, passa por Rodes, por Éfeso e por Atenas antes de desembarcar em Bríndisi, pouco antes do inverno de 62.

Teme-se em Roma que ele tome o poder, fazendo entrar seu exército na cidade. Assim, os senadores, para lisonjeá-lo sem se comprometerem demais, votam felicitações sob a forma ritual das súplicas. César, que vê em Pompeu uma espécie de precursor ou de anunciador de seu próprio destino, junta-se à homenagem e, segundo Díon Cássio, encarrega os tribunos T. Âmpio e T. Labieno, como relata Veleio Patérculo, de fazer "passar uma lei que autoriza Pompeu a assistir aos jogos do Circo com uma coroa de louro e todos os ornamentos do triunfo, bem como aos jogos cênicos com a mesma coroa e a toga pretexta". Catão opõe-se inutilmente. César pensa poder assim apaziguar o rancor de Pompeu, que não ignora o mau comportamento de sua terceira esposa, Múcia, nem que esta foi por um tempo a amante do descendente de Vênus, o qual coleciona mulheres entre as mais tituladas – tanto assim que Suetônio viu se obrigado a fazer uma longa lista delas, lista que abrange toda a existência e mostra a sedução do futuro senhor de Roma, e da qual tampouco resistimos a citar desde já alguns nomes. Se um fim político movia César, parece que ele, certamente para homenagear sua divina ascendente, "era muito inclinado, como escreve Suetônio segundo uma opinião bem estabelecida, aos prazeres do amor e não os poupava. Seduziu um grande número de mulheres de primeira classe, como Póstuma, mulher de Sérvio Sulpício, Lólia, mulher de A. Gabínio, e Tertula, mulher de Marco Crasso. Cita-se também Múcia, esposa de C. Pompeu".

César, amante da mulher de Pompeu, muito embora esposo de sua filha Pompéia! Eis uma prova de que ele não retrocedia ante as complicações de ordem familiar e sentimental. Pompeu, como relata Plutarco, não ignorava a conduta de Múcia, "das mais escandalosas. Enquanto esteve afastado, ele desprezou os boatos que corriam. Mas, ao aproximar-se das costas da Itália e refletindo melhor sobre as informações que lhe passavam, enviou a Múcia a decisão de divórcio, sem dar a conhecer, nem então nem depois, os motivos desse repúdio". O fato é mencionado nas cartas de Cícero. Com efeito, o mirabolante cônsul do ano 63 escreve laconicamente, em 61, a seu amigo Ático: "Pompeu é dos meus amigos, isto é certo. Aprovamos que tenha se separado de Múcia." É verdade que Cícero a detestava, por ser meia-irmã de Q. Metelo Nepos, o tribuno do povo, aliado de César, que proibira o cônsul cessante de pronunciar um discurso à sua própria glória, mesmo afirmando ele, numa carta de 62 ao irmão desse tribuno, que Múcia "em todas as ocasiões foi gentil para com ele", visivelmente sem malícia e no momento em que Pompeu era ainda seu esposo. Nunca se sabe. Mas Pompeu tem outra ambição, a de desposar uma filha de Catão a fim de aliar-se com esse austero republicano que o mantém orgulhosamente à distância.

Pompeu hesita em forçar o destino, dispensa suas tropas e submete-se à legalidade mais estrita. César deve ter apreciado tal decisão não como um ato de abnegação, mas como uma espécie de covardia que ele, quando chegar a hora, evitará imitar. Também pôde avaliar a fraqueza de caráter de seu inevitável concorrente e saberá lembrar-se disso no momento oportuno. Uma vez de volta a Roma, Pompeu é seguido por Crasso, que, aliviado pela prudente decisão do imperator e não mais o temendo, chega à cidade após um exílio voluntário de vários meses, retomando a coragem.

Mas nem Pompeu nem Crasso, neste começo do ano 61, fazem a atualidade em Roma. Esta lhes é roubada por César, muito contra sua vontade, em consequência de um caso privado por ocasião da festa noturna das Damia, consagrada à

Boa Deusa [Cibele, deusa da fertilidade], que suscita um enorme escândalo político-religioso em todas as classes da sociedade romana. De Cícero a Plutarco, de Juvenal a Sêneca, de Tertuliano a Díon Cássio, cada um fará o relato do caso e dará sua opinião, insistindo sobre a imoralidade desse acontecimento incrível.

Plutarco, em seu *César* e em seu *Cícero*, é o mais claro e o mais preciso na exposição dos fatos que, à sua leitura, parecem tão grotescos que hesitamos entre a incredulidade e a hilaridade:

> Públio Clódio era um jovem patrício, conhecido por suas riquezas e por sua eloqüência, mas cuja insolência e audácia não ficavam abaixo das dos homens mais famosos por sua perfídia. Pompéia [não esqueçamos que é a mulher de César e a filha de Pompeu] fora seduzida por ele. Mas seus aposentos eram guardados com o maior cuidado: Aurélia, mãe de César, mulher de grande virtude, vigiava tão de perto a nora que os encontros dos dois amantes eram difíceis e perigosos. Os romanos adoram uma divindade que eles chamam Boa Deusa, como os gregos têm sua Gynecea. Os frígios reivindicam essa deusa para seu país, alegando que era a mãe do rei Midas. Mas os romanos dizem que ela é uma ninfa que teve relações com o deus Fauno. E os gregos, que é uma das mães de Baco que não é permitido nomear: daí, segundo eles, os ramos de videira com que as mulheres cobrem a cabeça durante a festa, e o dragão sagrado que, ao que se conta, está ao pé da estátua da deusa. Enquanto duram os mistérios, nenhum homem pode entrar na casa onde eles são celebrados. As mulheres, retiradas num lugar separado, praticam várias cerimônias semelhantes às que se observam nos mistérios de Orfeu.
>
> Quando chega o momento da festa, o cônsul ou o pretor na casa de quem ela se celebra sai de casa com todos os homens que ali habitam. Sua mulher permanece, dona da casa, e a enfeita com a decência conveniente. As principais cerimônias se fazem à noite, e essas noitadas são animadas por folguedos e músicas. Naquele ano, Pompéia celebrava a festa [na casa de seu esposo César, pretor]. Clódio, que não tinha ainda barba, persuadiu-se de que, por essa razão, não seria

reconhecido e apresentou-se disfarçado em traje de tocadora de lira: de fato, foi tomado por uma moça. Encontrou as portas abertas e foi introduzido sem obstáculo por uma das escravas de Pompéia que estava sabendo da ligação da mulher de César, e que o deixou para ir avisar esta última. Como ela tardava a voltar, Clódio julgou perigoso esperá-la onde fora deixado. Pôs-se a andar por todos os lados da imensa casa, evitando com cuidado as luzes, quando uma das acompanhantes de Aurélia cruzou com ele. Esta, que pensava falar com uma pessoa de seu sexo, fingiu seduzi-lo por provocações e quis brincar com ele: ante sua recusa, ela o arrastou para o meio da sala e perguntou-lhe quem era e de onde vinha. Clódio disse que esperava Abra [era o nome da escrava de Pompéia]. Mas sua voz o traiu. A acompanhante logo se dirige para o lado das luzes e das outras mulheres, gritando que acabava de surpreender um homem na casa. O pavor se apodera de todas as mulheres: Aurélia faz cessar as cerimônias e cobre os objetos sagrados. Ordena que as portas sejam fechadas e procura o intruso por todos os cantos, com archotes. Encontram Clódio no quarto da jovem que o introduzira: ele foi reconhecido e escorraçado ignominiosamente pelas mulheres. Elas saíram da casa na mesma noite e foram contar a seus maridos o que acabava de se passar.

Em toda Roma não se fala de outra coisa senão dessa profanação, desse sacrilégio. César, principal interessado, não quer acreditar no adultério da mulher e em sua reputação manchada, preferindo abafar o caso. Mas Cícero, que considera, não sem razão, Públio Clódio como um Catilina, um dos filhos degenerados de uma parte da aristocracia que vive na ociosidade e na luxúria, um incestuoso, dizem, com sua irmã Clódia, e que não sente – é o mínimo que se pode dizer – uma grande simpatia por César, está decidido a servir-se do escândalo para enfraquecer politicamente este último. Ele escreve a Ático, logo que o caso é conhecido: "Você sabe, certamente, a história de P. Clódio, filho de Ápio: foi surpreendido disfarçado de mulher na casa de César, quando se celebrava em Roma um sacrifício para o povo. Só sobreviveu graças a uma escrava que o fez evadir-se. É uma abominação. Não duvido de que você esteja profundamente aflito com isso."

Cícero tem a arte de travestir a verdade, se compararmos o que ele escreve ao que publica Plutarco sobre o mesmo assunto. O sacrifício ao povo praticado durante a festa da Boa Deusa é uma fantasia para ocultar o incômodo do orador. Provavelmente as mulheres que se reuniam nesse culto de mistério, em que Baco, não esqueçamos, é um dos deuses venerados, o deus do Vinho, e também o da Sexualidade, entregavam-se a práticas lésbicas. A jovem escrava que se diverte em seduzir Clódio, que ela toma por uma mulher, está aí para atestar essa hipótese. As estátuas dos deuses que Aurélia, mãe de César, tem pressa de cobrir são certamente providas de atributos sexuais particularmente impressionantes que excitam as mulheres desse culto secreto, a ponto de servirem-se deles para se masturbarem.

Juvenal, como poeta e como homem imaginativo, mas apoiado em informações concordantes a esse respeito, comprazeu-se em imaginar as mulheres durante esse culto da Bona Dea:

> Conhecemos os mistérios da Boa Deusa, quando a flauta desperta lúbricos furores; quando, embriagadas pelo vinho e o som do clarim, as mulheres saltam tomadas de vertigem, fazendo voar os cabelos em turbilhão e invocando Príapo em altos gritos: como se fossem Mênades. Oh! Que grande ardor, então, de saciar sua paixão! Que gritos escapados ao delírio de seus sentidos! Que torrentes de vinhos velhos jorrando sobre suas pernas! (...) Os desejos exaltados querem ser saciados, mas como fazer com uma simples mulher? O antro logo ressoa estes gritos unânimes: "A deusa, depressa, permite homens" (...) e, não havendo homens, ela é mulher de se fazer cobrir por um asno.

E Juvenal acrescenta prudentemente, mas sem acreditar demais nisto: "Quiseram os deuses que pelo menos o culto público e os ritos antigos fossem isentos de tais torpezas". Para precipitar-se alguns versos adiante, quando exclama: "Em nossos dias, que altar não tem seu Clódio?" Mais de cem anos depois do caso da Boa Deusa, a lembrança de Clódio e de seu papel continua viva.

César teria fechado os olhos a esse caso, ele que cuida de sua vida privada e, se não esconde o número de suas conquistas femininas, o faz mesmo assim com discrição, sem ostentação. Ele finge, num primeiro momento, não acreditar na cumplicidade de sua mulher, que, dizem algumas más línguas, teria ela própria sugerido ao amante disfarçar-se de tocadora de lira. Desta vez os senadores têm sua desforra contra o impetuoso e imprevisível César e entram com um processo contra Clódio, que eles odeiam e se deixou lamentavelmente cair numa armadilha. Cícero evoca esse fato numa carta de 25 de janeiro a Ático:

> Há aqui um caso bem infame, e receio que o mal vá mais longe. Você sabe, suponho, que um homem disfarçado de mulher se introduziu na casa de César durante o sacrifício que ofereciam para o povo, que as vestais tiveram de recomeçar o sacrifício e que Cornifício levou esse escândalo ao Senado (...) O Senado o remeteu aos pontífices. Os pontífices declaram que há sacrilégio. Em vista disso, e em virtude de um senátus-consulto, os cônsules publicam seu requisitório.

Cícero, satisfeito de ver César finalmente preocupado e enfraquecido, prossegue, sempre na mesma carta ao amigo Ático, seu relato:

> Ora, eis que Pisão [um dos dois cônsules do ano 61], preocupado com sua amizade por Clódio, manobra para fazer o povo rejeitar o requisitório que ele mesmo apresentou, por ordem do Senado e por respeito ao sagrado. Messala [o outro cônsul de 61], ao contrário, tem se pronunciado fortemente a favor da severidade.

Díon Cássio, por sua vez, afirma que "os grandes [isto é, os senadores], querendo punir o sacrilégio de Clódio – os pontífices haviam declarado que era preciso recomeçar os sacrifícios profanados por sua presença –, o convocaram à justiça, acusando-o de adultério (apesar do silêncio de César a esse respeito), do crime de defecção em Nísibis e de um convívio incestuoso com a irmã". Esta última era a esposa do riquíssimo Lúculo, o famoso gastrônomo de Roma.

> Mas, à força de súplicas, continua Cícero, Clódio afasta os homens de bem [isto é, seus adversários, se quisermos traduzir corretamente o eufemismo ciceroniano] do tribunal. Eu mesmo, verdadeiro Licurgo, sinto que amoleço dia após dia. Catão permanece firme e reclama justiça (...) Receio que esse caso será uma fonte de muitos males para a República.

Cícero não está muito enganado. Em 14 de fevereiro, ele envia uma nova carta a Ático, para contar-lhe a seqüência desse folhetim judiciário:

> No dia escolhido para o requisitório prescrito pelo senátus-consulto, viu-se espalharem-se pela cidade bandos de jovens, todos ex-seguidores de Catilina, e à frente deles Curião, verdadeiro boneco, pedia a todos que votassem A [fórmula da rejeição do processo movido a Clódio]. O próprio cônsul Pisão, autor do requisitório, era o primeiro a amotinar o povo. Os sequazes de Clódio se apoderaram das pontes e agiram tão bem que não haveria talvez um único U R [fórmula de aprovação do processo]. Catão vê essas manobras, dirige-se aos Rostros, interpela Pisão e despeja contra ele invectivas, se podemos chamar de invectivas sua linguagem sempre cheia de sabedoria, de autoridade e de polidez. Depois de Catão vem Hortênsio; depois, uma série de senadores [sempre qualificados de homens de bem por Cícero]. Favônio, sobretudo, foi notável. Diante dessa manifestação imponente, interrompem-se os comícios. O Senado se reúne. Havia muita gente e, a despeito de Pisão, a despeito de Clódio curvando-se covardemente aos pés de cada um dos senadores, os cônsules são instados a iniciarem imediatamente o requisitório. Quinze vozes pediram, com Curião, que não se fizesse decreto. Quatrocentas delas, por um voto de mãos erguidas, fizeram passar o decreto. O tribuno Fúfio decidiu retirar-se. Clódio lamentava-se diante do povo e cumulava de injúrias Hortênsio, Lúculo, Pisão e o cônsul Messala. A decisão do Senado é

que ninguém se ocupe da divisão das províncias, nem das legações, nem de qualquer outra questão, antes dessa.

Mas Clódio é manhoso, arranjou um álibi, e um de seus amigos, C. Causínio Schola, vem testemunhar que, na noite das Damia, Clódio se encontrava na casa dele em Interamna. Cícero, que não esquece que Clódio fez parte de sua guarda pessoal no momento da conjuração de Catilina, afirma que o acusado, na noite das Damia, veio à sua casa para tratar de algum assunto.

Mas aos poucos Cícero abandona a soberba e passa a agir como um cata-vento, pressionado por sua mulher, Terência, que odeia Clódio, suspeitando de que Clódia, a irmã deste, sonha casar-se com o orador. Em julho do ano 61, ele está envolvido desta vez na batalha contra Clódio, com uma vaidade cuja constância Plutarco assinalou várias vezes em seu *Cícero*:

> Clódio reduzira-se a recorrer ao povo e não se cansava de fazer meu nome odioso! Então, ó deuses imortais, que combates, que carnificina! Quantos ataques contra Pisão, Curião e toda a súcia! Quantas farpas lancei contra aqueles velhos imbecis e aqueles jovens inflamados! Como eu teria sido feliz, os deuses são testemunhas disso, de ter você perto de mim, de aproveitar seus bons conselhos e de vê-lo espectador dessa memorável luta!

É muito provável que o discurso de Cícero não tenha impressionado ninguém, a não ser aquele que o pronunciou. César esteve presente, e Plutarco relata, em seu *Cícero*, que ele recusou depor contra Clódio. "Minha mulher", diz ele então, "não foi acusada de adultério. Eu a repudiei porque a mulher de César deve ser isenta não apenas de qualquer ação vergonhosa, mas também de qualquer suspeita." Frase que se tornou proverbial sob uma forma mais lacônica: "Não pode haver suspeitas sobre a mulher de César". Suetônio amplia a resposta de César: "Pois quero que meus familiares sejam tão isentos de suspeita quanto de crime". César acaba de achar uma brilhante escapatória para não confessar que foi enganado, para livrar-se de Pompéia, e para impressionar sua audiência pela nobreza e o rigor de sua resposta. Ele se retira dignamente. O discurso enfático e empolado de Cícero, bem acolhido por amigos que havia muito lhe eram fiéis, não produziu efeitos concretos. No meio do tumulto, Crasso, cognominado com desprezo "O Calvo" por Cícero, arrebanha votantes em favor de Clódio.

> Entretanto", consola-se Cícero em sua carta a Ático, "25 juízes se mantiveram firmes e, com a morte sob os olhos, preferiram enfrentar o perigo do que perder tudo. Mas 31 deles tiveram mais medo da fome do que da infâmia. (...) Eis aí, tão resumida quanto possível, a história fiel desse julgamento e dessa absolvição.

Amargurado, sentindo claramente que César, ao retirar-se com dignidade, conservou todo o seu prestígio, e que ele se lançou como um tolo num discurso contra Clódio por gosto da glória e da oratória, Cícero conclui que "bastou, para nos perder, um julgamento, se é que se pode dar esse nome à ação de trinta dos mais impudentes e dos maiores tratantes de Roma, contrariando a justiça, o direito e um fato patente, visto e sabido pelo céu e pela terra".

Mas a jactância do orador é inesgotável. Assim que Clódio é absolvido, em maio, Cícero, em vez de prudentemente calar-se e retirar-se, como fez César, entoa um novo discurso e, numa carta a Ático, em julho, diz que apostrofou Clódio, que se pusera a agir como fanfarrão: "Tu te enganas, Clódio", lançou-lhe Cícero em plena face, "os juízes não te deram a liberdade, deram-te Roma por prisão. Eles quiseram não te conservar como cidadão, mas tirar-te a liberdade do exílio". São palavras bombásticas, mas são só palavras. Clódio está livre, e Cícero fez dele um inimigo que não lhe dará descanso, enquanto César, mantendo-se neutro durante o processo, não pronunciando qualquer palavra inexpiável quando poderia e deveria ter sido um dos principais queixosos, pode esperar servir-se desse personagem, de fato muito próximo da mentalidade de Catilina, para enfraquecer ainda mais a República.

Catulo, uma última vez na vida, testemunha sua indignação diante dos senadores que se curvaram por dinheiro diante de Clódio e, segundo Plutarco, insulta-os ironicamente nestes termos: "Tendes razão de pedir guardas para vossa segurança, por temor de que tirem vosso dinheiro!".

César, na qualidade de pretor cessante, é nomeado propretor da Espanha-Ulterior, que abrange a Lusitânia e a Bética (Portugal e Andaluzia de hoje), cujo governo em nome de Roma deve exercer durante um ano. Mas, sempre endividado, ele terá que adiar sua partida e pedir emprestado a Crasso 830 talentos (quantia enorme) a fim de apaziguar credores que se apoderaram de suas bagagens, como diz Plutarco em seu *Crasso*, para impedi-lo de deixar Roma. O empréstimo de Crasso não é desinteressado: ele espera fazer de César um aliado para enfrentar Pompeu, seu rival político, muito embora a estrela deste último tenha empalidecido consideravelmente desde um ano, mesmo com o triunfo extraordinário em Roma no começo do outono de 61, e mesmo tendo vencido tantos soberanos, conquistado territórios imensos no Oriente e acumulado um butim que os romanos nunca tinham visto desfilar na Via triunfal, com tantos prisioneiros e riquezas. Pompeu tenta manobrar, em Roma, para fazer ratificar a administração das províncias do Oriente, das quais foi o promotor, e conceder terras a seus veteranos. Mas ele não tem a habilidade de César, e seus rivais são numerosos, entre eles Crasso. Obtém apenas medidas insuficientes e espera o retorno de César para fazer dele um aliado de peso.

César, com suas legiões, dirige-se em maio de 61 à sua província, por grandes marchas, e atravessa os Alpes. Ao chegar à Espanha-Ulterior, torna-se de um dia para o outro um homem de ação, não temendo a fadiga e dividindo seu tempo entre os soldados e os administradores. Díon Cássio fez um relato bastante completo das atividades de César entre 61 e 60. Eis aqui o texto, que não convém parafrasear:

> César teria podido, sem grandes fadigas, purificar a Lusitânia dos bandidos que a infestavam e entregar-se depois ao

repouso. Mas ele não queria isso. Ávido de glória, desejoso de igualar Pompeu e os outros homens que, com ele, haviam se elevado a um grande poder, alimentava vastos projetos, com a esperança de ser cônsul e de realizar façanhas, caso se destacasse então. Essa esperança vinha-lhe sobretudo de um sonho que tivera, quando era questor em Gades [Cádis], de uma relação incestuosa com a mãe, sobre o qual os adivinhos lhe predisseram que obteria um grande poder.

Durante seu governo, César procura subjugar "os bandidos" – assim são chamados os opositores à presença romana –, e o consegue por medidas de repressão militar extremamente severas, nas palavras do historiador Díon Cássio, que evocou essa primeira campanha militar importante de César.

Plutarco completa o relato de Díon Cássio mostrando que, além de revelar-se um chefe temível por suas estratégias e suas táticas, César reformou a administração da província no sentido de uma maior justiça social. "Ele restabeleceu", escreve Plutarco, "a concórdia nas cidades e dedicou-se principalmente a acabar com as disputas diárias entre devedores e credores. Ordenou que o credor retirasse a cada ano dois terços das rendas do devedor, e que o devedor utilizasse apenas o outro terço até a completa quitação da dívida. Em seguida partiu, deixando no país que governara uma reputação muito boa, tendo acumulado grandes riquezas e proporcionado ganhos consideráveis a seus soldados, que na partida o saudaram com o título de *imperator*, isto é, comandante-chefe supremo.

Esse título muito importante e cobiçado por todos os generais romanos, César decide fazê-lo valer e tirar-lhe as conseqüências, isto é, exigir o triunfo, em julho de 60, quando se prepara para voltar a Roma, onde Crasso e Pompeu se enfrentam para ser o primeiro. Como seus partidários não conseguem impor ou um ou o outro, César, que não entrou em Roma, respeitando a lei que quer que um imperator espere a autorização dos senadores, negocia por mensageiros com os dois irredutíveis adversários e mostra-lhes a vantagem de aliarem-se a ele. Maneira de pensar que é do seu interesse, para, por ora, não se indispor com nenhum dos dois.

César está mergulhado também num dilema. É forçado a permanecer fora de Roma para obter o triunfo, mas deseja disputar o consulado, o que o obriga a fazer sua campanha eleitoral na cidade. Plutarco, tanto em seu *César* quanto em seu *Pompeu* e em seu *Crasso*, comenta esse desejo e o que dele resulta: "Ele despachou emissários para pedir ao Senado a permissão de solicitar o consulado por seus amigos, permanecendo fora da cidade". Essa tática é engenhosa e inusual, mas logo encontra oposições. "Catão", prossegue Plutarco, "apoiado na lei, combateu vivamente a pretensão de César. Mas, vendo que este obtivera a compreensão de um certo número de senadores, procurou ganhar tempo e dedicou toda uma jornada a explicar as razões de sua oposição." É verdade que se somam prodígios em torno de César, testemunhando que os deuses lhe concedem sua proteção. Díon Cássio conta que "na casa de César nascera outrora um cavalo que tinha o casco das patas dianteiras fendido em dois [como pés humanos]. Esse cavalo mostrava-se orgulhoso de transportar César, mas não queria ser montado por mais ninguém. César tirava daí um novo presságio que excitava em sua alma grandes esperanças, e renunciou de bom grado ao triunfo".

Sempre no exterior do *pomerium*, o limite simbólico de Roma que nenhum comandante-chefe deve franquear, a não ser sem seu exército, ele executa uma manobra que engana todo mundo, exceto Catão. Tratava-se de reconciliar Crasso e Pompeu (ele já havia tentado um pouco isso), os dois personagens mais poderosos de Roma. César, segundo Plutarco em seu *Crasso*, "mostrou-lhes que se destruírem mutuamente era servir à carreira e ao prestígio dos Cícero, dos Catulo, dos Catão. Se não se falasse mais dessa gente, se eles reunissem seus interesses e se ligassem numa amizade sólida, conduziriam o Estado por uma força única, um pensamento único". César os convence a apaziguar as dissensões, restabelece entre eles laços interrompidos desde o ano 70, quando fingiram governar juntos. Como grande historiador, Díon Cássio explicou a psicologia e as intenções ocultas e bastante hipócritas de cada um desses três grandes personagens.

> César estava convencido de que nunca poderia ser poderoso sem Pompeu e Crasso. (...) Tampouco temia que, uma vez reconciliados, eles se tornassem mais poderosos do que ele; sabia perfeitamente que, com essa amizade, ele, César, logo se elevaria no meio dos outros e que ambos contribuiriam para torná-lo o mais poderoso (...) Foi com esse objetivo que César os reconciliou e buscou ligá-los à sua causa. Por seu lado, Pompeu e Crasso, movidos por considerações pessoais, fizeram a paz assim que se reuniram e associaram César a seus projetos. Pompeu não era tão poderoso quanto esperava ser: percebia que Crasso gozava de grande crédito, que César conquistava a cada dia mais influência, e temia ser anulado pelos dois. Mas contava que, unindo-se presentemente com eles, poderia, com esse apoio, recuperar seu antigo poder. Crasso imaginava que seu nascimento e suas riquezas deviam colocá-lo acima de tudo: muito inferior a Pompeu e convencido de que César era chamado a um grande papel, procurou colocá-los em luta um contra o outro, a fim de que nenhum dos dois fosse mais poderoso do que ele. Esperava poder, enquanto eles se combatiam com forças iguais, beneficiar-se da amizade de ambos e obter maiores honrarias. Na verdade, Crasso não se propunha, em sua vida política, nem o triunfo do Senado nem o do povo: tinha em vista apenas o poder e, para chegar a seu objetivo, buscava conciliar-se igualmente com o Senado e com o povo, evitando o ódio deles e agradando sucessivamente um e outro.

O primeiro triunvirato

É com essas intenções pouco francas que César, Pompeu e Crasso formam uma aliança e prestam-se juramento de amizade, instituindo, em julho de 60, na História romana, o que se chamou o primeiro "triunvirato". Plutarco faz observações muito argutas a respeito, extrapolando as conseqüências mesmo remotas desse acontecimento.

> Nobre ação, certamente, e digna de um homem de Estado, se o motivo não fosse condenável e se a habilidade que César demonstrou na execução não encobrisse um mau propósito. Esse poder dividido entre dois rivais mantinha o equilíbrio em Roma, como faz a carga igualmente distribuída num navio. Mas, assim que ela se juntou e pesou inteiramente sobre um único ponto, não houve mais contrapeso e o resultado foi o abalo da República, sua derrubada de alto a baixo.

Plutarco precisa seu pensamento, projetando-o na História por vir, isto é, nos albores da guerra civil, dez anos mais tarde:

> Foi dito um dia, diante de Catão, que as disputas surgidas entre César e Pompeu causaram a ruína da República. "Vocês se enganam", disse Catão, "em imputá-la aos últimos acontecimentos. Não foi a discórdia nem a inimizade, foi a amizade e a união deles que representaram para Roma a primeira desgraça e a mais funesta."

Catão, o único lúcido a ter previsto as perigosas conseqüências do triunvirato, "ganhou então", nas palavras de Plutarco, "apenas a reputação de um homem de mau caráter e importuno, e, mais tarde, de conselheiro sábio, mas infortunado".

Plutarco assinala, com razão, que, com o triunvirato, "César de modo algum aumentou a força de Pompeu e de Crasso, reconciliando-os, mas tornou-se ele próprio, por meio de ambos, o maior dos três". Com seus dois compadres, César chegava ao primeiro posto de um poder que um dia exigiria sem restrição.

Se César fora protegido pelos deuses e obtivera deles sinais de encorajamento para prosseguir uma carreira excepcional, esse triunvirato, em troca, não parece ter sido aprovado pela comunidade dos deuses. Díon Cássio explica a irritação das divindades pelas dissimulações e artimanhas que tal aliança ocultava.

> O olho da divindade fez com que os homens capazes de compreender tais revelações compreendessem o que se devia esperar dos triúnviros no futuro. Um furacão se abateu subitamente sobre Roma e as terras vizinhas, com tamanha violência que muitas árvores foram arrancadas e várias casas destruídas: os navios ancorados no Tibre, fosse em Roma, fosse na embocadura desse rio, foram submersos, e a ponte de madeira desabou, assim como um teatro construído para celebrar certos jogos. Muitos homens pereceram nesses desastres, imagens antecipadas dos infortúnios que aguardavam os romanos na terra e no mar.

César, tendo acalmado provisoriamente seus adversários ou, pelo menos, tendo-os confortado, renuncia ao triunfo, penetra livremente em Roma e se lança imediatamente na corrida eleitoral ao consulado do ano 59. Obtém o primeiro dos poderes em Roma em agosto de 60, juntamente com Bíbulo, um velho conhecido, pois já haviam sido edis e pretores juntos. Todos os seus adversários foram surpreendidos por essa candidatura e seu sucesso, inclusive Cícero e Catão, que ignoravam os acordos secretos entre César, Pompeu e Crasso e esperavam que os três homens se paralisassem mutuamente.

Era conhecer mal César, que desde o início de seu consulado exibe um respeito maníaco pelas formas constitucionais, algumas delas caídas em desuso havia várias décadas. "Ele fez reviver", escreve Suetônio, "o antigo costume de fazer-se preceder por um meirinho e seguir por lictores, durante o mês em que o outro cônsul, no caso Bíbulo, tivesse os archotes." Ele tranqüiliza os mais conservadores, que temiam que ele praticasse métodos de governo pouco transparentes. Ora, ele é o primeiro a estabelecer "que haveria um jornal de todos os atos do Senado e do povo, e que esse jornal seria público". Quem pode afirmar, parece dizer implicitamente César, que não respeito o Senado e suas decisões, se faço uma ampla publicidade delas? Mas o verme está no fruto. Ele aceita o controle em relação a seus atos, e ao mesmo tempo este se torna obrigatório para os senadores: ninguém poderia desdizer o que disse, e muitos poderiam ser pegos em flagrante delito de impostura ou de mentira. Cada um iria buscar no adversário, a começar por César, palavras imprudentes que poderiam se voltar contra ele, tendo em vista as circunstâncias.

Depois de dar garantias aos nobres, ele se volta contra eles para adular a plebe, reformando a justiça. Apresenta-se, como de hábito, mascarado por um fâmulo, no caso o tribuno P. Vatínio, para nunca ser atacado de frente e poder retirar-se na sombra ou no silêncio, caso seus projetos de lei suscitassem a ira dos senadores. Essa lei, mencionada por Cícero em seu *Discurso contra Vatínio* alguns anos mais tarde, é feita "para permitir às duas partes [a dos acusadores e a dos acusados, durante um julgamento] recusar, cada uma, todos os membros de um tribunal". Ver-se-á que ela é uma arma de dois gumes. Um pretor que ele instruiu, um certo Q. Fúfio Caleno, "propõe uma lei segundo a qual cada uma [das decúrias, grupo de dez juízes, no Senado] votaria separadamente". O que se assemelha um pouco a um voto por ordem, como houve um debate sobre o mesmo assunto na Revolução francesa, e o que favorece necessariamente os partidos mais conservadores, porque mais numerosos, impedindo defecções ou alianças com outros partidos, e portanto paralisando o aparelho legislativo em proveito da oligarquia dirigente.

No final de seu mandato consular, César não se vale de um testa-de-ferro e faz promulgar uma lei contra a concussão, as prevaricações e as fraudes de todo tipo praticadas pelos administradores em Roma, na Itália e nas províncias. A lei é severa, punindo com enormes multas os que ousam infringi-la e ordenando que os culpados pelos roubos reembolsem as vítimas. O povo aplaude essa lei que reconhece as pilhagens das quais ele é, com freqüência, a vítima impotente, mas os que vivem desses desfalques financeiros para pagar suas dívidas e seus gastos eleitorais fazem cara feia e passam a ver César como uma figura perigosa.

Antes, no começo do consulado, em março de 59, ele abordou uma questão delicada, a da reforma agrária, que Tibério e Caio Graco haviam tentado introduzir, sem resultado, a não ser o de se fazerem assassinar. César entendia adular Pompeu ao distribuir terras a seus soldados veteranos, mas também aos indigentes de Roma. Como escreve Díon Cássio, "a população de Roma, cujo crescimento excessivo fora o principal alimento das sedições, foi chamada ao trabalho e à vida no campo, e a maior parte das terras da Itália, que haviam perdido seus habitantes, foi repovoada". Essa lei agrária, considerando não apenas os precedentes trágicos dos Graco, mas também uma oposição violenta conduzida por Rulo, tomava muitas precauções para não ferir as suscetibilidades dos mais ricos. César não queria que as terras fossem retiradas à força dos proprietários, nem vendidas a um preço imposto pelos comissários encarregados das partilhas. Ele tinha a esperança de que elas fossem cedidas voluntariamente e pagas por seu valor, segundo os registros do censo. Escolheu os comissários em todas as classes sociais e mesmo entre seus opositores, para não ser acusado de favoritismo. Nomeou vinte deles, excluindo-se ele próprio a fim de mostrar que não propunha a lei para seu interesse próprio, mas incluindo Pompeu, assim como M. Valério Messala, um de seus adversários políticos, e inclusive um especialista em questões agrícolas – um técnico, diríamos hoje –, C. Tremélio Scrofa, amigo de Varrão, autor de um Tratado da agricultura.

César, portanto, como escreve Díon Cássio, é "inatacável no que diz respeito a esse projeto de lei". Por cálculo político, ele pede a cada senador que se pronuncie sobre o projeto e faça eventualmente sua crítica. A maior parte dos "pais conscritos" é naturalmente hostil, mas não ousa dizê-lo.

Eles suspeitam, com razão, de que César quer, com essa lei, a "afeição do povo", tornando seu nome popular. "Assim, a lei não era combatida, e tampouco era aprovada", resume Díon Cássio de uma maneira exata e lapidar. Os senadores contentam-se com uma obstrução latente, multiplicando as discussões. Procuram ganhar tempo. Catão é quem mais freqüenta a tribuna, não tanto para combater a lei, muito favorável à arrecadação de impostos, quanto para arrastar ostensivamente os debates e forçar César a adiá-los. César, furioso e confiante na sua prerrogativa de cônsul, ordena que o perturbador seja detido e levado à prisão por um lictor, conta Valério Máximo. E Plutarco acrescenta:

> César, vendo que não apenas os principais cidadãos se revoltavam com essa indignidade, mas que o próprio povo, por respeito à virtude de Catão, o acompanhava em triste silêncio, pediu secretamente a um dos tribunos que libertasse Catão. Um certo M. Petreio, à censura que lhe faz César por abandonar a sessão antes da hora, responde com insolência: "Prefiro estar preso com Catão do que estar aqui contigo!".

De todos os senadores, escreve Plutarco em seu *César*, somente poucos acompanharam César no Senado: em sua maior parte eles se retiraram, ofendidos com sua conduta. Um certo Consídio, senador bastante idoso, disse-lhe que os senadores não tinham vindo porque temiam suas armas e seus soldados. "Por que então", perguntou César, "o mesmo temor não te fez permanecer em casa?" – Minha velhice, replicou Consídio, "me impede te ter medo; pois o pouco de vida que me resta não exige uma tão grande precaução."

César pode considerar-se satisfeito: ele demonstrou mais uma vez o egoísmo dos senadores e sua solidariedade de classe. Antes de dispensar todos, profere estas palavras ameaçadoras, relatadas por Díon Cássio: "Eu vos fiz juízes e árbitros supremos desta lei a fim de que, se algum de seus dispositivos vos desagradasse, ele não fosse submetido ao povo. Mas já que não quisestes proceder a uma deliberação prévia, o povo apenas decidirá".

César, como acabamos de ver, incumbe imediatamente os comícios curiates, essa Assembléia do povo, de seu projeto de lei. Tem a cortesia de pedir novamente a alguns senadores, talvez menos irredutíveis, que dêem sua opinião, e dirige-se em particular a seu colega de consulado, Bíbulo, "para saber se desaprovava a lei". Este limita-se a responder que "não aceitaria nenhuma inovação enquanto fosse cônsul", segundo Díon Cássio, único historiador a escrever o essencial sobre essa lei agrária e os incidentes que ela suscitou. César tenta dobrá-lo, instigando o povo para que ele se junte a seu projeto. Mas Bíbulo, nem um pouco sensibilizado por essa incontestável pressão, "responde, em voz alta: 'Você não obterá meu voto este ano, ainda que todos queiram'." César finge agir de boa-fé e protesta, diz-nos Plutarco em seu *César*, que "era contra sua vontade que o impeliam em direção ao povo; que era a injustiça e a rigidez do Senado que o forçavam a cortejar a multidão".

Ele chama então em socorro Pompeu e Crasso, seus compadres de triunvirato, que, como previsto, fazem o elogio ditirâmbico da Lei Agrária e dão-lhe assim sua prestigiosa caução. Pompeu, muito satisfeito, discursa perante o povo, segundo relata Díon Cássio:

> Romanos, ele exclama, não sou o único a aprovar esta lei: o Senado inteiro a aprovou no dia em que ordenou uma distribuição de terras não apenas para meus companheiros de armas, mas também para os soldados que fizeram a guerra com Metelo. Havia então motivos para adiar essa distribuição, porque o tesouro público era escasso; mas hoje ele é rico, graças a mim. Portanto, considero justo que se cumpra a promessa feita a esses soldados, e que os outros cidadãos recolham o fruto das fadigas suportadas em comum.

Ele se dá o tempo de analisar um por um os dispositivos da lei, para aprovar cada artigo. César aproveita para perguntar a Pompeu se ele o defenderia com zelo contra os adversários da lei, ao mesmo tempo em que apela à multidão para pedir sua ajuda. Pompeu, orgulhoso de sua popularidade, dirige-se então a ele com uma ênfase de tribuno, cobrindo-o de louvores e terminando seu discurso nestes termos: "Se alguém ousar sacar a espada contra ti, empunharei o escudo!". Crasso, ultrapassado pelos acontecimentos, não pode senão aprovar seus dois colegas; e o povo e seus representantes, ignorando o entendimento aparentemente cordial dos três e julgando que continuam sendo adversários, mostram-se dispostos a votar a lei, já que três homens tão diferentes e tão estimados são favoráveis a ela.

Bíbulo não se considera vencido e, corajosamente, com o auxílio de três tribunos, sobe à tribuna para reafirmar, desta vez claramente, sua oposição e, na falta de aliados suficientes, utiliza, como Catão, o procedimento da obstrução, anunciando que "até o fim do ano, consultaria diariamente os augúrios: desta forma o povo não poderia se constituir legalmente em assembléia". César desconsidera essa opinião e afirma que a lei agrária será votada em março de 59. Ao mesmo tempo, para intimidar eventuais opositores, pede ao povo para comparecer ao Fórum em plena noite. Bíbulo, temerariamente, auxiliado por três tribunos, C. Domínio Calvino, Q. Ancário e C. Fânio, sobe os degraus do templo dos Dióscuros para ali pronunciar um discurso sempre hostil à Lei Agrária, empurrando César, que ali discursava. Bastou que Bíbulo pronunciasse as primeiras frases para que alguns agitadores bem decididos escalassem o monumento sagrado, apoderando-se do cônsul e lançando-o escada abaixo. Seus archotes, insígnias do consulado, são quebrados e ele é atacado pela multidão, juntamente com alguns senadores e dois dos tribunos. Eles são golpeados, apedrejados e fogem, feridos. A lei é votada.

No dia seguinte, Bíbulo volta à carga e pede, em pleno Senado, a revogação da lei. Mas é tal a covardia dos senadores diante da demonstração de força da plebe que ninguém protesta. Bíbulo recolhe-se então em sua casa até o final do mandato, recusando-se a ratificar todas as leis propostas por César, a tal ponto que o tribuno do povo P. Vatínio propõe botar esse cônsul recalcitrante na prisão. Mas desta vez os senadores tomam a defesa do colega que, desgostoso, abandona a seguir a vida política.

César permanece, durante os oito meses seguintes, o único cônsul, flanqueado, é verdade, por Crasso e Pompeu. Eles formam um trio diante de cujo poder os senadores não ousam elevar a voz nem o tom. Suetônio insiste, escrevendo que "César regulou tudo no Estado, com sua única e soberana autoridade. De tal modo que os gracejadores, ao assinarem suas cartas, as datavam não do consulado de César e de Bíbulo, mas do consulado de Júlio e de César!", fazendo assim dois cônsules de um só, do qual separavam o nome e o sobrenome. Fizeram também circular os seguintes versos:

> O que César fez, quem dentre nós o ignora?
> O que Bíbulo fez, ainda estou a procurar agora.

César, portanto, tem toda a liberdade para atacar os senadores e encontra uma ocasião na pessoa do procônsul C. Antônio Hybrida, ex-colega de Cícero no consulado de 63, que se comportou em seu governo da Macedônia como um tirano e um saqueador. Arrogou-se o direito de fazer a guerra aos vizinhos pacíficos dessa província, como os dardanianos, que se defenderam valentemente e o expulsaram de suas terras, após terem-lhe retomado os produtos de suas rapinas. Outros, como os habitantes da Mísia, tiveram de sofrer os ataques desse procônsul, que também tentou impor-lhes cobranças indevidas. Por sua conduta particularmente indigna, Antônio sujou o nome romano e lançou a suspeita sobre os procônsules e seus governos. César, da mesma forma que Pompeu e Crasso, não pode tolerar um tal comportamento. Ele encarrega então M. Célio Rufo de levar Antônio à justiça, por concussão deliberada. Este encontra um defensor inesperado em Cícero que, mesmo sem apreciá-lo muito, e tendo já acusado um outro governador corrupto, Verres, vê nessa causa um pretexto para atacar César, do que ele não se priva, como relata Díon Cássio, que fala inclusive de insultos que teria proferido várias vezes contra o triúnviro.

O historiador grego da História romana extrai desse caso um dos traços permanentes do caráter de César, a impassibilidade e o cálculo em qualquer circunstância. Regra de conduta à qual ele permanecerá fiel até a morte. Sobre esse ponto, Díon Cássio oferece um retrato psicológico particularmente apaixonante de César. Ele escreve:

> Embora César sofresse com tais insultos, procurou não replicar e não ferir Cícero nem por palavras, nem por atos. Dizia que muitas vezes homens lançam propositalmente sarcasmos vãos contra os que estão acima deles para instigá-los à disputa, na esperança de parecerem ter alguma semelhança com eles e de estarem no mesmo nível, se os primeiros responderem com os mesmos sarcasmos (...)
> Ele deixou Cícero insultá-lo e enaltecer-se à vontade. Mas estava longe de desprezá-lo. Naturalmente brando, era raro que se encolerizasse (...) Nunca cedia ao arrebatamento: esperava o momento propício e golpeava geralmente sem que o percebessem, buscando menos parecer vingar-se do que colocar-se numa situação favorável a seus interesses, sem despertar a inveja. Punia, assim, misteriosamente, e quando menos se esperava. Primeiro, para manter sua reputação e não parecer agir sob o impulso da cólera; depois, para que ninguém lhe guardasse rancor ou buscasse fazer-lhe mal antes de experimentá-lo. Quanto aos acontecimentos passados, só se preocupava com eles para não ter de sofrer suas conseqüências. Assim, perdoou muitos homens que o haviam ofendido gravemente, ou infligiu-lhes apenas um castigo leve, se estava convencido de que não mais o prejudicariam. No entanto, no interesse de sua segurança pessoal, punia geralmente com mais severidade do que a justiça o exigia, dizendo que o que fazia não podia deixar de ser feito, e que pelo rigor dos castigos protegia-se do perigo no futuro.

O processo resulta na vergonha de Cícero e no castigo de C. Antônio Hybrida, que deve se exilar na Cefalênia. No mesmo dia, para não perder tempo e aproveitar sua boa fortuna, César, na qualidade de grande pontífice, e Pompeu, na de áugure, pronunciam-se favoravelmente pela passagem do patrício Públio Clódio à classe da plebe, graças à sua adoção por P. Fonteio. Essa proposta, que logo adquire força de lei pela vontade do cônsul César, não é, por certo, nem anódina, nem inocente. Como todos se lembram, César recusara condenar Clódio por adultério com sua mulher, sabendo que, graças à sua indulgência de marido complacente, conquistava a gratidão do amante. Ao permitir-lhe passar à classe da plebe e fazer-se em breve eleger tribuno, ele dava-lhe armas para atacar seus inimigos que o levaram à justiça, em particular Cícero. César sabe fazer-se insultar sem protestar, mas, como se vê, guarda ao mesmo tempo um rancor tenaz e retorcido.

Alguns anos mais tarde, Cícero, que conhecerá terríveis provações políticas infligidas pelo ódio de Clódio, tentará demonstrar a ilegalidade da adoção deste pela plebe, em seu *Discurso Pro Domo*, não sem argumentos nem sem razão. Em suas cartas a Ático, especialmente em abril de 59, ele dará livre curso a seu descontentamento, chamando Pompeu, que igualmente favoreceu essa adoção, de "recrutador para a canalha", e avisando seu correspondente que "se Clódio me provocar, então me defenderei e, segundo as práticas da escola, declaro que 'o primeiro que me atacar cairá sob meus golpes'."

Não contente com a peça pregada a esse enfatuado Cícero, César volta-se para os cavaleiros e lhes concede a terça parte da arrecadação dos impostos. Leva, assim, em conta uma de suas reivindicações constantes, que fora sempre rechaçada pelos senadores e por Catão. Ele aprova os atos de Pompeu, em sua qualidade de comandante-chefe. Lúculo, que tem a pretensão de opor-se, logo se cala sob a ameaça apenas velada de César de tornar públicas suas malversações financeiras e decide renunciar "aos assuntos públicos sob pretexto de que sua idade", escreve Plutarco, "não lhe permitia mais assumi-los".

Valendo-se de seus sucessos, César propõe então o reconhecimento de Ptolomeu XIII Aulete como soberano do Egito. Cícero, numa das cartas a Ático, de abril de 59, chama esse homem grotesco e cruel de "rei da Alexandria". De fato, esse Ptolomeu XIII havia sucedido a Ptolomeu XII Alexandre II, que legara por testamento seu reino ao povo romano. Mas os senadores proibiram Pompeu e Crasso de se apoderarem desse território a que tinham legalmente direito, para não aumentar ainda mais as possessões de Roma, embora não reconhecessem a autoridade de Ptolomeu XIII. Um grande erro político, ao qual César põe termo declarando o rei do Egito amigo e aliado do povo romano... em troca de uma enorme quantia, seis mil talentos, segundo Suetônio. Pompeu, que defendeu o pedido de Ptolomeu em agradecimento ao apoio dado por ocasião da guerra do comandante-chefe contra Aristóbulo, divide essa quantia com Crasso, que, tendo emprestado dinheiro a César, pode assim reaver seu capital.

Em abril de 59, César, percebendo os senadores incapazes de reagir, aturdidos com a série de leis que votaram contra a vontade e aterrorizados, propõe uma segunda Lei Agrária que despoja em parte os grandes proprietários de vastos domínios na Campânia. A partilha dessas terras é imposta a fim de que os veteranos de Pompeu, sem esquecer, lembra Díon Cássio, "os que tinham três filhos ou mais de três filhos", possam tomar posse delas. Veleio Patérculo, em sua *História romana*, explica:

> Cerca de vinte mil cidadãos foram para Cápua. Essa cidade recuperou o direito de cidade que havia perdido 152 anos antes, no momento de sua redução a sede de governo, durante a segunda guerra púnica. Por essa medida César tornava-se ainda mais popular junto às massas, freqüentemente espoliadas pela nobreza romana rica.

Ainda em abril, César marca um novo ponto ao forçar sua filha Júlia, nascida de seu segundo casamento com Cornélia, a romper o noivado com Servílio Cepião e desposar Pompeu. Divorciado de Pompéia por conta do escândalo da Bona Dea, César, no mesmo mês, casa com Calpúrnia, filha de L. Calpúrnio Pisão que ia sucedê-lo no consulado para o ano 58.

Ainda nesse mês, decididamente muito fasto a César, o povo passa a discutir a atribuição dos governos aos dois cônsules cessantes. Um tribuno, Vatínio, propõe revogar uma lei votada em 60 pelos senadores, movidos por sua desconfiança em relação a César, que entende "atribuir aos futuros cônsules, isto é, a Bíbulo e sobretudo a César, comandos sem importância, como a inspeção das florestas e dos caminhos", escreve Suetônio. O que é injurioso. O povo, sempre reunido nos comícios, decide então não só ignorar essa lei senatorial que ridiculariza César, mas atribuir a este último o comando, por cinco anos, da Gália cisalpina e da Ilíria. O Senado ratifica essa recomendação, ou melhor, essa ordem do povo, curvando-se novamente aos aliados de César e, para camuflar seu pânico, mostra-se ainda mais generoso, pois concede a César, a partir da proposta de Vatínio, o governo da Gália chamada cabeluda, isto é, transalpina, juntando às três legiões com que César fora agraciado uma quarta, para mostrar claramente sua boa vontade. Não podia ser maior a falta de orgulho e de honra políticos. Suetônio conta que César "sentiu uma alegria incontrolável: poucos dias depois, ele se orgulhava, em pleno Senado, de ter chegado enfim ao auge de seus desejos, apesar do ódio de seus inimigos consternados, e exclamava que doravante marcharia sobre suas cabeças. 'Isto não será fácil para uma mulher', exclamou um senador, aludindo a seu comportamento na Bitínia. 'Ao que eu saiba', respondeu César no mesmo tom, 'isso não impediu Semíramis de reinar sobre a Assíria e as Amazonas de possuírem outrora uma grande parte da Ásia'."

Se a réplica era excelente, ela mal ocultava a aspiração monárquica de César. Cícero é bastante perspicaz para ter há muito percebido isso nos atos e nas palavras de seu adversário. Ele retira-se prudentemente de Roma e passa temporadas em suas diversas vilas, de onde envia a seu amigo Ático missivas em que as alusões à tirania do Triunvirato são apenas pretextos para atacar César pessoalmente, de quem ele diz que "o exército de seus partidários está aí para fechar a boca de todo o mundo".

Desde então, César passa o resto do ano de 59 a constituir uma pequena clientela de espiões. É o que revela Suetônio:

> Para proteger-se, daí em diante, de ataques durante sua ausência de Roma, ele buscou aliciar os magistrados de cada ano e impôs-se uma lei de ajudar com seu crédito, ou de fazer chegar às honrarias, apenas os que se comprometessem a defendê-lo em sua ausência; condição para a qual não hesitou em exigir de alguns um juramento e mesmo uma promessa escrita.

Ele leva adiante a escolha dos homens que podem ser aliados preciosos, e capazes de levar a perturbação e o medo a seus adversários. Assim, consegue que Públio Clódio seja designado tribuno para o ano 58, sabendo que esse odioso personagem perseguirá Cícero com sua vingança, assustará os senadores e vigiará de perto Pompeu e suas ambições. Bíbulo, seu colega confinado em casa, mas que não cessa de apregoar nos muros de Roma libelos e invectivas contra César e Pompeu, afirmando diariamente que os augúrios são desfavoráveis aos comícios, não impede que estes se reúnam e votem, em outubro de 59, a favor dos dois cônsules para 58, figuras impostas evidentemente por César: Pisão, seu recente sogro, e A. Gabínio, um amigo incondicional de Pompeu, para agradar esse aliado incômodo.

Cícero diverte-se, de longe, com esses cartazes que injuriam César e abre-se a seu amigo Ático, dizendo que tem sede de detalhes e que "observa com um certo prazer esse conflito de opiniões e de maneiras de pensar". Prudentemente, fora de Roma, ele zomba de Bíbulo, que se ocupa apenas com copiar e ler seus éditos. "Hoje não há nada mais popular do que detestar os homens populares." Ele acrescenta numa outra carta que, nos espetáculos de teatro e de gladiadores, as pessoas se permitem frases hostis aos triúnviros, e que "nos jogos Apolinários o trágico Dífilo fez uma alusão muito clara a nosso amigo Pompeu nesta passagem: 'É nossa miséria que te faz poderoso', repetida mil vezes. Mais adiante, os gritos da assembléia de todos os espectadores acompanharam sua voz quando disse: 'Virá um tempo em que gemerás profundamente sobre teu infeliz poder'. Muitas outras passagens deram ensejo às mesmas demonstrações". Essas frases e esses gritos sediciosos proferidos contra Pompeu atingem necessariamente as pessoas de Crasso e de César, os triúnviros, e indicam um clima pré-revolucionário incontestável, do qual César foi o promotor consciente. As relações entre César e Nicomedes voltam à tona através de declarações caluniosas. César deixa que digam e que falem, sabendo que tudo que é exagerado não é sério e pode apenas servi-lo. O jovem Curião, líder de uma oposição furiosa a Pompeu, foi considerado por alguns historiadores como um agente provocador.

Em tal hipótese, compreende-se melhor esse episódio relatado por Cícero numa carta a Ático, datada de 19 de abril de 59:

> Eu saía tranqüilamente de Ântio pela via Ápia e chegava às Três Tavernas, no dia das festas de Ceres. Vejo à minha frente meu caro Curião, vindo de Roma (...) Curião me pergunta se sei de alguma novidade: "Nada", respondo. "Clódio solicita o tribunato. Que acha disso? Ele odeia mortalmente César e seu objetivo é anular todas as decisões de César." E o que diz César? "Ele afirma que não mandou confirmar a adoção de Clódio." Depois Curião falou de seu ódio, do de Mêmio e de Metelo Nepos [em relação a César].

Cícero acrescenta, falando de Curião: "Eu o abracei". Frase que indica que o ex-cônsul aprova as declarações odiosas de Curião. Cícero caiu na armadilha, e é certo que tanto Clódio quanto César foram informados desse abraço que o designa como inimigo deles.

Um outro "caso" surge em setembro de 59, pondo em cena L. Vétio, conspirador de baixa categoria, homem suspeito e delator no momento da conjuração de Catilina. Ele entra no Fórum com um punhal na mão. Detido, afirma que queria assassinar Pompeu, por ordem de um certo número de pessoas cujos nomes apresenta. Essas confissões são forjadas, e Vétio é levado ao calabouço. Mas César percebeu a vantagem que podia tirar desse homem perdido. Vejamos o que Cícero, numa carta a Ático, conta sobre esse caso que o compromete: "No dia seguinte César obrigou Vétio a subir à tribuna dos discursos (...) Ali Vétio pôde dizer tudo o que quis. Passaram-lhe a lição, ele a sabia bem." Ele cita outros nomes não mencionados na véspera, inimigos mortais de César. Eis aqui a passagem essencial da carta de Cícero: "Ele não me nomeou. Mas falou do vizinho de um cônsul que lhe teria falado da necessidade de um Servílio Ahala ou de um Bruto [esses dois personagens foram outrora republicanos zelosos que tinham por dever fazer justiça praticando o assassinato]".

Cícero finge indiferença em relação a essa acusação na qual evidentemente se reconheceu, mas ela produz um efeito nefasto na opinião pública, o que não desagrada a César. Alguns dias depois, o corpo de Vétio é encontrado sem vida na prisão: ele sabia demais e ameaçava falar demais. Suetônio diz que César foi o mandante desse assassinato, mas sem qualquer prova. O mal estava feito, cuidadosamente instilado por César para enfraquecer os fundamentos da República romana. Numa carta mais tardia a Ático, Cícero confirma nestes termos o clima deletério que tomou conta do regime político de Roma: "Que te direi sobre o que se passa? O que digo todos os dias. Nada mais desesperado que a República, nada mais execrado que os autores de nossos males." Tomando a palavra algumas semanas depois para defender L. Flaco, que mandara executar os conspiradores da conjuração de Catilina e estava sendo acusado, Cícero exclama aos juízes:

> Vede os movimentos que nos cercam, os distúrbios e as desordens que se preparam. Alguns homens tramam projetos. Eles gostariam muito de vos ver, em vossas decisões e sentenças, armados contra os melhores cidadãos (...) Já somos indiciados por delatores. Forjam contra nós calúnias, acusações capitais.

César, às vésperas de sua partida como procônsul na Gália, pode se considerar satisfeito: ele semeou o medo e a discórdia em Roma. No entanto, alguns opositores continuam tentando prejudicar sua carreira, como L. Domício Ahenobarbo e C. Mêmio. Esses personagens buscam retardar ou mesmo impedir a partida de César.

> Eles pediram, escreve Suetônio, que fossem examinados, em 58, os atos do consulado de César em 59. César passou o pedido ao Senado, que se declarou incompetente sobre a questão. Após três dias de vãs discussões, César parte para seu governo proconsular. Imediatamente, a fim de lhe criarem uma situação desagradável, seu questor é levado à justiça e acusado de vários crimes. César é citado pelo tribuno do povo L. Antístio. Mas, graças à intervenção do colégio dos tribunos, consegue não ser acusado enquanto estiver ausente a serviço da República.

Início das guerras das Gálias

César obtivera, como dissemos, o governo da Gália cisalpina e da Ilíria, ao norte e a leste, e da Gália transalpina, a oeste. De fato, os países bárbaros do Danúbio ameaçavam Roma, e as nações gaulesas faziam a província da Narbonesa correr um perigo não negligenciável. César decide atacar o rei Burebistas, que há vários lustros vinha desempenhando nos países do Danúbio o papel de confederador que, mais tarde, será o de Vercingetórix na Gália. Místico, dizendo-se inspirado pelos deuses, Burebistas pôde agregar em torno de sua pessoa os povos desses territórios – hoje ocupados aproximadamente pelos romenos e pelos húngaros –, como os dácios, expulsando os celtas que lá haviam se estabelecido desde o século V a.C. Ele avançava perigosamente rumo a Aquiléia, cidade situada no fundo do Golfo do Adriático, que constituía para os romanos um ferrolho que nenhum inimigo deveria franquear. Mas felizmente para César, que hesitava em lançar-se numa campanha militar arriscada num terreno perigoso, com muitos desfiladeiros favoráveis às emboscadas inimigas, Burebistas muda subitamente de perspectiva e lança seu exército em direção às terras da atual Ucrânia e das que costeiam o Mar Negro.

Com isso César pode dedicar-se inteiramente à situação na Gália dita cabeluda, que cerca ao norte a Narbonesa e há algum tempo manifesta veleidades de revolta, rapidamente reprimidas mas não erradicadas. Mais grave ainda é a ameaça dos germanos do grande chefe Ariovisto, que procura transpor o Reno e invadir pelo menos a parte leste da Gália ainda independente. Celtill, um arverno (da região de Auvergne), havia tentado reunir um certo número de povos para se opor a essa ameaça, mas fora condenado à morte e executado por ter aspirado à realeza. Nações gaulesas tentaram também se aliar entre si para enfrentar os germanos de Ariovisto que, as tendo vencido, puderam ocupar a atual Alsácia. Mas Roma, no ano 60, enviara L. Afrânio à Cisalpina e Q. Metelo Celer à Transalpina para mostrar sua presença e sua força, e Ariovisto não quis levar adiante seus projetos. César recompensara a moderação do chefe bárbaro, fazendo com que no ano 59, sob seu consulado, fosse reconhecido como rei e outorgando-lhe o título muito apreciado de amigo do povo romano. Ele certamente esperava então, em 58, obter sua neutralidade benevolente quando atravessasse os Alpes para se instalar na Gália.

Nesse meio-tempo, alguns povos gauleses, como os éduos, mais organizados do que os outros e melhor comandados, por Dumnórix, haviam se aliado com os séquanos, povo instalado na vertente do Sena, e próximos dos helvécios da Suíça, dirigidos por Orgetórix, que se sentiam mais ameaçados pela política expansionista dos germanos. Contudo, dissensões internas, comuns entre os celtas, haviam surgido, e Orgetórix suicidara-se em 59, deixando seu povo desorganizado, desmoralizado e à mercê dos apetites territoriais de Ariovisto.

Os helvécios decidiram então incendiar suas aldeias e reservas de forragem, trigo e alimento e expatriar-se, para que os germanos encontrassem apenas uma terra desertificada. Reunidos junto ao lago Léman, não longe da atual Genebra, acolheram outros povos das margens do Reno e seus afluentes, dispostos a escapar do jugo germânico. Tinham a intenção de atravessar o Ródano, depois a Gália de leste a oeste e alcançar o oceano.

É essa a situação que César encontra ao chegar à Transalpina, depois de ter-se entregue ao capricho literário de compor, ao cruzar os Alpes, um tratado sobre a Analogia! Ela se mostra favorável porque ele encontrou um duplo pretexto para ocupar aos poucos a Gália: primeiro, o de protegê-la dos helvécios; depois, o de salvaguardar a Narbonesa, província intocável aos olhos dos romanos, dos inevitáveis deslocamentos da população gaulesa que a invasão helvécia provocaria, ameaçando-a talvez de ocupação.

As Gálias, pois é preciso falar no plural, tal a diversidade de seus povos e de suas terras, representam para um conquistador como César, que conhece perfeitamente sua história, uma riqueza econômica particularmente eclética – trigo, madeiras, animais de caça, artesanato, minérios de ferro, rebanhos... Muito afortunadamente para César, os gauleses, guerreiros de bravura proverbial, mostram-se incapazes de rivalizar com a tática dos legionários. À sua fúria e à sua massa responde uma organização militar romana flexível e adaptada a todas as situações; a seu número mal-armado respondem legiões bem treinadas e providas de armas ofensivas e defensivas muito adaptadas e protegidas. Suas divisões políticas são proporcionais à sua dispersão em vários povos ou nações. As disputas internas, a impossibilidade de se unirem, constituem um motivo de surpresa para os romanos e, para César, uma bênção e a garantia da vitória final, jogando constantemente com as rivalidades entre os gauleses. Aliás, César traçou desse povo um retrato muito bem informado, brilhante pelo espírito de síntese e em nada inferior às melhores observações etnográficas. Ele mostrou as facções que dividem os gauleses, não apenas em política mas no seio das famílias. Insistiu sobre a importância dos druidas na civilização desse povo:

> Os primeiros, encarregados das coisas divinas, fazem os sacrifícios públicos e particulares e são os intérpretes das doutrinas religiosas. O desejo de instruir-se atrai para junto deles um grande número de jovens que os têm em grande estima. De fato, os druidas têm conhecimento de todas as contestações públicas e privadas. Se um crime foi cometido, se um assassinato ocorreu, se surge um debate sobre uma herança ou sobre seus limites, são eles que se pronunciam e julgam. São eles que dão as recompensas e os castigos. Se um particular ou um homem público não respeita a decisão deles, os sacrifícios lhe são interditados; para eles, é a punição mais grave. Os que sofrem essa interdição são classificados como ímpios e criminosos, todos se afastam deles, evitam vê-los e tocá-los, temendo o contágio do mal que os atinge; todo acesso à justiça lhes é recusado e não recebem nenhuma honraria. Os druidas têm um único

chefe, cuja autoridade é sem limites. À sua morte, o mais eminente em dignidade o sucede; ou, se vários têm títulos iguais, a eleição é feita pelo sufrágio dos druidas e, às vezes, o posto é disputado pelas armas. Numa certa época do ano, eles se reúnem num local consagrado, na fronteira do país dos carnutos, considerado como o ponto central de toda a Gália. Lá chegam de todas as partes os que têm disputas, e eles obedecem aos julgamentos e às decisões dos druidas. Acredita-se que sua doutrina surgiu na Bretanha (Inglaterra) e que de lá foi transportada para a Gália; atualmente, os que querem ter um conhecimento mais aprofundado vão geralmente a essa ilha para se instruir.

Os druidas não vão à guerra e não pagam qualquer dos tributos impostos aos outros gauleses. São isentos do serviço militar e de toda espécie de cargos. Seduzidos por tão grandes privilégios, muitos gauleses os procuram espontaneamente ou são enviados por seus pais ou amigos. Ali, dizem, aprendem um grande número de versos e alguns passam vinte anos nessa aprendizagem. Não é permitido confiar esses versos à escrita, enquanto que, na maior parte dos outros assuntos públicos ou privados, eles se servem de letras gregas. Parece-me que há duas razões para esse costume: uma é impedir que a ciência dos druidas se espalhe entre as pessoas comuns; e a outra, que seus discípulos, quando se apóiam na escrita, negligenciam sua memória; pois acontece quase sempre o recurso dos livros fazer com que se apliquem menos em aprender de cor e em exercitar a memória. Uma crença que eles fazem questão de estabelecer é que as almas não perecem e que, depois da morte, passam de um corpo a outro, crença que lhes parece particularmente própria a inspirar a coragem, afastando o temor da morte. O movimento dos astros, a imensidão do universo, a grandeza da terra, a natureza das coisas, a força e o poder dos deuses imortais são também temas de suas discussões: eles os transmitem à juventude.

César insiste, por fim, na crueldade de certas práticas dos gauleses, para mostrar que apesar de tudo são bárbaros e que conquistá-los é quase uma obrigação do poder civilizador de Roma.

> Toda a nação gaulesa é muito supersticiosa. Assim, os que são acometidos de doenças graves, os que vivem no meio da guerra e de seus perigos, imolam vítimas humanas ou fazem votos de as imolar recorrem, para esses sacrifícios, ao ministério dos druidas. Eles pensam que a vida de um homem é necessária para resgatar a de um outro homem, e que os deuses imortais só podem ser apaziguados a esse preço: instituíram inclusive sacrifícios públicos. Usam às vezes bonecos de um tamanho imenso e feitos de vime, cujo interior eles enchem de homens vivos. Põem fogo nele e fazem as vítimas expirar nas chamas. Pensam que o suplício dos que são culpados de roubo, banditismo ou outros delitos é mais agradável aos deuses imortais. E, quando esses homens lhes faltam, utilizam os inocentes (...)
> Os funerais, na civilização dos gauleses, são magníficos e suntuosos. Tudo o que se crê ter sido prezado pelo falecido quando vivia é lançado à fogueira, mesmo os animais. Há pouco tempo ainda eram queimados com ele os escravos e os clientes que se sabia que ele amara, para completar as honras que lhe prestavam.

Um grande chefe militar deve não apenas conhecer seus inimigos, mas também não subestimá-los. Tal é o caso de César, como se vê, quando se prepara para enfrentar os helvécios e, por causa dessa decisão, por uma série de conseqüências inevitáveis, empreender a conquista da Gália.

O êxodo dos helvécios torna-se efetivo diante da ameaça dos germanos. Como era de esperar, eles se juntarão aos sântones de Saintonge [Gália meridional]. Mas César está atento e entra em guerra preventiva contra eles em abril de 58 nas margens do Ródano, que ele alcança após marchas forçadas com seus legionários. Impede-lhes a travessia do Ródano barrando a ponte de Genaba (Genebra). Os helvécios enviam emissários para assegurar-lhe suas intenções pacíficas, e César adia para mais tarde a decisão de permitir que atravessem a Gália. Aproveita esse prazo para reforçar suas posições e, principalmente, para fazer com que o Ródano seja intransponível em toda a sua extensão. Depois recebe os embaixadores helvécios e comunica-lhes a proibição de que seu povo atravesse a Narbonesa. Os helvécios não insistem, dirigem-se ao norte para entrar em contato com os séquanos e depois com os éduos, pedindo-lhes a livre passagem por seus territórios. César, que compreendeu que a Gália deve ser conquistada, não se contenta com esse recuo e, retornando a Aquiléia, reúne legiões, que atravessam os Alpes e se concentram, ameaçadoras, às margens do rio Saône, não distante de Lyon. Dumnórix atendeu ao pedido dos helvécios, mas César, que conhece as divisões dos gauleses, mesmo no interior de cada povo, faz alianças com os adversários do chefe dos éduos, que consideram Dumnórix um traidor e apelam ao procônsul para que soldados romanos venham proteger seus bens diante da previsível invasão helvécia.

César esperava apenas esse sinal para invadir a Gália ainda independente e massacrar os helvécios, forçados a retroceder a seu antigo território que eles mesmos haviam devastado em junho de 58. Após sua primeira vitória na Gália, ele estabelece um acampamento não longe de Bibracte (a atual Autun, na França). Depois se volta contra Ariovisto, ainda recentemente proclamado, por ele mesmo, amigo do povo romano, sob pretexto de defender o direito e a segurança dos éduos. Um encontro entre os dois homens fracassa, Ariovisto exigindo seu direito à ocupação de uma parte da Gália. A ruptura está consumada e César pode se apresentar, aos olhos de Roma e do mundo inteiro, como o ofendido, inclusive dando uma dimensão exagerada, por sua arte da propaganda, a um incidente menor, a lapidação de alguns legionários por suevos. Estes perecem em grande número na Alsácia, e Ariovisto, no outono de 58, cruza de volta o Reno, às pressas, desaparecendo ao mesmo tempo da História. Para mostrar claramente que a presença romana não é mais provisória, César ordena a seu lugar-tenente Labieno instalar suas bases de inverno entre os séquanos, que haviam ousado conceder aos helvécios a autorização de atravessar suas terras.

O descontentamento dos gauleses, sempre muito suscetíveis em tudo que diz respeito à sua liberdade e à sua independência, aumenta, e o norte da Bélgica – isto é, todos os povos situados entre Seine, Oise, Somme e Escaut, em particular os suessienses e os nérvios – insurge-se na primavera de 57, o que obriga César a lançar campanhas militares contra esses rebeldes até meados do verão daquele ano. No outono, toda a Gália setentrional parece estar submetida aos romanos, mas César conhece bem os gauleses para esperar que se curvem definitivamente sob a ocupação de suas legiões.

Por uma série de comunicados militares altissonantes, que formam a trama de seus *Comentários sobre a Guerra das Gálias*, ele dedica-se a informar Roma de suas façanhas e termina a primeira parte dessa luta por um capítulo no qual se enaltece, apresentando-se, como o fará sempre, na terceira pessoa:

> Esses sucessos, a pacificação completa da Gália, toda essa guerra, enfim, causaram nos bárbaros uma tal impressão que vários dos povos situados do outro lado do Reno enviaram delegados a César para oferecer-lhe reféns e sua submissão. César, tendo que partir para a Itália e para a Ilíria, disse-lhes para voltarem no começo do verão seguinte. Pôs suas legiões acampadas entre os carnutos [região de Orléanais, na França atual], os andecavos [Anjou] e os turões [Touraine], países vizinhos daqueles onde fizera a guerra.

Notemos que ele ocupa, sem autorização de quem quer que seja, nem de Roma nem dos principais interessados, terras que oficialmente são independentes. Parte, em seguida, para a Itália. Por todos esses acontecimentos, anunciados em Roma pelas cartas de César, são decretados "quinze dias de preces públicas aos deuses, o que até então não ocorrera para nenhum comandante-chefe".

César, apesar das aparências, não se manteve afastado da política e vigia de perto, graças a seus amigos, correspondentes, mensageiros ocultos e espiões, o que se passa em Roma. Já vimos que antes de partir, em março de 58, ele assegurou, por sua proteção pessoal, a carreira de Públio Clódio, agora tribuno, que assusta os senadores e ao mesmo tempo vigia de perto as ações de Crasso e de Pompeu, e começou um novo trabalho de sapa, desta vez contra Cícero, o representante mais eminente da República romana. Públio Clódio, seu protegido, busca intimidar seus adversários políticos, propondo leis inaceitáveis, como a de reduzir Chipre a província romana para contentar os triúnviros: Catão, o Jovem, não consegue se opor sozinho à frouxidão dos senadores e prefere abandonar Roma. Clódio apresenta projetos de lei demagógicos sobre questões agrárias ou sobre questões de direito que levam à desgraça as sadias tradições da República. Cícero, devidamente repreendido por Clódio, que lhe promete perdoar sua hostilidade passada e não intentar, diz Díon Cássio, "nenhuma acusação contra ele", não intervém contra esses projetos não obstante prejudiciais à democracia e ao bom funcionamento do Estado romano, e que são plebiscitados no começo de janeiro de 58. Algumas semanas mais tarde, Clódio propõe uma lei que pune com o exílio "todos aqueles que matassem ou fizessem matar um cidadão não condenado pelo povo". Bastou-lhe pouco tempo para faltar à palavra dada e, por essa lei, visar Cícero, que fizera executar cidadãos romanos sem julgamento no momento da conjuração de Catilina. Díon Cássio, que relata esse episódio, não se priva de sugerir que César e os que haviam se associado a Clódio e a ele são as almas dessa lei. Cícero, mais uma vez, por inconseqüência, por imprudência, por bravata, caiu numa armadilha.

César ainda não ganhou seu governo proconsular e Cícero, sentindo-se visado pelas intempestivas propostas da lei de Clódio, volta-se para ele e para Pompeu para pedir ajuda. Os dois triúnviros têm seu plano para aniquilar a carreira política de Cícero. César, segundo Díon Cássio, aconselha esse homem político encurralado a afastar-se de Roma, onde sua vida corre agora perigo. "E para que esse conselho, acrescenta Díon Cássio, pareça ainda mais inspirado por um sentimento de benevolência, ele promete a Cícero tomá-lo como lugar-tenente, dizendo que seria um meio de esquivar-se aos ataques de Clódio, não vergonhosamente e como um acusado, mas na honra e revestido de um comando." Pompeu, que Cícero consulta, é pouco favorável à solução de César, pois ela corre o risco, diz ele em síntese, de ser considerada como uma fuga. Segundo Díon Cássio, ele vê nisso uma manobra de César, por ódio, para destruir a carreira de Cícero, e a revela a este. Incita-o, portanto, a permanecer em Roma, "a combater livremente por si mesmo e pelo Senado, a vingar-se decididamente de Clódio". Promete apoiá-lo nessa luta a fim de castigar Clódio definitivamente.

A despeito das aparências, César e Pompeu puseram-se de acordo para apresentar a Cícero discursos contrários, com o intento de desestabilizá-lo, confiantes de que Cícero escolherá, após muitas hesitações e casos de consciência, a solução de Pompeu, que é a pior. De fato, como poderia o advogado resistir à vontade vaidosa de apresentar-se novamente aos olhos de seus concidadãos como o salvador da República, bancando o herói sem medo e sem reproche diante de Clódio? César só pode estar satisfeito no momento em que deixa Roma para juntar-se a suas legiões em Aquiléia e começar uma campanha militar cujos primeiros episódios acabamos de relatar, com a ingenuidade política de um Cícero que se deixa cair nessa armadilha política. Inclusive ele tem tempo de participar, no Campo de Marte, fora das muralhas de Roma, dos debates sobre essa famosa lei de Clódio, que, nesse meio-tempo, aliou os dois cônsules do ano, Pisão e Gabínio, à sua causa, e que põe em acusação Cícero, totalmente abandonado pelos pretensos amigos. De fato, como explica Díon Cássio, César "reprovou como ilegais as medidas tomadas em relação a Lêntulo [um dos conspiradores da conjuração de Catilina, executado sem julgamento por Cícero]". Mas, sempre lógico, não exigiu pena de morte para o cônsul do ano 63, ele que desaprovara o emprego da pena capital para os conjurados. Por essa opinião muito pessoal, como se percebe, ele não pede a Clódio que o siga no caminho da clemência, deixando-lhe toda a liberdade no momento em que parte para seu governo. Quanto a Pompeu, ele se faz ausente, alegando diversas ocupações e diversas viagens. Apesar dos esforços de Cícero para tentar uma última resistência de seus partidários, alguns dos quais são espancados pelos homens de

Clódio, a lei é adotada e Cícero torna-se um fora-da-lei. Mas ele se antecipa, como se fosse culpado, e parte para o sul da Itália, esperando chegar à Sicília; depois, mudando de idéia, embarca para a Macedônia e instala-se em Tessalônica.

César, tranqüilo, sem preocupação política, lança-se na campanha militar que vimos e, vantagem suplementar, deixa Pompeu diante de Clódio. Este entrega, então, os bens e as moradias de Cícero à pilhagem e à destruição, sem que os senadores, aterrorizados, ousem se opor. O próprio Pompeu é ameaçado, e um sicário de Clódio, de punhal na mão, tenta assassiná-lo. O triúnviro tranca-se em casa e faz guardá-la cuidadosamente. Ei-lo também paralisado – o que pode apenas alegrar César, mantido a par da situação por mensageiros. Um de seus amigos, Culeão, aconselha-o repudiar Júlia, a filha de César, e indispor-se com este último, que o enganou. Mas Pompeu, que é apaixonado pela esposa, recusa essa solução e inclina-se a chamar Cícero de volta do exílio.

Durante um ano essa questão será debatida, mas não resolvida. César é consultado pelo tribuno Públio Séxtio, de quem Cícero se fará o defensor alguns anos mais tarde e evocará essa missão junto ao *imperator*. "Parece-me", ele dirá, "que se César estava a meu favor, como creio, essa viagem não serviu para nada, e que, se estava mal disposto em relação a mim, não foi muito útil." Algumas linhas depois, Cícero dirá que Séxtio "estava convencido de que, para restabelecer a concórdia entre os cidadãos e terminar todas as querelas, era preciso assegurar-se do consentimento de César". Vê-se que César reserva sua resposta, nem que seja para exasperar Cícero, e que é o homem-chave da situação. Numa carta a Ático, datada de Tessalônica em setembro, Cícero clama sua impaciência: "Pompeu vai enfim ocupar-se do meu retorno; ele esperava apenas uma carta de César para fazer a proposta por um de seus amigos. Esse plano fracassou? A carta de César foi contrária a mim? Ou posso ainda ter esperança?"

Um outro tribuno, Tibério Fádio, apresenta um projeto de lei, em 10 de dezembro de 58, favorável ao retorno de Cícero.

Clódio muda então de atitude e Cícero, em seu *Discurso Pro Domo*, assinala esse fato, dando-lhe as razões surpreendentes:

> No momento em que seu tribunato enfraquecido ameaçava arruinar-se, você, Clódio, tornou-se de repente o defensor dos auspícios. (...) Todos os seus discursos nos últimos meses tendiam a fazer anular pelo Senado o que César fizera, como feito sem levar em conta os auspícios [não haviam sido consultados para saber se eram favoráveis a César e a seus empreendimentos]; e você prometia, a esse preço, fazer-me voltar sobre seus ombros, como o salvador e o guardião de Roma. Vejam a estranha inconseqüência desse homem que, em seu tribunato, acreditava-se ligado aos atos de César.

Essa súbita virada de Clódio surpreendeu muitos historiadores que viram nela a inconseqüência de um personagem trapalhão, sem fé nem lei, de um anarquista, quando, se refletirmos bem, ele foi certamente encarregado por César, em sua qualidade de inegável agente provocador, de fazer sair da toca, por um anticesarismo de fachada, os que se opunham ao conquistador debutante das Gálias; de fazê-los sair do silêncio, de provocar sua insurreição e, com esta, o começo de uma guerra civil à qual César teria posto fim ao entrar em Roma com suas legiões. Tibério Fádio certamente compreendeu a artimanha e retirou em seguida seu projeto de lei. Clódio aproveita essa covardia para lançar contra o Fórum corsários, gladiadores, que formavam a tropa de seus esbirros, em 27 de janeiro de 57, sob o consulado de Lêntulo: "A sedição foi levada tão longe", conta Plutarco, "que houve tribunos do povo feridos em praça pública, e Quinto, irmão de Cícero, foi deixado como morto entre muitos outros" que se manifestavam favoráveis a que o orador voltasse do exílio. Clódio, por esses atos de violência que obrigam os romanos a se fecharem em suas casas, faz adiar o momento de aprovar o retorno de Cícero, mas não consegue impedi-lo em 4 de agosto de 57, quando Pompeu, aliado a pretores e tribunos, como Títio Ânio Mílon, cuja carreira será muito ligada à de César, sustenta a proposição dos cônsules em exercício, como Spínther, favorável a tal medida. Pode-se ter certeza de que César deu seu apoio a ela, pois nada do que se faz em Roma se faz sem ele.

Cícero faz uma entrada triunfal em Roma e sem modéstia aceita todas as honrarias excepcionais que lhe são prestadas, faz discursos de agradecimento, obtém tudo, a restituição ou a reconstrução de seus bens, e varre todas as objeções de Clódio ou as obstruções de seus adversários. Considera-se o maior homem da República e mesmo o primeiro dentre eles. Toma medidas para salvar Roma da escassez e, a esse respeito, escreve a Ático que "os homens de bem e o povo desejavam que Pompeu fosse encarregado do abastecimento, e ele próprio o desejava. A multidão pediu-me especialmente para fazer essa proposta, eu o fiz e falei bem, garanto-lhe (...) foi redigido, com base em meu conselho, um senátus-consulto que entregava a Pompeu a direção dos víveres".

Ele foi também um dos que apoiaram a lei que concedia a César, como vimos, quinze dias de ações de graças. Ao outorgar-lhe essa recompensa excepcional, Cícero manobra visivelmente para dividir os triúnviros, pois Crasso tem uma atitude pouco amena em relação a ele. Díon Cássio compreendeu bem isso, quando evoca o ciúme que Pompeu, reduzido a ser o intendente dos víveres em Roma, tem de César.

> Tudo isso causava em Pompeu um grande aborrecimento. Ele procurou convencer os cônsules a não lerem publicamente as cartas de César, a mantê-las secretas o maior tempo possível (...) Sua ambição era tão grande que via com ciúmes e buscava mesmo rebaixar os sucessos que César obtivera com seu apoio: não podia, sem sofrimento, vê-lo coroado de louros que obscureciam sua glória e criticava o povo por negligenciá-lo e mostrar em relação ao rival uma devoção absoluta.

Ele embarca para a Sardenha a fim de vigiar os comboios de navios, carregados de trigo, vindos dessa ilha rica em colheitas, para fazer boa figura e enfrentar as tempestades, reconquistando assim um pouco de brilho. Teria Cícero, desta vez, sido mais astuto que César e lançado a discórdia no inimigo?

Por ora, ela se situa em Roma, onde começam a se enfrentar os bandos de Clódio e os de Mílon, o primeiro e o segundo tendo se tornado fantoches vindicativos agitados respectivamente por César e por Pompeu. Os distúrbios de rua fazem adiar as eleições ao consulado, que se realizam com quinze dias de atraso, em 15 de janeiro de 56, e se mostram pouco favoráveis a Cícero: dos dois cônsules, um, L. Márcio Filipo, é um sobrinho por aliança de César, e o outro não é senão o infernal Públio Clódio. Um imbróglio em torno do rei do Egito, Ptolomeu Aulete, destituído pelos habitantes de Alexandria, semeia uma agitação suplementar em Roma. Há discussões intermináveis para saber se os romanos devem ou não restabelecê-lo no trono. Pompeu é favorável, mas por interesse próprio. Diante da cacofonia de opiniões diversas, porém, entre as quais a de Cícero, pouco favorável a Pompeu, bem como dos augúrios e prodígios que parecem hostis a uma intervenção militar e política, a decisão final é adiada.

Pompeu, para defender seu agente Mílon, põe-se a atacar Clódio em fevereiro de 56, mas o povo vocifera injúrias contra ele. O Senado, alertado, depois de muita lengalenga e disputas oratórias, decide-se pela dissolução dos dois bandos armados, o que priva Pompeu de um meio de pressão e de intimidação sobre seus adversários. Cícero sobe à tribuna em março de 56 para defender P. Séxtio, acusado de ter provocado sedições em Roma. Em seu arrazoado, permite-se lançar farpas contra os triúnviros, de uma maneira disfarçada, ao fustigar Clódio:

> Esse arrebatado [Clódio, evidentemente] clamava em todas as assembléias que tudo o que fazia para me destruir, fazia-o sob os conselhos de Pompeu (...) Ao ouvi-lo, o sr. Crasso (...) combatia vivamente meus projetos. César, que nada podia me reprovar, não se mostrava contrário a mim, mas o impostor o representava diariamente nas assembléias como o inimigo mais empenhado em minha destruição.

Não se creia em nada, parece dizer ironicamente Cícero, isto é: Clódio dizia a verdade. Ele exclamará mais adiante, sempre sob a máscara do humor: "Quanto a César, que acreditavam falsamente irritado contra mim, ele estava às portas de Roma e com a autoridade de um general. Seu exército acampava na Itália e nesse exército, sob suas ordens, comandava o irmão de um tribuno, meu inimigo." P. Séxtio é absolvido em 14 de março de 56; algumas semanas mais tarde, o mesmo acontece com um outro acusado de assassinato defendido por Cícero, M. Célio Rufo.

Cícero então não mais se contém. No dia seguinte ataca os triúnviros, defendendo a candidatura ao consulado, para 55, de Lúcio Domício Ahenobarbo, um inimigo declarado de César. Ora, Ahenobarbo, como relata Suetônio, tem a intenção de retirar o comando do exército que fora atribuído a César por cinco anos. Cícero tenta aliar Pompeu à causa de Ahenobarbo, pensando assim prejudicar César, mas sem sucesso. Pompeu, que ama Júlia, a filha de César, não quer indispor-se com o sogro. Este último, tomando conhecimento da situação e das boas disposições de Pompeu a seu respeito, faz com que ele vá a Luca [Itália], onde se encontra, em 15 de abril de 56, com Crasso, Ápio Cláudio, governador da Sardenha, Q. Metelo Nepos, procônsul da Espanha, e também, diz-nos Plutarco em seu *César*, "com os personagens mais ilustres e consideráveis que havia em Roma". "Duzentos senadores", ele acrescenta em seu *Pompeu*. "E viam-se diariamente, à sua porta, até 120 archotes de procônsules e pretores." César, Crasso e Pompeu reúnem-se em conselho e decidem que os dois últimos serão designados cônsules para o ano seguinte, em 55. Os três compadres renovam e mesmo reforçam seus acordos de 60, por ocasião da constituição do primeiro triunvirato.

"César comprometeu-se", escreve Plutarco, "a enviar a Roma, para apoiar a candidatura de Pompeu e de Crasso, um grande número de seus soldados que votariam a favor deles." Os dois cônsules indicados obteriam, imediatamente após a eleição, governos de província: Pompeu, as duas Espanhas,

Crasso, a Síria, e a prorrogação desses governos durante cinco outros anos. César parece fazer concessões aos concorrentes. Na verdade, está dando presentes envenenados. Ele afasta Crasso na aventura de uma conquista longínqua e muito incerta do reino dos partos [persas], afasta igualmente Pompeu de Roma, com numerosas legiões, é verdade, mas que ficarão estacionadas num território já conquistado. Pompeu não tirará desse comando qualquer glória suplementar, ao passo que César prosseguirá na Gália suas façanhas tão populares em Roma. Enquanto se conclui esse acerto, Roma está novamente às voltas com facções, a de Clódio contra a de Mílon, a primeira queimando a nova residência de Cícero sob pretexto de que os deuses estão furiosos e se manifestaram fazendo ouvir em Roma tinidos de armas; a segunda destruindo no Capitólio o texto dessa decisão de Clódio gravada em bronze. Cícero fica sabendo ao mesmo tempo, nesse mês de abril de 56, das conclusões da conferência de Luca e tergiversa, como de hábito, não sabendo que partido tomar, se o dos triúnviros ou o da República, evidentemente ameaçada por esse acordo.

Pompeu chama-o à ordem e convida-o a apoiar César, o que ele não tarda a fazer, como relatou numa carta a Lêntulo, dois anos mais tarde. Uma parte dessa missiva muito interessante merece ser citada, pois ela mostra o quanto Cícero teme César, como todos os seus colegas senadores, e de que maneira manifesta esse medo tentando ocultá-lo por subterfúgios retóricos:

> César queixou-se a ele [Pompeu] de minha conduta. Ele tinha visto anteriormente Crasso em Ravena e Crasso o indispusera contra mim. O próprio Pompeu não devia estar contente, tive a certeza disso, entre outros, por meu irmão [Quinto] que o viu poucos dias antes de sua partida para Luca. "Ah! você aí?" disse-lhe Pompeu, "eu o procurava, que bom! Pois bem, se não se apressar a pedir a Marco, seu irmão, que se comporte, eu responsabilizarei você pelas promessas que me fez em nome dele." (...) Que posso dizer mais? prossegue Cícero: Pompeu fez várias queixas,

> lembrou as obrigações que eu lhe devia (...) Tomou meu irmão como testemunha de que tudo que ele fizera por mim fora feito pela vontade de César e acabou por pedir que eu respeitasse um pouco mais César, sua posição, seu caráter, e que ao menos me abstivesse de hostilidades, se não queria ou não acreditava poder servi-lo.

Cícero acrescenta que seus amigos "se alegravam abertamente de saber-me ao mesmo tempo distante de Pompeu e prestes a indispor-me com César. Reconheça que era algo bastante difícil". Cícero faz então, diz ele, um exame de consciência, pensando naturalmente apenas na salvação superior da pátria, nas desgraças dos tempos, e reivindica sua amizade por Pompeu, que ele não pode trair.

> Essa concessão, escreve nosso bom apóstolo, implicava para mim a necessidade de esposar também a causa de César. Aliás, eu estava muito inclinado a isso pelas lembranças da velha amizade que, como sabe, ele tinha por mim e por Quinto [seu irmão], pela nobreza e pela generosidade de suas atitudes (...) Um outro motivo muito forte para mim é que qualquer oposição a esses homens poderosos, sobretudo depois dos grandes sucessos de César, era antipática ao sentimento geral e unanimemente rechaçada (...) Eu não podia esquecer esta máxima tão admiravelmente desenvolvida por Platão: "As massas são sempre o que são os chefes".

Evocando os amigos decepcionados por sua adesão, Cícero escreve, fingindo-se ultrajado: "Eles me acusam de retratações pelos elogios que fiz a César". E acrescenta, mais adiante: "Os procedimentos memoráveis e verdadeiramente divinos de César em relação a mim e a meu irmão impuseram-me o dever de apoiá-lo em todos os seus projetos". Chega inclusive a dizer: "Veja bem que depois de você, Lêntulo, a quem devo minha salvação [seu retorno do exílio], não há ninguém a quem eu seja mais devedor, proclamo isso com alegria, do que César".

Cícero não poupa pretextos para justificar, dois anos depois, sua adesão a César. Ele teve tempo de refletir e pôde afiar seus argumentos, mas no momento da escolha mostra um outro tom, numa carta a Ático em que fustiga aqueles cuja maior alegria "é ver-me indisposto com Pompeu! Há um fim para tudo. Já que esses que nada podem não querem saber mais de mim, buscarei amigos entre os que têm o poder". Essa frase, pelo menos, tem o mérito da franqueza. Cícero adere, sem barganhar, aos mais fortes, e a César em primeiro lugar, como represália infantil contra os que aconselham-no a resistir e mostrar sua coragem e sua fé na República. Não, responde Cícero, que não quer mais aborrecimentos e conclui assim sua carta: "Chegou o tempo em que quero amar um pouco a mim mesmo".

Cícero cumpre, de fato, suas promessas em relação a César. Este, segundo Plutarco em seu *César*, pede ao Senado para fornecer-lhe o dinheiro necessário em caso de aumento dos efetivos de seu exército e, sobretudo, para prorrogar seu governo. O Senado fica um pouco indignado com essa exigência, que se assemelha a uma intimação. Mas Cícero intervém, especialmente contra Favônio, amigo de Catão que foi enviado oportunamente a Chipre, que tenta se opor a esses projetos e ameaça ir aos comícios para protestar contra eles e sublevar o povo. Cícero opõe-se a esse zelador da República, como explica numa outra carta a Lêntulo, esta de 56. "Acabam de conceder a César subsídios e dez lugares-tenentes, sem levar em conta a Lei Semprônia, que queria que lhe dessem um sucessor. Mas esse assunto é muito triste, não quero me deter nele." Em suma, Cícero sente-se um pouco envergonhado, privadamente, por ter defendido as exigências ilegais de César. Mas em público, sobretudo em seu *Discurso sobre as províncias consulares*, publicado em 55, faz-se o defensor do que desaprova em sua carta.

Nesse discurso ele poda toda a sua desconfiança em relação a César, mesmo sabendo que a tempestade que o lançou longe da pátria, no momento do exílio na Macedônia, foi suscitada por César. Com manhas de magistrado e sua aperfeiçoada arte oratória, ele tenta explicar essa mudança:

> As nações mais poderosas foram domadas por César, mas ainda não se afeiçoaram a nosso império pelas leis, por direitos firmes, por uma paz sólida (...) Ao nomear-lhe um sucessor, corremos o risco de que fogos mal extintos voltem a despertar e provoquem um novo incêndio. Assim, senadores, posso, se quiserem, não gostar de César, mas não devo deixar de ser o amigo da República (...) Que a Gália fique, portanto, sob a guarda do protetor a cujas virtudes, a cuja felicidade foi confiada.

Cabe supor que em seus assentos os senadores manifestam algum descontentamento e que na sala do Senado se ouvem diversos apartes, como diríamos hoje, pois Cícero é forçado a explicar-se sobre suas relações tumultuosas e contraditórias com César: "Mas a fim de responder de uma vez por todas aos que me perturbam com freqüentes interrupções (...), não está fora de propósito explicar alguns detalhes de minhas relações com César".

Ele lembra que César lhe propôs, durante seu consulado, um certo número de favores que ele recusou "por apego a minhas opiniões (...) Essas distinções que César queria me conceder, eu acreditava que o decoro não me permitia aceitá-las (...) mesmo assim senti que sua amizade me colocava em seu peito na mesma altura que seu genro [isto é, Pompeu], o primeiro de todos os cidadãos romanos. Ele fez passar meu inimigo [Clódio] à ordem plebéia (...) Mas esse procedimento não foi o de um inimigo". Evoca seu exílio e exclama: "Se César juntou-se a meus opressores, como pensam ou querem algumas pessoas, a amizade foi violada, sofri uma injúria, tenho o direito de odiá-lo, não nego". Cícero fala então da opinião favorável dada por César para seu retorno do exílio, sob pressão, é verdade, de seu genro Pompeu, e conclui sobre esse ponto, dirigindo-se aos colegas do Senado: "Não vos parece que a lembrança de nossas antigas ligações, que as provas de afeição que ele me deu nos últimos tempos devem apagar do meu coração todo vestígio de um desentendimento passageiro?". Cícero termina seu discurso de maneira muito sóbria, se lembrarmos de muitos outros cujas perorações visam aos sufrágios dos senadores:

> Se houvesse uma inimizade entre mim e César, eu deveria considerar neste momento apenas o bem da República e deixar o ódio de lado. (...) Mas como nada jamais alterou nossa amizade (...), se hoje se trata de recompensar seu mérito, serei justo para com ele. Se se trata de conceder-lhe um favor, juntar-me-ei ao Senado para o bem da paz. Se vossos decretos devem ser mantidos, prorrogando o comando ao mesmo general, reconhecerei que essa ordem não está em contradição consigo mesma. Se quiserem continuar sem interrupção a guerra contra os gauleses, escolherei o meio mais útil a Roma. Se, enfim, devo reconhecer algum serviço pessoal, mostrarei que não sou um ingrato.

Em suma, apesar de sua arte retórica, percebe-se que Cícero não se mostra muito orgulhoso de si e de suas contradições políticas expostas em praça pública.

As Gálias: um trampolim para César

A renovação do triunvirato concebida em Luca vai aos poucos virando realidade em Roma. Além da prorrogação de cinco anos do governo de César, ou seja, até 1º de março de 50, Crasso e Pompeu são eleitos cônsules em 55 e não se destacam, nesse cargo, por reformas importantes. Mantêm a posição, são honrados, enriquecem, diante de César e de suas conquistas, que eles invejam. Mas os dois triúnviros também se invejam e se vigiam mutuamente. O que permite a César jogar um contra o outro e apoiar Pompeu, por exemplo, para impedir que Crasso assuma, depois de seu consulado, um comando no Egito, que é dado a Gabínio. Crasso, conforme o acerto feito em Luca, ficará com a Síria. César, diz Plutarco em substância, escreve a Crasso desde a Gália para felicitá-lo e mostrar-lhe o quanto pode encontrar glória e riquezas nesse governo, enaltecendo-lhe essa promoção. De início pouco inclinado a afastar-se para tão longe de Roma, Crasso se envaidece com as cartas de César, que o instiga a não se limitar à Síria nem aos partos, mas a avançar mais a leste em direção à Bactriana e à Índia, alcançando assim a estatura de um novo Alexandre. Há alguns protestos por parte de um tribuno, Ateio Capito, mas seus colegas o pressionam para que não exerça seu direito de veto.

Vê-se que César, por sua correspondência, é capaz de vigiar e de imprimir, mesmo nos confins da Gália, sua marca na política que se faz em Roma, segundo suas vontades e seus desejos. Ele prossegue as conquistas e as faz saber em Roma por boletins de vitória enfáticos, a fim de atrair para si a popularidade e afastá-la de Pompeu e de Crasso. Vêmo-lo no sudoeste da Gália, entre os venenses da Bretanha atual, atravessando o Reno para afastar do rio as tribos germânicas ameaçadoras, cruzando mesmo a Mancha e penetrando um pouco entre os bretões da Inglaterra. Faz grandes massacres de povos gauleses, e seu dom de ubiqüidade, e sobretudo de mobilidade, é tal que, durante os anos 58-55, vence praticamente todos os povos da Gália e anexa seus territórios. Para agradecer-lhe, o Senado vota desta vez 25 dias de ações de graças. César aproveita esse fato para dedicar seu tratado sobre a *Analogia a Cícero*, a fim de ganhar sua afeição e de comprometê-lo ao mesmo tempo.

Em 55, ele está com 46 anos; embora com uma calvície agora pronunciada, continua sendo o desportista que sempre foi, adorado por seus soldados por partilhar com eles tanto as vitórias como as provações, nunca se pavoneando em sua dignidade de comandante-chefe e não se concedendo qualquer vantagem suplementar em relação aos mais humildes legionários de seu exército. Plutarco evoca longamente essa relação de confiança entre César e suas tropas e mostra que ela é a chave tanto de sua autoridade quanto de seus sucessos militares durante a carreira não apenas na Gália, mas também no momento da guerra civil:

> Um dia, na Bretanha [Inglaterra], os primeiros centuriões haviam se lançado em terrenos pantanosos e cheios d'água, onde foram fortemente atacados pelos inimigos. Um soldado de César, sob os olhos mesmos do general, precipita-se em meio aos bárbaros, faz prodígios inacreditáveis de bravura e salva os oficiais. Quando vê os bárbaros em fuga, ele retorna à frente dos outros, com dificuldades infinitas. Lança-se através das correntes lamacentas e acaba por alcançar a outra margem, em parte a nado, em parte caminhando. Mas ele havia perdido o escudo. César, maravilhado com sua coragem, corre em sua direção com os transportes da mais viva alegria. Mas ele, de cabeça baixa e com os olhos banhados de lágrimas, cai aos pés de César e pede perdão por ter voltado sem seu escudo.
> Uma outra vez, na África, Cipião apoderou-se de um navio de César, comandado por Grânio Petro, questor designado. Cipião manda massacrar toda a tripulação e diz ao questor que lhe pouparia a vida. "Os soldados de César", respondeu Grânio, "estão acostumados a dar a vida aos outros, não a recebê-la". E matou-se com um golpe de espada.

Tamanha devoção à causa de César só pode se explicar pelas atenções de um chefe para com seus soldados, o que nos faz lembrar os veteranos do Império napoleônico dispostos a se fazerem matar por seu *Petit Caporal* [como era chamado Napoleão].

Plutarco prossegue:

> Esse ardor e essa emulação, o próprio César alimentava-os, fomentava-os, prodigalizando-lhes honrarias e recompensas. Ele mostrava assim que, em vez de empregar apenas para seu luxo e seus prazeres as riquezas que acumulava nas guerras, mantinha-as reservadas como prêmios destinados a recompensar o valor e aos quais todos podiam aspirar.

O que também nos faz lembrar a frase de Napoleão, grande leitor e hábil comentador de *A Guerra das Gálias*: "Todo soldado traz na cartucheira um bastão de marechal".

> César expunha-se de bom grado a todos os perigos e não se recusava a nenhum dos trabalhos da guerra. Esse desprezo ao perigo não surpreendia os soldados, que conheciam seu amor pela glória. Mas eles ficavam surpresos com sua paciência em trabalhos que consideravam superiores a suas forças. Pois ele tinha a pele branca e delicada, era frágil de corpo e sujeito a dores de cabeça e ataques de epilepsia, afecção cujos primeiros sintomas, dizem, sentira em Córdoba. Mas em vez de fazer da fraqueza do temperamento um pretexto para viver na indolência, César buscava nos exercícios de guerra um remédio para suas doenças: combatia-as por marchas forçadas, por um regime frugal e pelo hábito de deitar-se ao ar livre. Assim enrijecia o corpo a toda espécie de fadiga. Quase sempre usava uma carroça ou uma liteira para o sono, de modo a fazer seu repouso servir a alguma finalidade útil. De dia visitava fortalezas, cidades e campos, sempre acompanhado de um secretário para escrever sob seu ditado, enquanto viajava, tendo atrás de si um soldado armado de uma espada. Desse modo, a primeira vez em que saiu de Roma [para assumir o comando de suas legiões e atravessar os Alpes], chegou em oito dias às margens do Ródano.

Suetônio enfatiza esse traço da vida militar de César, ao escrever:

> Nas marchas, ele precedia seu exército, às vezes a cavalo mas geralmente a pé, e com a cabeça sempre nua, apesar do sol ou da chuva. Atravessava as maiores distâncias com uma incrível celeridade, sem aprestos, num veículo de aluguel. Se os rios o detinham, cruzava-os a nado em cima de odres inflados e com freqüência chegava antes de seus corcéis.

"Desde a primeira juventude ele se habituou a montar a cavalo. Adquiriu a facilidade de correr a toda brida, com as mãos juntas atrás das costas", acrescenta Plutarco. Suetônio, por sua vez, oferece este pequeno detalhe anedótico e revelador: "Ele montava um cavalo notável cujas patas lembravam a forma humana, o casco fendido tendo a aparência de dedos. Esse cavalo nascera em sua casa e os arúspices haviam prometido o império do mundo a seu mestre: assim ele o criou com grande cuidado. César foi o primeiro e o único a domar o orgulho rebelde desse corcel. Posteriormente, erigiu-lhe uma estátua diante do templo de Vênus Genitrix", sua ancestral, como todos sabem.

> Em *A Guerra das Gálias* ele se adestrou em ditar cartas estando a cavalo e a ocupar dois secretários ao mesmo tempo, ou mesmo, segundo Ópio, um número maior. Afirma-se também que César foi o primeiro que imaginou comunicar-se por cartas com os amigos em Roma, quando afazeres urgentes não lhe permitiam encontrá-los de viva voz, ou quando o grande número de suas ocupações e a extensão da cidade não lhe davam tempo para isso.
> Eis aqui um fato significativo da pouca importância que ele dava à alimentação. Valério Leão, que o hospedava em Milão, ofereceu-lhe uma ceia: foi servido um prato de aspargos, temperados com um óleo aromático em vez de óleo de oliva. Ele comeu sem dar a impressão de perceber; e repreendeu vivamente seus amigos que declaravam em voz alta seu desagrado: Não lhes bastava, disse ele, não comer, se não os acharam bons? Apontar uma tal falta de cortesia é faltarmos nós mesmos à cortesia.

Suetônio, que relata a mesma anedota, louva também a sobriedade de César, reconhecida pelos adversários, como Catão, o Jovem, que dizia que "de todos os que haviam empreendido derrubar a República, César era o único sóbrio".

> Surpreendido, durante uma viagem, por uma tempestade violenta, ele foi obrigado a buscar refúgio na choupana de um pobre homem, onde encontrou apenas um pequeno quarto, suficiente para uma única pessoa. "Os lugares mais honrosos", disse ele aos amigos, "devem ser cedidos às pessoas mais importantes, mas os mais necessários devem ser deixados aos enfermos." E fez com que Ópio deitasse no quarto, enquanto ele e os demais passavam a noite sob a cobertura do telhado, diante da porta.

César, que nunca conhecera a necessidade e que tomou tanto dinheiro emprestado, era capaz de uma simplicidade de vida que ele próprio teria qualificado de espartana, porque aprendera o ensinamento dos filósofos gregos, do estoicismo em particular, embora gostasse de praticar o epicurismo. O intelectual César jamais se afastou da vida cotidiana e prática.

Ele deve sua popularidade junto aos soldados não apenas a essa simplicidade, à ausência de soberba, o que não quer dizer de autoridade, mas também às vitórias que obtém às vezes sem derramar sangue, pois tem a reputação de ser muito cuidadoso em não desperdiçar a vida dos legionários em empreendimentos militares sem futuro. Assegura-lhes também longos repousos nas bases de inverno, onde restabelecem a saúde. Sabemos o quanto, após as revoltas de 1917 na França, o general Pétain conquistou, por uma atitude comparável, uma semelhante popularidade junto às tropas desmoralizadas, evitando lançar os soldados em ofensivas sangrentas e estrategicamente inúteis e cuidando do conforto a cada um dos soldados, tanto no plano da alimentação e da bebida quanto no das licenças...

Se não quer viver no luxo quando está à frente dos soldados, César gosta de tratar bem seus hóspedes, mesmo quando faz a guerra ou quando governa uma província, a fim de dar de Roma e de si mesmo uma imagem prestigiosa. Suetônio conta que "ele sempre tinha duas mesas para os festins, uma para seus oficiais e as pessoas do séquito, a outra para os magistrados e os mais ilustres notáveis do país. Nele, a disciplina doméstica era rigorosa e severa tanto nas pequenas coisas como nas grandes. Mandou à prisão seu padeiro, com cadeias nos pés, por ter servido a seus convivas um outro pão, diferente do que servira a ele mesmo. Um de seus alforriados cometeu adultério com a mulher de um cavaleiro romano: César, embora gostasse muito dele e ninguém tivesse apresentado queixa, infligiu-lhe a pena capital".

Suetônio compraz-se em traçar o retrato de um César que economiza suas tropas e que dá o exemplo:

> Ele nunca conduziu seu exército numa região passível de emboscadas sem ter mandado explorar os caminhos. Só o fez passar à Bretanha depois de ele mesmo ter-se assegurado do estado dos portos, dos meios de navegação e dos locais que podiam dar acesso à ilha. Esse mesmo homem tão prudente, sabendo um dia que seu acampamento está cercado na Germânia [entre os eburões], veste uma roupa gaulesa e chega até seu exército passando pelos sitiantes. De outra feita, durante o inverno, passou de Bríndisi a Dirráquio [Ilíria] em meio às frotas inimigas. Como as tropas que tinham ordens de segui-lo não chegavam, apesar das mensagens que não cessava de enviar, acabou por tomar à noite, em segredo, um pequeno barco, com a cabeça coberta por um véu, e só se fez conhecer ao piloto quando as águas iam submergi-lo.

Ele não cessa de dar provas de bravura pessoal, colocando-se em perigo, arriscando-se tanto quanto um simples legionário, a fim de dar o exemplo. Suetônio relata a esse propósito:

> Ele foi visto com freqüência restabelecer sozinho sua linha de batalha que cedia, lançando-se atrás dos fugitivos, detendo-os bruscamente e forçando-os, com a espada no pescoço, a enfrentarem o inimigo. No entanto esses fugitivos

estavam às vezes tão apavorados que um porta-bandeira que ele deteve o ameaçou com a espada, e um outro, do qual pegara o estandarte, deixou-lhe este nas mãos.

Ele amontoa igualmente um enorme butim, do qual também se aproveitam suas tropas; centenas de milhares de prisioneiros são vendidos como escravos. De fato, se sua vida em campanha militar é das mais simples, ele não desdenha acumular riquezas, o que já fizera, escreve Suetônio, durante o proconsulado na Espanha, entregando à pilhagem cidades da Lusitânia, ainda que não tivessem oposto nenhuma resistência. Ele guarda certamente uma parte dos produtos dessas rapinas, mas concede boa parte deles aos legionários, que apreciam sua generosidade em contraste com a avareza de um Crasso, por exemplo. "Na Gália", acrescenta Suetônio, "ele pilhou as capelas particulares e os templos dos deuses, repletos de ricas oferendas. Essa ladroeira lhe proporcionou muito ouro." A palavra é cruel, mas inevitável. Assim como seus soldados em campanha, César se torna um espoliador.

Suetônio prossegue o estudo do comportamento de César em relação aos legionários, traçando assim um retrato de seu caráter que não é muito diferente de seu comportamento político, quando debate em Roma ou manipula os homens e as idéias de uma maneira às vezes imprevisível:

> César não dava atenção a todas as faltas, nem impunha sempre penas aos delitos. Mas buscava com um rigor implacável o castigo dos desertores e dos sediciosos. Fechava os olhos quanto ao resto. Às vezes, após uma grande batalha e uma vitória, dispensava os soldados das obrigações ordinárias e permitia que se entregassem a todos os excessos de uma licenciosidade desenfreada. Tinha o costume de dizer que "seus soldados, mesmo perfumados, podiam combater bem". Em seus discursos, não os chamava de soldados, mas servia-se do termo mais lisonjeiro de companheiros. Gostava de vê-los bem vestidos e dava-lhes armas enriquecidas de ouro e prata, tanto pela beleza de seu aspecto quanto para que zelassem por elas ainda mais no dia do combate, por temor de perdê-las. Tinha mesmo

uma tal afeição por eles que, quando soube da derrota de Titúrio – por ocasião da revolta da Gália em 54, que evocaremos mais adiante –, deixou crescer a barba e os cabelos e só os cortou depois de tê-lo vingado. Foi assim que lhes inspirou um completo devotamento à sua pessoa e uma coragem invencível.

César pode contar com o valor de seu exército, para o qual contribuiu com suas qualidades excepcionais de chefe. Suetônio dá outros exemplos da habilidade de César e de sua atitude em relação aos soldados:

> Ele não avaliava o soldado em função de seus costumes ou de sua fortuna, mas apenas em função de sua força, e tratava-o ora com extremo rigor, ora com extrema indulgência. Nem sempre se mostrava severo, mas isso acontecia quando estava perto do inimigo. É então, sobretudo, que mantinha a mais rigorosa disciplina. Não anunciava a seu exército nem os dias de marcha nem os dias de combate. Queria que, à espera contínua de suas ordens, ele estivesse sempre pronto, ao primeiro sinal, a marchar para onde o conduzisse. Era muito comum que o pusesse em movimento sem motivos, principalmente nos dias de festa ou de chuva. Às vezes avisava que não o perdesse de vista e, afastando-se repentinamente de dia ou de noite, forçava sua marcha de modo a cansar os que o seguiam sem atingi-lo. Quando exércitos inimigos avançavam precedidos de um renome assustador, não era negando ou depreciando-lhes a força que ele confortava o seu, e sim exagerando-a até a mentira.

Mas, apesar da disciplina de suas legiões, ele não é ingênuo para acreditar que no final do ano 55 conquistou todas as Gálias e as pacificou definitivamente, muito embora continue a publicar seus comunicados militares para dar a Roma a ilusão de que sua conquista está acabada. Ele sabe, por espiões ou mesmo por trânsfugas militares gauleses que se juntaram à sua causa, que acontecimentos graves se preparam e que um levante geral da Gália não é impossível. Assim, cuidará para não desguarnecer os territórios mais expostos e as mais irrequietas de suas legiões.

Ao mesmo tempo, deve acompanhar de perto o que se passa em Roma, sabendo que sua carreira militar não poderia ser isolada da política. Como hábil propagandista, faz-se preceder por alguns relatos muito sugestivos de suas façanhas, ditados em seus *Comentários da Guerra das Gálias*, difundindo-os por toda a cidade. É verdade que César é considerado, em seu tempo, um escritor, mesmo pelos que não são necessariamente seus amigos. Cícero, por exemplo, escreveu em seu tratado consagrado a Bruto:

> Seu *Comentários* é um livro excelente. O estilo é simples, puro, elegante, despojado de toda pompa de linguagem: é de uma beleza sem enfeite. Querendo fornecer aos futuros historiadores materiais inteiramente prontos, ele talvez tenha agradado os tolos que não deixarão de acrescentar ornamentos frívolos a essas graças naturais, mas tirou dos que sabem avaliar até a vontade de abordar o mesmo assunto.

Hírtio, que completará os *Comentários* enquanto secretário e redator, diz da mesma obra:

> Sua superioridade é reconhecida de maneira tão geral que o autor parece antes ter retirado do que dado aos historiadores a faculdade de escrever depois dele. No entanto, mais do que ninguém, temos motivos para admirar essa obra: os outros sabem com que talento e pureza ele escreveu; sabemos, além disso, com que velocidade e facilidade o fez.

Fascinados por César, os senadores propõem vinte dias de preces públicas aos deuses, em sinal de gratidão. Mesmo Cícero entoa o ditirambo a César em seu *Discurso contra Pisão*, num estilo empolado que beira o grotesco, mas que testemunha esse pensamento único e totalmente devotado a César que domina agora a política em Roma:

> Mesmo que César nunca tivesse sido meu amigo, mesmo que fosse meu inimigo e rejeitasse minha amizade, votando-me um ódio implacável, um ódio eterno, mesmo assim, depois das grandes coisas que fez e que faz todos os dias, eu poderia impedir-me de ser seu amigo? Desde que ele

comanda nossos exércitos, não é nem a altura dos Alpes que oponho à invasão e à passagem dos gauleses; nem as corredeiras do Reno, esse rio tão profundo e veloz, às nações mais ferozes da Germânia. Sim, ainda que as montanhas se aplainassem, ainda que os rios secassem e as fortificações da natureza desaparecessem de repente, encontraríamos sempre um baluarte, para a Itália, nas façanhas e nas vitórias desse grande homem.

Em outras ocasiões e durante outros processos, Cícero voltará a fazer soar as trombetas do renome desse César que ele não aprecia muito, mas de quem sempre espera fazer-se um amigo. Nesse jogo, em que César é sempre o ganhador, ele vai perdendo aos poucos sua honra e sua dignidade. Essa atitude cortejadora de Cícero é exemplar por ser a imagem de toda a classe política romana, paralisada por César e por seus sucessos e alienada a ponto de não ver mais que atrás de César se oculta um monarca que se aproxima da meta que se fixou: derrubar a República. Numa carta a Ático, Cícero utiliza uma fórmula que resume essa renúncia endêmica de todo o quadro político, não importa que lado fosse, diante de um César onipresente e de um triunvirato sem restrições: "Nossos amigos [referindo-se aos triúnviros]", ele escreve em 55, "são certamente os mestres, a ponto de não haver razão para que isso mude no transcurso de nossa geração".

Entretanto, a despeito das afirmações de Cícero, que não é um bom profeta político, o triunvirato repousa sobre um equilíbrio frágil que supõe a aliança alternada de César com Crasso contra Pompeu, e de César com Pompeu contra Crasso. É verdade que Júlia, filha de César e mulher de Pompeu, mantém o vínculo privilegiado da família entre os dois conquistadores. Mas este bruscamente se rompe. Plutarco relatou, em algumas linhas, a história desse casal, dizendo que Pompeu

> passava o tempo na Itália a passear com a esposa em suas casas de recreio, ou porque estivesse apaixonado por ela, ou porque, sendo ternamente amado, não tinha coragem de separar-se dela. De fato, muito se murmurava da afeição de Júlia por Pompeu; não que Pompeu tivesse idade para ser

amado apaixonadamente [tinha 23 anos a mais que a esposa]: essa ternura se explica pela sabedoria do marido que não amava outra mulher senão a sua, por sua gravidade natural que nada tinha de austero, temperada por uma conversação agradável e própria a ser apreciada pelas mulheres.

Em *Fatos e palavras memoráveis*, Valério Máximo também relata um episódio a esse respeito. Júlia, que tem grande afeição por Pompeu, recebe em junho daquele ano, em sua casa, a toga do esposo ensangüentada, trazida do Campo de Marte, onde houve escaramuças durante os comícios. Vários cidadãos foram mortos, e tão perto da tribuna de Pompeu, que o sangue espirrou nas vestes dele, obrigando-o a trocá-las. "Tomada de pavor por essa visão e temendo que tivessem atentado contra a vida do esposo, ela cai desmaiada. Estava grávida, e esse súbito pavor, somado ao traumatismo da queda, ocasiona um parto prematuro e a perda da criança." Plutarco acrescenta que "esse acidente inspirou tanta compaixão por ela que mesmo os que mais condenavam a amizade de Pompeu por César não puderam censurar sua ternura pela esposa".

No início de 54, Pompeu, sabendo que ela está novamente grávida, adia sua partida para a Espanha, após pedir a permissão de César. Em setembro desse ano, Júlia dá à luz um filho e morre. Veleio Patérculo comenta essa tragédia íntima nestes termos: "Ela era a única prova da união do pai e do esposo, união que a rivalidade entre os dois pelo poder já tornava tão precária e pouco sólida. E, como se a fortuna quisesse romper os laços que subsistiam ainda entre os dois chefes (...), o filho que Pompeu acabara de ter da filha de César morreu pouco depois."

Um primeiro litígio entre Pompeu e César ocorre a propósito da inumação de Júlia, que Plutarco, sempre bem informado, relata:

> Pompeu dispunha-se a fazê-la enterrar nas terras de Alba, quando o povo retirou o corpo à força e o transportou ao Campo de Marte (...) para testemunhar a compaixão que a jovem lhe inspirava. Das honras que o povo prestou à falecida,

a maior parte parecia dirigida mais a César ausente do que a Pompeu presente.

É certo que, através dessa homenagem religiosa e pública prestada a Júlia, César desejava lembrar ao povo que ela também era, como ele, oriunda de Vênus, e que o sangue dessa divindade correra em suas veias. Tornava assim a confirmar sua preeminência sobre Pompeu.

Crasso, bem advertido por César do interesse financeiro que uma guerra contra os partos representava – este chegou a escrever-lhe desde a Gália "para louvar seu projeto e instigá-lo à guerra", conta Plutarco –, precipita-se no final do outono a Bríndisi para lá embarcar com suas legiões. Perde vários navios durante uma tempestade, desembarca em Dirráquio e tem uma só preocupação, lançar-se ao assalto do reino parto, acabar com a dinastia dos arsácidas e apoderar-se das imensas riquezas que ela detém. Após algumas vitórias precipitadas em 54, comete o erro de não se aproveitar da rapidez destas, permanece na Síria e não esconde suas intenções de tomar Seleucia, a capital dos partos, para seu proveito pessoal. Lança então suas legiões irrefletidamente num país que não conhece, e seus soldados são derrotados pelos arqueiros e fundibulários da infantaria parta em Carras, na Mesopotâmia.

Ele se retira com algumas divisões de infantaria e deixa-se aproximar pelo general dos partos, Surenas, que pretende fazer a paz com ele. Os soldados de Crasso recusam-se a acompanhá-lo, mas este, que de repente não tem mais ilusões, que ultrapassou os sessenta anos e se sente cansado no calor estafante, marcha com uma pequena escolta ao encontro de Surenas. Uma escaramuça e Crasso morre, crivado de flechas, em junho de 53. Imitando os romanos, Surenas organiza um triunfo, e a cabeça cortada de Crasso é enviada ao rei Orodes II. Este faz fundir ouro e derrama o metal líquido na boca do inimigo morto, exclamando: "Sacia-te agora com esse metal de que foste tão ávido em tua vida". Pelo menos é assim que a lenda dessa humilhação de Roma, através de seu procônsul, foi divulgada por dois historiadores, Floro e Díon Cássio.

César livrou-se, por certo, de um rival, mas também de um financista que lhe podia ser útil, bem como de um homem que ele podia facilmente manipular para frear as ambições de Pompeu, a quem permanece confrontado, num duelo a dois, muito mais difícil de controlar. E, no último ano, a situação militar da Gália evoluiu num sentido que lhe é pouco favorável. Uma parte dela sublevou-se no outono de 54 e, apesar de seus esforços, César não conseguiu acabar com essa rebelião em sua totalidade, demonstrando ora demasiada indulgência, ora demasiada crueldade na repressão. Durante o primeiro semestre do ano 53, aldeias são incendiadas, povos são massacrados, sobretudo entre os belgas. César finge acreditar que a Gália está novamente pacificada, mas espera pelo pior, e este acontece em 23 de janeiro de 52, quando, na floresta de Orléans, no território dos carnutos, é decidida, por ordem dos druidas e dos chefes gauleses finalmente reunidos, uma insurreição geral da Gália.

Essa insurreição revela-se tanto mais necessária a seus chefes quando estes, bem-informados, seja por prisioneiros romanos, seja por espiões gauleses presentes em Roma e capazes de transmitir-lhes mensagens, não ignoram as dificuldades políticas que os partidários de César enfrentam em Roma. Os carnutos, em 13 de fevereiro de 52, massacram então os cidadãos romanos de Orléans e a notícia é transmitida a toda a Gália por homens postados de distância em distância nas colinas e nas árvores; para a grande estupefação de César, ela atravessa centenas de quilômetros em algumas horas, de modo que todos os gauleses são informados em pouco tempo. Os arvernos juntam-se então sob a chefia do filho de Celtill. Esse "homem jovem e poderoso", segundo César, não é outro senão Vercingetórix. Aquele que vai se tornar o campeão do patriotismo gaulês e o confederador dos povos da Gália, o símbolo da independência e da liberdade da Gália provisoriamente unificada sob seu comando, não é desconhecido de César. Ele serviu no exército romano e César, em 56, protegeu seu pai, Celtill, permitindo-lhe afirmar-se como chefe de todos os arvernos, antes que estes assassinassem esse homem ambicioso que manifestava a intenção de ser rei. César, então, não interveio.

Teria Vercingetórix, que aspirava também à realeza, se julgado traído pelo comandante-chefe romano, de quem esperava de certo modo a coroa dos arvernos por hereditariedade e sucessão? Teria ele, passando a liderar rapidamente a insurreição gaulesa, misturado ambições pessoais a um incontestável desejo de afirmar a emancipação, pela revolta, de todos os povos gauleses subjugados pelos romanos em poucos anos? César não ocultou que por muito tempo o havia considerado como um amigo. Mas essa palavra parece bastante exagerada quando se trata das relações entre um romano – e que romano! – e um gaulês, visto como um bárbaro, não importa a sua posição, e oriundo dos celtas que fazem Roma tremer desde sua ocupação pelos sênones de Breno, em 389 a.C.

A conquista da Gália pareceu tão fácil, apesar de alguns revezes, de alguns fracassos do lado dos germanos, do lado dos bretões da Inglaterra e dos venenses da atual Bretanha, que não julgamos útil empreender seu relato detalhado. Simplesmente mostramos sua importância política e a popularidade que César podia obter dela não somente em Roma, mas também junto a suas legiões, trampolim para um poder irrestrito que César utilizou sem vergonha e com o cinismo de um grande chefe militar e de um político capaz de todas as manobras e ardis para chegar a seus fins. Mas, em fevereiro de 52, é um combate entre chefes de envergadura que surge, fazendo destacar o gaulês e o romano, altamente simbolizados por duas personalidades fora do comum. Em menos de um ano, o confronto exemplar entre César e Vercingetórix diz mais do que os seis anos de conflito que o precederam. Esse confronto e esse desafio merecem ser examinados mais longamente, como fez César no livro VII de *A Guerra das Gálias*, nem que seja porque o *imperator*, com freqüência encurralado, com freqüência em perigo, irá revelar o valor de suas qualidades de tático e de estrategista, nem sempre antinômicas com aquelas que usou, usa e usará ao longo de sua carreira política.

César e Vercingetórix

Vercingetórix, de início, encontra dificuldades pela frente. É expulso de Gergóvia, sua cidade natal, pelos dirigentes da comunidade que, por um lado, não querem se lançar no que consideram como uma aventura e, por outro, vêem com desconfiança o filho de Celtill que pode também querer reivindicar a coroa de rei dos arvernos, como fizera o pai, com o fim trágico que todos conhecem. Vercingetórix sabe-se popular nos campos e recruta vagabundos, diz-nos César, e certamente muitos camponeses ou mesmo lavradores privados de suas terras pela ocupação romana. Com esse primeiro exército, penetra em Gergóvia, exorta os habitantes da cidade à resistência, acaba por convencê-los e por expulsar os covardes e os traidores.

Consciente de que pode realizar na urgência uma espécie de unidade nacional, da qual talvez tenha ainda um sentimento confuso mas mesmo assim profético, ele envia mensagens aos principais povos da Gália para convidá-los a se rebelarem e a se colocarem sob sua autoridade. Seus delegados foram bastante convincentes para obter a aliança de senenses, parisienses, pictos, cadurcos, turões, aulercos, lemovices, andecavos e todos os povos que vivem às margens do oceano a oeste da Gália. Para estar seguro de sua lealdade, exige, segundo o costume, que lhe sejam entregues reféns que servirão de garantia.

Excelente organizador, ele recruta soldados em cada povo, ao qual ordena a fabricação urgente de armas, dando prazos imperativos de entrega. Sabe que a cavalaria é a arma do movimento e da decisão suprema numa batalha, e zela por sua formação. Ameaça queimar vivos ou torturar até a morte os que pensarem em traí-lo, e inclusive dá exemplos aterrorizantes entre os que mostraram alguma fraqueza ou algum medo, cortando-lhes as orelhas ou furando-lhes os olhos, antes de enviá-los de volta para casa. Escolhe um de seus lugares-tenentes, Luctero, um cadurco, para comandar um exército que se instalará entre os rutenos do Rouergue [sul da França atual], enquanto parte à frente de um exército sólido e disciplinado, o que é uma novidade entre os gauleses. Mas Vercingetórix serviu no exército romano, entre os bitúrigos. Estes, aliados de César, pedem o auxílio dos éduos, que enviam tropas e cavaleiros, mas, temendo a aliança dos bitúrigos com os arvernos, não atravessam o rio Loire e voltam para suas terras. O temor tinha fundamento, pois os dois povos unem, de fato, seus exércitos. Por seu lado, Luctero subleva os povos do centro da Gália para poder atacar a província da Narbonesa.

César, ao tomar conhecimento dessas más notícias na Gália cisalpina, para onde se retirou, como de hábito, para passar o inverno, está diante de um dilema, na falta de tropas suficientes. Deve dirigir-se para Bourges ou para a Narbonesa, sabendo que em ambas as hipóteses se arrisca a ser perdedor? Ele escolhe a segunda, próspera e pacificada há muito tempo, preferindo o risco de perder territórios do lado das Gálias do que ver uma província romana recair sob a dominação gaulesa.

Chegando a esta, e após uma visita de inspeção a Toulouse e a Narbonne, envia contingentes armados aos hélvios do Vivarais para pressionar os vizinhos destes, isto é, os arvernos de Vercingetórix, por sua presença militar ameaçadora. Ele próprio, contra toda expectativa nesse período de inverno, consegue atravessar em pouco tempo a região das Cévennes e atacar o território dos arvernos, que chamam Vercingetórix em socorro. Depois, deixando o grosso do exército aos cuidados de Bruto, César vai a Viena, onde se acham importantes elementos de uma cavalaria pronta a combater, e, remontando em direção ao norte, atravessa o país dos éduos, cuja atitude hesitante lhe pareceu suspeita, para mostrar sua força, e acampa entre os língones. Vercingetórix, segundo as previsões de César, desguarnece então suas posições do lado de Bourges e parte às pressas para Gergóvia, a fim de auxiliar seus compatriotas. César deixa em Sens duas legiões e, após confiar uma parte das tropas a seu lugar-tenente C. Trebônio para fazer o assédio a uma cidade gaulesa do Morvan (talvez Beaunet, no Loiret), cerca a cidade de Genabum (Orléans) com duas legiões que se instalam junto à ponte sobre o Loire para impedir a fuga dos habitantes. Está decidido a punir de maneira exemplar essa cidade que deu o sinal da insurreição e, após tomá-la com facilidade, mostra-se implacável: seus soldados queimam, saqueiam e massacram. César marcha, a seguir, sobre Bourges. Advertido dessa aproximação inopinada, Vercingetórix deixa precipitadamente Gergóvia e retorna em direção a Bourges, indo primeiro em auxílio de uma cidade dos bitúrigos, cuja localização exata é hoje difícil de saber e que as legiões de César invadiram, antes de os centuriões e suas tropas tomarem posse. À aproximação da cavalaria gaulesa e dos primeiros elementos do exército de Vercingetórix, os habitantes dessa cidade, inicialmente submetidos aos romanos, buscam livrar-se deles, mas, vendo que a cavalaria gaulesa é derrotada pelos cavaleiros romanos, acabam se submetendo definitivamente.

César, tranqüilizado, prossegue seu caminho em direção a Avaricum (Bourges). Ao dividir as tropas gaulesas por suas investidas, ao surgir onde não era esperado, ele desorganizou o dispositivo militar de Vercingetórix e desmontou a armadilha que o obrigava a escolher entre a perda da Narbonesa ou das Gálias. Daí por diante, ele é de novo o mestre do jogo militar.

Vercingetórix decide então empregar meios extremos e praticar o chamaríamos hoje a política da terra arrasada. Os gauleses corajosamente a aceitam como um último recurso. Incendeiam suas aldeias e casas a fim de impedir os romanos de se reabastecerem de forragem e alimentos de primeira necessidade. Queimam inclusive cidades, não apenas entre os bitúrigos mas entre seus vizinhos, ou em regiões limítrofes que os romanos teriam tentado ocupar para escapar à escassez. César, que conhece perfeitamente a psicologia dos gauleses, escreve a esse respeito:

> Se tais meios parecem duros e rigorosos, os gauleses devem achar ainda mais dura a perspectiva de verem seus filhos e suas mulheres reduzidos à escravidão e eles próprios perecerem, sorte inevitável dos vencidos. (...) Por todos os lados só se vêem incêndios: esse espetáculo causa uma aflição profunda e universal, mas seu consolo era a esperança de uma vitória quase certa que faria esquecer prontamente todos esses sacrifícios.

A questão coloca-se a Vercingetórix: Bourges deve também ser queimada? O chefe gaulês está decidido a isso, mas os habitantes da cidade lhe imploram a não agir assim, argumentando que esta é fácil de defender, situada numa colina e cercada de um rio e de um pântano. Vercingetórix cede a esse pedido e confia a defesa do lugar a seus melhores soldados. A piedade, num militar, é má conselheira: Vercingetórix acaba de cometer um erro que não deve ser cometido e que terá tristes conseqüências. Ele retira-se na retaguarda de Bourges com seu exército de reserva e observa de longe, por seus batedores, o avanço romano, ao mesmo tempo em que mantém contato com os habitantes de Bourges, encerrados em sua cidade e dispostos a suportar um longo cerco que César empreende sem hesitar. Quando soldados romanos se afastam demais das tropas para buscar forragem e víveres, Vercingetórix os ataca, os dispersa e causa também uma grande carnificina.

O cerco de Bourges será marcado por episódios sangrentos, e nem sempre César e suas legiões terão a vantagem, os habitantes da cidade resistindo até a fome e os exércitos gauleses de apoio desferindo golpes muito duros contra os soldados romanos. Vercingetórix é obrigado a afastar-se para tomar distância, elaborar uma nova estratégia e buscar o contato com o inimigo. Mas sua ausência é vista como suspeita e fala-se mesmo, nas fileiras gaulesas, de traição.

Esse episódio poderia ter custado a carreira e a vida de Vercingetórix. Este volta a juntar-se aos seus, que se inquietavam com sua ausência. É acolhido sem amenidade por seus soldados, cujas suspeitas nos são relatadas por César em duas frases: "Todas essas circunstâncias não podiam ter acontecido por acaso e sem intenção da parte dele. Ele preferia ter o império da Gália com o consentimento de César do que com o reconhecimento de seus compatriotas."

Vercingetórix, diante dessa rebelião verbal que pode se transformar em revolta declarada, não perde a calma, explica as razões da ausência e por que não delegou então seu comando nem se lançou ao combate. Impressionados, os gauleses aprovam ruidosamente, batendo, como de costume, a espada contra o escudo, aclamando seu chefe e censurando-se por terem duvidado dele por um momento. Mas o cerco de Bourges prossegue e torna-se insuportável para a população civil. As legiões romanas acabam por assaltar a cidade, ocupam as fortificações e massacram muitos habitantes, em represália aos assassinatos de cidadãos romanos cometidos em Orléans; não poupam nem velhos, nem mulheres, nem crianças. Os poucos sobreviventes buscam a proteção de Vercingetórix, que os acolhe em seu acampamento, mas cuidando para abrigá-los num local retirado, para que esses derrotados não provoquem o pânico e a sedição nas fileiras de seu exército. Ao raiar do sol, Vercingetórix, num discurso às tropas, lembra que nunca desejou defender Avaricum e lhes promete amanhãs felizes e vitoriosos com o prosseguimento de seu trabalho de unificação de toda a Gália, pedindo a todas as cidades gaulesas que forneçam recrutas.

César desce então o vale do Loire e do Allier para chegar a Gergóvia, entre os arvernos, e impor-lhe o cerco, sabendo o quanto essa cidade natal de Vercingetórix tem um poder simbólico. Encarrega seu lugar-tenente Labieno, que se encontra em Sens, de dominar os parisienses de Lutécia que, sob o comando do aulerco Camulogenos, orginário de Évreux, também tomaram parte no levante geral.

É a primeira vez que o nome de Lutécia, isto é, a capital do povo dos parisienses, é mencionada na História romana. Labieno deixa os mais jovens de seus recrutas em Agendicum, isto é, em Sens, e dirige-se a Lutécia com quatro legiões.

Depois de muitas hesitações e diversas peripécias, Camulogenos e seu exército gaulês se instalam na margem esquerda do Sena (na altura atual da praça Saint-Germain-des-Près), enquanto os soldados de Labieno acampam na margem direita, no local hoje do Louvre. Com astúcia e valendo-se de uma tempestade e da noite, uma frota de pequenos barcos carregados de legionários consegue passar e desembarcar na atual Maison de la Radio. Avisados, os gauleses acorrem ao local que será a planície de Grenelle e lançam-se a uma luta que lhes será desfavorável, apesar da valentia e da coragem do chefe Camulogenos, que morre na batalha. Para escapar ao massacre, os gauleses fogem imediatamente para as colinas de Meudon e de Issy, mas são exterminados pela cavalaria romana lançada a seu encalço. Após essa expedição, Labieno volta a Agendicum (Sens), onde foram deixadas as bagagens de todo o exército. Dali parte ao encontro de César com todas as suas tropas.

Nesse meio-tempo, César chegou diante de Gergóvia, cidade natal de Vercingetórix, que ele submete ao cerco. Mas uma revolta dos éduos o obriga a abandonar o projeto de apoderar-se dessa cidade altamente simbólica. Naturalmente, apresenta sua retirada como uma necessidade estratégica e dirige-se em marcha forçada rumo a Bibracte, onde vai jogar com a rivalidade entre os chefes dessa cidade. Após muitas lutas, matanças e escaramuças muitas vezes sangrentas, resolve a questão e subjuga esse povo que havia muito dizia-se seu aliado e que, no entanto, assinou clandestinamente um tratado de aliança com Vercingetórix. Este, encurralado pelas legiões de Labieno e de César que acabam de se juntar, vendo sua cavalaria e sua infantaria em debandada, pede às nações gaulesas limítrofes o apoio à sua causa. Não lhe resta senão um único recurso estratégico, encontrar um sítio geograficamente inexpugnável e entrincheirar-se ali com todo o seu exército. Ele escolhe Alésia.

Não é nosso propósito envolver-nos na polêmica que não cessou de surgir sobre a verdadeira localização de Alésia.

Muitas cidades reivindicam evidentemente a glória de ter acolhido, há mais de dois mil anos, o herói nacional gaulês. Há muito o livro de Jérôme Carcopino, *Alésia ou les ruses de César* [*Alésia ou os ardis de César*], convenceu-me das razões de identificar Alésia com Alise-Sainte-Reine, não distante de Dijon, eliminando, por argumentos bem fundamentados, as outras hipóteses, embora reconheçamos que as alusões ou as precisões topográficas de César não correspondem inteiramente ao estado do terreno tal como o conhecemos hoje. Mas os adversários de Alésia-Alise-Sainte-Reine tampouco têm argumentos imbatíveis. Digamos que nenhum historiador chegou a uma verdade que seja indiscutível sobre a questão de Alésia.

O cerco de Alésia pelos romanos, em agosto e setembro de 52, e a resistência dos gauleses fazem parte da gesta nacional de uma Gália unificada provisoriamente como nunca havia sido, e tanto da lenda quanto da História. César compreendeu isso e se estende longamente sobre o que deveria marcar simbolicamente o fim da independência gaulesa. Militarmente, porém, o bloqueio e a tomada de Alésia nada têm de excepcional, os legionários romanos servindo-se de todas as máquinas de guerra habituais, das torres de aproximação, cavando linhas de circunvalação e túneis, rechaçando os exércitos de apoio gauleses ou as saídas dos sitiados, sobretudo graças à cavalaria constituída de auxiliares germanos, e acabando por privá-los de água e de alimento, ante a investida bem-sucedida dos romanos. Um último exército de apoio gaulês é despedaçado. Os sitiados de Alésia, vendo os restos desse exército debandarem, compreendem que tudo está perdido. Vercingetórix convoca então uma assembléia e comenta assim sua derrota, dizendo, segundo César, "que não empreendeu essa guerra para seus interesses pessoais, mas para a defesa da liberdade comum; e que, sendo preciso ceder ao destino, oferecia-se a seus compatriotas, deixando-lhes a escolha de apaziguar os romanos por sua morte ou de entregá-lo vivo". Negociadores são enviados a César. Este ordena o desarmamento dos gauleses e a convocação de todos os chefes inimigos perante seu tribunal. Entre eles, Vercingetórix.

César é voluntariamente lacônico sobre a rendição daquele que o enfrentou durante um ano e que conseguiu reunir os povos da Gália, o que era inimaginável para um romano. Ele não quer fazer de Vercingetórix um herói nem um mártir. Outros historiadores relataram a cena que forneceu o tema de muitos quadros de pintores de História, sobretudo no século XIX. Ela não engrandece César, menos irritado pela coragem desse inimigo que ele admira implicitamente do que pela perda de tempo que este lhe impôs, obrigando-o a desviar-se do essencial, isto é, a política que se faz em Roma, nesse meio-tempo, sem ele e sobretudo contra ele. Essa cólera é expressa numa atitude mesquinha que não é digna de César. Ele perde a serenidade. Foi Amédée Thierry, irmão esquecido de Augustin Thierry, que, levando em conta informações antigas sobre esse encontro último e trágico entre César e Vercingetórix, especialmente as de Díon Cássio e de Plutarco, forneceu o melhor relato, em sua *Histoire des gaulois* [*História dos gauleses*]:

> Vercingetórix não esperou que os centuriões romanos o arrastassem de pés e punhos atados até os joelhos de César. Montando um cavalo ajaezado como para um dia de batalha, vestindo ele próprio sua mais rica armadura, saiu da cidade e atravessou a galope a distância entre os dois acampamentos, até o lugar onde estava o procônsul. Fosse porque a rapidez da corrida o levasse muito longe, fosse porque estivesse cumprindo apenas um cerimonial antiquado, ele girou em círculo em volta do tribunal, saltou do cavalo e, tomando a espada, o dardo e o capacete, lançou-os aos pés do romano, sem pronunciar uma palavra. Esse gesto de Vercingetórix, seu brusco aparecimento, seu porte elevado, seu rosto orgulhoso e marcial causaram entre os espectadores uma comoção involuntária.
>
> César ficou surpreso e quase assustado. Guardou o silêncio por alguns instantes. Mas em seguida, explodindo em

acusações e invectivas, censurou o gaulês por "sua antiga amizade, por seus benefícios que ele havia retribuído tão mal". Depois, fez um sinal a seus lictores para que o atassem e o arrastassem pelo acampamento. Vercingetórix sofreu em silêncio. Os lugares-tenentes, os tribunos, os centuriões que cercavam o procônsul, mesmo os soldados, pareciam vivamente comovidos. O espetáculo de um tão grande e nobre infortúnio falava a todas as almas. Somente César permaneceu frio e cruel. Vercingetórix foi conduzido a Roma e lançado num cárcere infecto, onde esperou durante seis anos que o vencedor viesse exibir no Capitólio o orgulho de seu triunfo. Pois somente nesse dia o patriota gaulês haveria de encontrar, sob o machado do carrasco, o fim de sua humilhação e de seus sofrimentos.

A marcha sobre Roma

A tomada de Alésia, a captura de Vercingetórix, o fim da Gália independente permitem a César, de cuja boa fortuna seus partidários em Roma puderam duvidar por um momento, recuperar sua popularidade arranhada por uma insurreição de sua província que ele levou dois anos para debelar. Veleio Patérculo assinala bem a admiração que os feitos de César, devidamente divulgados em Roma pela publicação de seus *Comentários*, obra única de propaganda, suscitaram:

> César matou mais de quatrocentos mil homens e fez um número ainda maior de prisioneiros, em batalhas campais, marchas ou investidas (...) Cada uma de suas nove campanhas merecia por si só um triunfo. As coisas que ele fez no cerco de Alésia são daquelas que um homem mal ousa empreender e que somente um deus pode realizar.

Um deus. César é adorado como tal, e suas origens divinas confirmam, de certo modo, essa designação que não parece exagerada. Em sua *Guerra das Gálias*, ele não se priva de dizer que, "tendo esses acontecimentos sido anunciados em Roma por cartas de César, foram ordenados vinte dias de preces públicas".

No entanto, ele é ainda obrigado a manter-se afastado dos assuntos de Roma, ocupado em subjugar os últimos focos de resistência, como o de Uxellodunum, em Quercy, onde, após sua vitória, mandará cortar a mão de todos os prisioneiros gauleses. Hírtio, seu braço direito e redator dos últimos livros de *A Guerra das Gálias*, evocou essa atrocidade, tentando encontrar-lhe razões de ordem psicológica destinadas a barrar eventuais oposições. Ela mostra, sobretudo, a exasperação de César, sempre retido na Gália. Ele não ignora que em sua ausência os adversários buscam cada vez mais contestá-lo, principalmente Pompeu, que, não sendo mais seu genro e desembaraçado de Crasso, preferiu permanecer na cidade, em vez de dirigir-se à longínqua Espanha. Para impedir a ação desse rival potencial, César faz proclamar a antiga Gália cabeluda província romana no final do ano 51.

Mas, nos últimos quatro anos, Pompeu aparece como o homem forte da República, ao qual se aliam todos os que se inquietam com as ambições monárquicas mal dissimuladas de César. Ninguém duvida de que os dois comandantes-chefes acabarão por se enfrentar, talvez por via legal, talvez não. Díon Cássio traçou, como era freqüente entre os historiadores na Antigüidade, um paralelo entre César e Pompeu muito bem visto e bem-vindo no ano 50, ano de todos os perigos para Roma e seu regime:

> Eles distinguiam-se um do outro pelo fato de que Pompeu não queria o segundo lugar, enquanto César cobiçava o primeiro. Pompeu era particularmente disposto a obter honrarias dadas voluntariamente, a exercer uma autoridade livremente aceita e a ser amado pelos que lhe obedeciam. César, ao contrário, não se importava se lhe obedeciam a contragosto, se sua autoridade era detestada, se ele próprio se arrogava as honrarias de que era investido. De resto, ambos eram fatalmente levados aos mesmos atos para chegar a seus fins, e não podiam alcançá-los sem fazer a guerra a concidadãos, sem armar os bárbaros contra sua pátria, sem extorquir quantias consideráveis, sem fazer perecer ilegalmente um grande número de seus amigos. Suas paixões, portanto, eram diferentes, mas eles deviam recorrer aos mesmos meios para satisfazê-las. Assim, não se fizeram concessões, ao mesmo tempo em que se serviam de inúmeros pretextos especiosos.

Desde o ano 54, portanto, Pompeu, estando no centro da cena, buscava opor-se a César por diferentes subterfúgios, fingindo apoiar, para a eleição ao consulado de 53, adeptos dele, mas sustentando por trás candidatos pouco favoráveis ao conquistador das Gálias e fazendo-os ganhar. Ele volta a se encontrar com César em Ravena, no final de 53. "A fim de conservar, por uma nova aliança, o apoio de Pompeu", escreve Suetônio, "César ofereceu-lhe Otávia, sobrinha de sua irmã, embora ela fosse casada com C. Marcelo, e pediu-lhe a mão de sua filha, destinada a Fausto Sila." Isso mostra o quanto César carecia de idéias, pois os dois projetos matrimoniais que arquitetava eram pura fantasia, nenhuma das futuras esposas propostas estando livres. Pouco depois dessa proposição mirabolante, Pompeu desposa Cornélia, a viúva de Crasso.

> Cornélia, escreve Plutarco, tinha, além da beleza, muitos meios de agradar: era versada em literatura, tocava lira, sabia geometria e lia com inteligência as obras dos filósofos. Mesmo com tantas vantagens, soubera evitar toda vaidade e as maneiras desdenhosas que esses conhecimentos costumam dar a mulheres jovens. Enfim, seu pai [filho de Cipião Nasica] era um homem de um nascimento e de uma reputação irrepreocháveis. No entanto, esse casamento foi, de um modo geral, desaprovado. Uns criticavam a desproporção da idade. De fato, Cornélia prestava-se mais, pela idade, para desposar o filho de Pompeu.

Uma carne tenra e uma pérola: Pompeu podia considerar-se como o mais feliz dos homens em sua vida privada e, nesse ponto, olhar César com condescendência.

Roma continuava sendo, mais do que nunca, a presa das facções armadas, a de Mílon, sustentada por Pompeu, contra a de Clódio, apoiada por César. Mas os dois chefes políticos não controlavam mais a violência e as ambições desses dois homens pouco recomendáveis que impediam, por tumultos generalizados nas ruas de Roma, as eleições ao consulado de 52. Reinava a anarquia, que sempre acaba em tirania. A morte de Clódio pelos sequazes de Mílon provoca novos distúrbios em Roma, a populaça incendiando a Cúria, levando os senadores, refugiados no monte Palatino, a votar leis de exceção no pânico, "nomeando um inter-rei e encarregando, por um decreto Mílon, os tribunos do povo e o próprio Pompeu a zelarem para que a República fosse protegida de todo dano", escreve Díon Cássio. César, que se encontra em Ravena, entende-se secretamente com Pompeu por intermédio de embaixadores clandestinos, sentindo que a situação ainda não está madura para ele, sobretudo com os rumores de um levante generalizado da Gália que chegam a seu quartel-general no início do ano 52.

Pompeu obtém de César a permissão de recrutar tropas para assegurar a ordem em Roma, se necessário. Em troca, ele abandona Mílon, que será julgado pelo assassinato de Clódio e será mal defendido por Cícero, que, um pouco impressionado pelas tropas de Pompeu que guarnecem a galeria superior do tribunal, gagueja e revela-se um mau advogado. Cícero reescreverá com perfeição seu arrazoado, mas inutilmente, pois Mílon será condenado à morte. Este, porém, já se exilou em Marselha, onde leva uma existência feliz de hedonista, "comendo peixes deliciosos", conta Díon Cássio.

Pompeu pode ser de novo um chefe satisfeito: Crasso morreu, César está às voltas com uma terrível revolta do conjunto da Gália, Clódio está morto e Mílon expatriado. Seu poder é incontestado e irrestrito. Ele tenta então, durante dois anos, sem jamais sair das vias legais, obstruir ao máximo as futuras ambições de César assim que estiver de volta, talvez vitorioso, com suas legiões.

Uma questão de direito, de que os romanos são zelosos, se coloca. O proconsulado de César termina normalmente em 1º de março de 50, mas, em função de certas leis, nenhum sucessor lhe pode ser atribuído antes de 1º de janeiro de 48. No entanto uma outra lei, que proíbe a todo cônsul reapresentar-se antes de dez anos, é favorável a César, cujo precedente consulado data de 59 e lhe permite assim respeitar a legalidade, e desfavorável a Pompeu, como teria sido a Crasso, cônsul com este último em 55 e impedido de reapresentar-se a essa função antes do ano 45. O acordo de Luca certamente evidenciou essa disparidade, mas na ocasião os triúnviros não a assinalaram para não criarem embaraços entre si.

Pompeu, alegando a desordem por que passa a República romana e a desconfiança que César inspira, passa por cima dessa lei sob a pressão dos senadores que o nomeiam cônsul único para o ano 52, a fim de não lhe darem o título de ditador, função que na constituição romana só podia ser exercida durante seis meses. Plutarco conta então que os amigos de César valeram-se desse exemplo e pediram que também fossem levados em conta todos os combates que César vinha mantendo a fim de ampliar o império romano: "César merece", diziam, "ou que lhe dêem um segundo consulado, ou que prorroguem o comando de seu exército, a fim de que um sucessor não lhe venha tirar a glória de suas conquistas. É preciso que César seja o único a comandar nos lugares que conquistou, e que desfrute em paz honrarias que obteve por seus méritos."

Esse pedido deu motivo a grandes discussões. Pompeu, "não querendo", escreve sempre Díon Cássio, "que César parecesse negligenciado e assim alimentasse justos ressentimentos, obteve dos tribunos que fosse permitido a César, mesmo ausente, solicitar o consulado, tão logo o pudesse legalmente". Ao mesmo tempo, Pompeu não esquecia seus interesses e fazia prorrogar seu governo na Espanha, onde nunca fora, até 45. Mas Pompeu, ou voluntariamente ou por uma negligência que se assemelha psicologicamente a um ato falho, faz votar uma lei segundo a qual, de acordo com Suetônio, os magistrados não terão o direito de disputar cargos e honrarias se estiverem ausentes de Roma. Ele esqueceu de excetuar César, contradizendo-se, e percebe seu lapso muito tarde, quando a lei já foi gravada em bronze e depositada no tesouro, segundo o costume.

Um dos cônsules de 51, M. Cláudio Marcelo, percebe o perigo de uma conivência secreta entre César e Pompeu e, diz ainda Suetônio, "propôs dar um sucessor a César antes de expirar seu mandato e, uma vez terminada a guerra e garantida a paz [isto ocorre logo após a queda de Alésia], licenciar o exército vitorioso". Marcelo precipita-se no desatino de Pompeu, que ele considera como fazendo jurisprudência. César não terá o direito de solicitar o consulado enquanto estiver ausente de Roma.

César, que mesmo de longe continua a dirigir mais ou menos a política em Roma, "abalado", escreve Suetônio, "por esses ataques (...) resistiu com todo o seu poder a Marcelo e opôs-lhe ora os tribunos, ora Sérvio Sulpício, colega deste último no consulado, e a lei não passou". Mas César pôde constatar que não tinha somente amigos em Roma. É verdade que Cícero partira rumo à Cilícia, na primavera de 51, para lá exercer seu governo consular, mas os opositores ainda são numerosos. Um cidadão de Novum Comum (Como, na Itália), que César havia declarado de direito latino, é chicoteado, um insulto particularmente grave. Segundo Plutarco, o cônsul Marcelo teria dito a esse homem que "lhe imprimia essas marcas de ignomínia para fazê-lo lembrar que não era romano e que devia ir mostrá-las a César". A injúria é flagrante e a provocação bem preparada. Assim como essa, houve outras.

Em 50, o Senado pede que sejam destacadas duas legiões, respectivamente, dos exércitos de Pompeu e de César, a fim de que participem da campanha do Oriente dirigida por Bíbulo. O que é um modo de marcar a desconfiança em relação a César e de opor-se ao prolongamento de seu comando. Pompeu consente e César também, dando a cada um dos soldados liberados a quantia de 250 dracmas, ou seja, dois anos de soldo. Díon Cássio observa que "César percebeu a manobra, mas resignou-se para não ser acusado de desobediência e, sobretudo, porque tinha um pretexto para obter mais soldados do que os que perdia". De fato, ele recruta novos soldados e os integra nas legiões de elite, bem como auxiliares. Pompeu envia às duas legiões liberadas por César, evidentemente as mais fracas e as mais esgotadas, estacionadas em Cápua, oficiais de sua confiança que, segundo Plutarco, "espalharam entre o povo boatos desfavoráveis a César. Eles fizeram Pompeu alimentar vãs esperanças, assegurando-lhe que o exército de César desejava tê-lo por chefe; que, se em Roma a oposição dos invejosos e os vícios do governo punham obstáculos a seus propósitos, o exército das Gálias confiava nele [Pompeu]; que, tão logo tivesse cruzado os montes, colocar-se-ia sob a lei. Isto porque, diziam eles, César tornara-se odioso por suas campanhas repetidas, e suspeito pelo temor que sentiam de vê-lo aspirar à monarquia".

Pompeu acreditará nessas tolices e, tendo adoecido perigosamente em Nápoles, consegue curar-se – o que foi reconhecido como um milagre devido aos deuses e à Fortuna por dezenas de cidades, cujos habitantes fizeram sacrifícios em sua honra, oferecendo-lhe banquetes, acompanhando o grande homem em cortejos floridos e em meio a aclamações. Plutarco estuda então a reação de Pompeu diante dessa popularidade:

> A opinião presunçosa que Pompeu formou de si mesmo e a extrema alegria que tomou conta de sua alma ocultaram nele todos os raciocínios que o estado real das questões romanas deveria ter-lhe sugerido. Ele esqueceu a sábia previdência que, até então, havia assegurado sua prosperidade e o sucesso de seus empreendimentos. Deixou-se levar por uma confiança audaciosa em si mesmo e mostrou desdém pela força de César, achando mesmo que não tinha necessidade nem de armas nem de esforços contra ele, e que o derrubaria ainda mais facilmente do que o elevara.

À medida que se aproxima o momento em que César, a Gália finalmente pacificada, prepara-se para cruzar de volta os Alpes, Pompeu perde toda cautela, infla-se de vaidade e zomba dos que temem uma guerra civil. "Quando lhe diziam que, se César marchasse sobre Roma, não haveria tropas que lhe pudessem resistir, ele respondia, rindo e serenamente, que não era preciso inquietar-se: 'De qualquer ponto da Itália onde eu bater com o pé, sairão legiões'."

Durante uma sessão no Senado, no final do outono de 50, o cônsul C. Marcelo lança-se numa queda-de-braço contra Curião, homem de confiança de César e seu representante secreto em Roma. É verdade que o tribuno é grato ao conquistador das Gálias por ter enxugado suas dívidas. Ele é auxiliado por Marco Antônio, parente de César, que guerreou nas Gálias. Curião, a conselho de César, mostra-se particularmente moderado em suas propostas. Ele pede, segundo Plutarco, "ou que Pompeu licencie suas tropas, ou que César não seja despojado das suas. 'Reduzidos à condição de simples particulares', ele dizia, 'os dois rivais chegarão a condições equitativas. Ou então, se permanecerem armados, ficarão tranqüilos, contentes com o que possuem. Ao passo que enfraquecer um pelo outro seria duplicar o poderio que todos temem'".

O cônsul Marcelo responde por um discurso particularmente radical:

> Ele chamou César de bandido, diz Plutarco em seu *Pompeu*, e propôs, se César não quisesse abrir mão dos exércitos, declará-lo inimigo da pátria. Mas Curião, sustentado por Marco Antônio e por Pisão, consegue fazer passar sua proposta por um voto favorável dos senadores: ele convidou os que queriam que somente César depusesse armas e que Pompeu conservasse seu comando a ficarem todos do mesmo lado: o que a maioria fez. Disse, a seguir, aos que eram favoráveis a que ambos depusessem as armas e nenhum conservasse seu exército para ficarem todos também do mesmo lado. Apenas 22 permaneceram fiéis a Pompeu, todos os outros [em número de 370] juntaram-se à posição de Curião.

Esse teste muito astucioso provocou a alegria de Curião que, "orgulhoso de sua vitória, prossegue Plutarco, entra na assembléia do povo, onde é recebido por calorosos aplausos e coberto de buquês e coroas de flores. (...) Marcelo levantou-se então no recinto do Senado e disse que não ficaria tranqüilamente sentado a escutar palavras vãs, quando via já dez legiões avançarem no alto dos Alpes, e que ia ele próprio enviar contra elas o homem capaz de detê-las e de defender a pátria". "Vocês terão César por mestre", ele teria exclamado, segundo Apiano em sua *Guerra civil*.

Os senadores, demasiado crédulos diante dessa falsa notícia em forma de veneno, apressam-se a anular seu voto e seguem Marcelo, que atravessa o Fórum para ir até Pompeu, que, em sua qualidade de governador das províncias da Espanha, portanto dotado de um exército, não tem o direito de residir no interior das muralhas de Roma. Assumindo a pose mais dramática possível, Marcelo planta-se diante do triúnviro aturdido, dizendo-lhe: "Pompeu, ordeno-te socorrer a pátria e te servires para isso das forças armadas de que já dispões e recrutar novas", relata Plutarco em seu *Pompeu*. "Lêntulo, um dos cônsules designados para o ano seguinte (49), faz-lhe a mesma intimação." Estamos em meados do mês de novembro de 50.

Pompeu sente-se obrigado a submeter-se à injunção dos cônsules e começa, pois, a recrutar legionários. Mas os soldados, pouco dispostos a combater contra seus irmãos de armas, "recusaram", segundo Plutarco em seu *Pompeu*, "dar seus nomes, enquanto outros, em pequeno número e a contragosto, se apresentaram; e, em sua maior parte, suplicavam que fosse tomada a via da conciliação".

César passou para a Gália citerior, ali presidiu assembléias provinciais e deteve-se em Ravena com sua XIII legião, que o saúda novamente com o título de *imperator* para marcar-lhe a lealdade. Ele acompanha os acontecimentos de perto, graças a Curião, que foi a seu encontro no final de novembro de 50. Dá ordens a outros elementos de seu exército, que se encontram ainda na Gália, para atravessarem os Alpes e juntarem-se a ele. Mas, sempre hábil em apresentar-se como o ofendido e não como o ofensor, como um homem disposto à negociação e a todas as tentativas diplomáticas possíveis para evitar o conflito, encarrega Curião, assim como Marco Antônio e Cássio, de ir a Roma e, segundo Plutarco, em seu *Pompeu*, ler diante do povo uma carta "que continha propostas feitas para seduzir a multidão. César pedia que Pompeu e ele deixassem seus governos e licenciassem suas tropas, para se apresentarem diante do povo e prestarem contas de suas ações". O próprio César tomará a pena para narrar a seqüência dos prolegômenos da *Guerra civil*, à qual dedicará um livro. As cartas de César são lidas com muita dificuldade e sob as instâncias dos tribunos do povo no Senado.

> Mas quando foi proposto que o Senado deliberasse sobre o conteúdo dessas cartas, nada pôde ser obtido. Os cônsules [Lêntulo e Marcelo, primo-irmão do precedente] falam apenas do perigo que corre a República. O cônsul L. Lêntulo promete defender a República e o Senado, se o aprovarem com ousadia

e coragem. Metelo Cipião [sogro de Pompeu] está pronto, ele afirma, a defender a República, contanto que o Senado o apóie; mas se hesitarem, se agirem frouxamente, será em vão que mais tarde o Senado implorará seu apoio.

Após discussões, os dois cônsules, adversários ferrenhos de César, decretam, em 7 de janeiro de 49, "que César licenciará seu exército no prazo previsto e, se não o fizer, será declarado inimigo da República". É uma exoneração. Pompeu tenta moderar esse furor, mas em vão. Lêntulo permanece inabalável e trata de uma maneira ultrajante Marco Antônio, Cássio e Curião, expulsando-os do Senado. Para não serem detidos, os três são obrigados a disfarçar-se de escravos – conta Plutarco em seu *César* –, tomar um veículo de aluguel e partir ao encontro de César. Este aproveita para incitar seus soldados contra os senadores, que desrespeitaram magistrados e pisotearam sua dignidade.

A guerra civil é inevitável, e Cícero, de volta da Cilícia, partidário sem entusiasmo de Pompeu, escreve a Ático uma carta sem ilusões: "Hoje, é a ambição de dois homens que põe tudo em perigo"; e numa outra:

> É a paz que precisamos. Qualquer vitória será funesta e fará surgir um tirano. (...) Sou dos que pensam que mais vale aceitar tudo o que [César] pede do que apelar às armas. Agora é tarde demais para resistir a ele, quando nos últimos dez anos apenas lhe demos força contra nós.

A paz a qualquer preço, portanto, mesmo que ele não tenha ilusões quanto a César, como diz numa carta a Ático no final de dezembro de 50:

> É claro que estamos diante do homem mais audacioso e mais empreendedor. É claro que ele terá a seu favor todos aqueles condenados e marcados de infâmia, todos os que merecem sê-lo; quase toda a juventude, toda essa populaça das ruas, miserável e facciosa, tribunos que se tornarão poderosos, sobretudo se Cássio é um deles; enfim, toda essa gente afogada em dívidas que é muito maior do que eu pensava.

Mas César comanda um exército que o considera com admiração, como um verdadeiro deus da guerra, e que o seguirá onde for, mesmo ao preço de uma guerra civil. De fato, ele poupou o sangue de suas tropas e nunca as arrastou a situações sem saída.

Ele mostrou coragem e assumiu riscos, como não seria popular?

As Gálias foram submetidas e tornaram-se uma província romana; contribuições de guerra são exigidas aos gauleses, escreve Eutrópio em seu *Compêndio de história romana*, mas são bastante moderadas, clemência que será apreciada pelos inimigos de ontem. César permitiu a Roma estender-se sobre um vasto território doravante unificado no Ocidente, entre os Alpes, o Ródano, o Reno e o Oceano. Pode contar com a estima dos reis, amigos e aliados do povo romano, segundo a expressão consagrada, e das províncias. Enriqueceu Roma com centenas de milhares de cativos, aumentou o poderio de seus exércitos graças a auxiliares recrutados, por ocasião das conquistas, entre os autóctones. Impôs com freqüência autoridade, onde e quando quis, e sem reportar-se sistematicamente ao Senado e mesmo às assembléias do povo. Desempenhou um papel de evérgeta [benfeitor], título dado aos reis helenísticos, ornando de monumentos grandiosos a Itália, as Gálias e as Espanhas, mas também as mais poderosas cidades da Grécia e da Ásia. Comportou-se mais como soberano do que como comandante-chefe preocupado em colocar-se sob a autoridade do poder civil dos senadores. Mostrou-se confiante na sorte das armas. "Um centurião", conta Plutarco em seu *César*, "tendo ouvido falar que o senado recusava a César a prorrogação de seu comando, disse, batendo com a mão no punho da espada: 'Aqui está quem dará isso a ele'." Prova de que os oficiais de César estavam dispostos a segui-lo em todas as aventuras político-militares, arrastando inevitavelmente suas tropas.

Sobrevém então o inelutável, a decisão na qual César pensou desde muito tempo: chocar-se de frente contra a República romana e seus oligarcas e provocar a guerra civil. É um projeto que César acalentava, dizem seus contemporâneos, desde a juventude. Cícero nos informa, no terceiro livro do *Tratado dos deveres*, que César sempre tinha na boca estes versos de Eurípedes que dizem muito sobre sua ambição:

> Pratique a virtude. Mas, se deve reinar,
> Virtude, justiça e leis, saiba tudo desdenhar.

Assim como outros historiadores e o próprio César, Plutarco narrou esses dias e essas horas capitais na História de Roma que precedem o instante em que César se põe fora da lei. Num primeiro momento, ele discursa a suas tropas e se diz vítima de uma conjuração dos senadores e de Pompeu.

> Enquanto seus tribunos e seus centuriões tomam Ariminium [Rimini] sem resistência, no dia que precede o 12 de janeiro de 49 [calendário pré-juliano], César, que estabeleceu seu acampamento fora dessa cidade, com a XIII legião bem preparada por seu discurso inflamado, passa o tempo entre a multidão, para dar-lhe a falsa impressão de que está sereno. Assiste a combates de gladiadores e ocupa-se com um projeto de construção de um circo, onde os infelizes combatentes poderiam se entrematar. Pouco antes do anoitecer, toma um banho e, entrando na sala de refeição, permanece algum tempo com os que convidou para jantar.

Quando já é noite, levanta-se da mesa, pedindo aos convivas que se divirtam e aguardem seu retorno. Sai da peça, seguido por alguns amigos de sua confiança que tomam caminhos diferentes. Ele sobe numa carroça à qual faz atrelar mulas de uma padaria vizinha, depois toma um outro caminho que não o previsto inicialmente, para despistar eventuais espiões; extravia-se porque os archotes se extinguiram e anda sem rumo por algum tempo. Depois, encontrando um guia que conhece a região, retoma o caminho que conduz diretamente a Ariminium. Fora dessa cidade, reencontra seus amigos políticos, como Curião, seus companheiros de armas e alguns adeptos. O pequeno grupo, cercado de uma guarda, vai então até a beira de um pequeno rio, o Rubicão, que separa a

Gália cisalpina da Itália, na margem do Adriático, e que marca para um general-chefe o limite a não transpor com seu exército, sob pena de ser considerado como um inimigo público.

César detém-se, medita, "muito perturbado", escreve Plutarco, "com a grandeza e a audácia de seu empreendimento". Permanece por muito tempo no mesmo lugar, cercado pelos companheiros silenciosos que avaliam igualmente a gravidade da hora. Depois, conversa com eles, pesando os prós e os contras, mudando várias vezes de opinião. As discussões são longas e o tempo passa. César conversa em particular com Asínio Polião. Segundo Suetônio, ele diz aos que o cercavam: "Ainda há tempo de voltar atrás. Uma vez transposta esta frágil ponte, é a espada que decidirá tudo". Portanto, não negligencia, em suas reflexões em voz alta, os males que acarretará ao cruzar o Rubicão, nem o julgamento da posteridade sobre esse ato ilegal e para ele necessário. César hesita. Mas, escreve Suetônio, um prodígio o determinou. Um homem de um tamanho e de uma beleza notáveis apareceu de repente, sentado a pouca distância e tocando flauta. Pastores e alguns soldados dos postos vizinhos, entre os quais havia tocadores de trombeta, acorreram para ouvi-lo. O homem se apoderou então do instrumento de um destes últimos, entoou energicamente algumas notas nessa trombeta guerreira e passou para o outro lado da ponte. César vê nisso um sinal, reúne seus amigos, dizendo-lhes: "Vamos para onde nos chamam a voz dos deuses e a injustiça de nossos inimigos", a frase é relatada por Suetônio. "Eles abandonam os conselhos da razão", escreve Plutarco, que implicitamente se mostra hostil a César em seu relato, e este pronuncia a frase que é o prelúdio ordinário dos empreendimentos difíceis e arriscados: A sorte está lançada" – o célebre *Alea jacta est* tornado proverbial, em 12 de janeiro de 49.

Ele atravessa em seguida o rio e o faz tão rapidamente que chega a Ariminium, com seu pequeno grupo de civis e de militares, antes de raiar o dia e ali é acolhido pelos militares que pouco antes se apoderaram da cidade sem derramar uma gota de sangue.

Ele os exorta, aqui é César que se exprime, a defender contra seus inimigos a honra e a dignidade do general-chefe sob o qual, durante nove anos, serviram tão gloriosamente a República, ganharam tantas batalhas, submeteram toda a Gália e a Germânia. A esse discurso, os soldados da XIII legião respondem que estão prontos a vingar as injúrias feitas a seu comandante-chefe e aos tribunos do povo [Marco Antônio, Curião e Cássio, expulsos como malfeitores pelo Senado].

César mostra estes a suas legiões para inflamar sua cólera contra os senadores. Atua mesmo como nas tragédias, chora, rasga as vestes sobre o peito. Na exaltação de seu discurso, designa o anel num dos dedos da mão esquerda e afirma que está disposto a dar tudo, até mesmo seu anel de ouro, aos que defenderem sua dignidade achincalhada pela insolência e pela ingratidão dos senadores.

Em seguida, César toma as medidas militares que se impõem, distribui coortes* para ocupar as principais cidades em torno de Ariminium, até a chegada das legiões de Transpadana. Mas ele consegue, sobretudo, uma verdadeira reforma democrática de seu exército: obtém que os centuriões de cada legião se comprometam, cada um, a fornecer-lhe um cavaleiro com o dinheiro de seu pecúlio, e que todos os soldados o sirvam gratuitamente sem ração nem paga, os mais ricos devendo prover as necessidades dos mais pobres. Para ganhar tempo, César finge entrar em negociações com embaixadores de Pompeu e do Senado. De fato, Pompeu sabe que não tem ainda à sua disposição forças suficientes, porque muito dispersas. Não ignora que seus partidários temem a guerra civil, lembrando-se das precedentes, cruéis e sangrentas, em particular a que opôs Mário a Sila.

Assim, ele envia a César o pretor L. Róscio Fabato e um primo distante do rebelde, Lúcio César. Em *A guerra civil*, César narra a chegada desses representantes de Pompeu. Lúcio César lhe anuncia

---

*Cada uma das dez unidades de uma legião romana. (N.T.)

> que foi encarregado por Pompeu de uma missão particular: que Pompeu deseja justificar sua conduta aos olhos de César, a fim de que o que ele fez pelo bem da República não lhe seja imputado como crime; que ele sempre preferiu o interesse público a seus interesses particulares; que é também um dever, para César, sacrificar suas paixões e seus ressentimentos pelo bem do Estado, com o risco de, ao querer, em sua cólera, atacar os inimigos, colocar em perigo a República.

Lúcio César comenta os propósitos de Pompeu, justificando-os, e o pretor Róscio se exprime sobre o mesmo assunto, mais ou menos nos mesmos termos, e declara falar em nome de Pompeu. César não se deixa iludir que seja sincero o desejo de Pompeu de negociar, mas finge acreditar nele, ou pelo menos prolonga as conversações e as discussões com os dois embaixadores, ganhando tempo enquanto suas legiões se apressam a alcançá-lo, depois de terem atravessado os Alpes. Pede aos dois homens que levem a Pompeu sua resposta, que lembra as causas que fizeram César transpor o Rubicão, acrescentando-lhes uma boa dose de hipocrisia:

> Também César havia sempre considerado antes de tudo a glória da República, que ele prezava mais do que a própria vida. Ele viu com dor que seus inimigos queriam arrancar-lhe, por uma afronta, o favor do povo romano, retirar-lhe os seis últimos meses de seu governo e forçá-lo a retornar a Roma, embora o povo tivesse autorizado sua ausência dos próximos comícios (alusão à autorização que o povo dera a César de, estando ausente, disputar o consulado, autorização que Pompeu havia anulado). Todavia, no interesse da República, ele suportou pacientemente essa injúria feita à sua glória. Escreveu ao Senado para pedir que todos os exércitos fossem licenciados, mas não teve êxito. Fizeram-se recrutamentos em toda a Itália, duas legiões lhe foram retiradas a pretexto de uma guerra contra os partos. Toda a cidade de Roma estava sob as armas. Tinham essas ações outro objetivo senão prejudicá-lo? Mesmo assim, ele estava disposto a consentir todos os sacrifícios, suportar tudo por

amor à República. Que Pompeu se dirigisse a seu governo [isto é, à Espanha]; que os dois licenciassem suas tropas; que cada um depusesse armas na Itália; que Roma se livrasse de seus temores; que os comícios fossem livres e as questões públicas entregues ao Senado e ao povo romano. Enfim, para remover essas dificuldades, para firmar as condições de um acordo e sancioná-las por um juramento, que Pompeu se aproximasse ou se deixasse aproximar por César: um encontro poderia pôr um termo a suas disputas.

Assim César apresenta os acontecimentos, evidentemente a seu favor.

Após ter aceito a missão, Róscio vai a Cápua com L. César e lá encontra os cônsules e Pompeu. Relata-lhes os pedidos de César. Estes, depois de terem deliberado, os mandam de volta com uma resposta por escrito, a qual dizia: "Que César voltasse à Gália, saísse de Ariminium, licenciasse seu exército; que, nessas condições, Pompeu iria à Espanha. Enquanto isso, até que César tivesse garantido a execução de suas promessas, os cônsules e Pompeu não cessariam de fazer recrutamentos de tropa".

A guerra civil

A causa, portanto, está entendida: é um não, insolente, sem discussão e sem negociação possível, que Pompeu e os cônsules opõem a César. Este não se surpreende nem se deixa enganar, e comenta essa rejeição mostrando que querem desarmá-lo e ludibriá-lo, enquanto o adversário conservaria suas legiões. Enfim, Pompeu não se dispõe a revê-lo, o que; de todo modo; marca uma recusa. Ele pede então a Marco Antônio que vá para Arretium com cinco coortes, enquanto permanece em Ariminium com duas legiões e recruta soldados. Os regimentos da XIII legião ocupam, entre 12 e 15 de janeiro de 49, as cidades de Pisaurum (Pesaro), Faunum (Fano) e Ancona.

O pânico se instala não só em Roma, mas em toda a Itália, quando chega essa notícia. Plutarco comprazeu-se em descrevê-lo:

> Não era como nas outras guerras, quando se viam homens e mulheres correndo desesperados através da Itália: dir-se-ia que as cidades mesmas se levantavam do lugar para empreender a fuga e se transportavam de um ponto a outro. Roma foi como que invadida por um dilúvio de gente que lá se refugiava, vinda de todos os arredores. E nessa agitação, nessa tempestade violenta, não era mais possível a nenhum magistrado contê-la pela razão nem pela autoridade (...) Mesmo os que consideravam favoravelmente a iniciativa de César não se controlavam. Encontrando a cada passo pessoas aflitas e inquietas nessa grande cidade, eles as insultavam com arrogância e as ameaçavam quanto a seu próprio futuro. Pompeu, já pessoalmente estupefato, estava perturbado também com o que ouvia de todos os lados. Segundo uns, ele era punido, com justiça, por ter protegido a carreira de César contra si mesmo e contra a República. Segundo outros, havia rejeitado as condições razoáveis que César propusera e entregara este último às injúrias ultrajosas de Lêntulo.

"Bate então com o pé no chão", diz-lhe Favônio, porque um dia Pompeu, jactando-se em pleno Senado, havia declarado aos senadores que eles não deviam se inquietar com nada, nem mesmo com preparativos de guerra: "Se César se puser em marcha, dissera, bastar-me-á bater com o pé no chão para encher de legiões a Itália". Essa frase infeliz é a de um fanfarrão, não de um homem político.

Pompeu, angustiado pelas falsas notícias que não cessam de chegar, como se César fosse senhor da Itália e estivesse às portas de Roma, decide fugir, clamando ao mesmo tempo, para ocultar a vergonha desse recuo, que os que preferem à tirania sua pátria e a liberdade devem segui-lo sem hesitar. O que fazem os cônsules, lançando-se rumo à Campânia, assim como a maior parte dos senadores que partem com seus bens mais preciosos amontoados em carroças. César, em *A Guerra civil*, zomba de Lêntulo, que, querendo levar consigo o tesouro da cidade, mas aterrorizado por um falso boato de que César se aproximava com a cavalaria, abandona Roma às pressas deixando o tesouro aberto.

Partidários de César perdem a cabeça no meio desse movimento de pânico e transformam-se eles também, sem razão, em fugitivos. Cícero, cujo conselho é muito importante, por ser muito representativo das opiniões da oligarquia senatorial, um dos sustentáculos emblemáticos de Pompeu, não é o último a deixar Roma e explica-se de uma maneira que seria engraçada se não fosse trágica e não revelasse a pusilanimidade de seu caráter: "Decidi partir antes do amanhecer", escreve ele a Ático. "Feixes coroados de louros chamam a atenção e dão o que falar." Isto merece uma explicação. Os lictores de Cícero portavam coroas de louros porque este, logo após seu governo na Cilícia, era *imperator* e aguardava seu dia de triunfo nos arredores de Roma. Assim, à noite, vergonhosamente, aquele que aspira ao triunfo foge para não se expor às zombarias. Na mesma carta, ele não esconde que perdeu completamente a serenidade, e, através de suas palavras, pode-se avaliar o medo dos homens que deveriam assumir as responsabilidades políticas mais elevadas e o estado de deliqüescência do poder:

> Não sei nem o que faço, nem o que farei na agitação onde me lança o espírito de vertigem que reina entre nós. Quanto a você, que conselho lhe darei, eu que apenas peço um? O que decidirá Pompeu? Quais são suas idéias? Não sei. Ele permanece enclausurado nas praças-fortes e numa espécie de estupor. (...) Até agora, ou eu mesmo digo disparates, ou todos os procedimentos dele são tolices e erros. Escreva-me, escreva-me sem parar, eu lhe peço, tudo o que lhe passar pela cabeça.

Alguns dias mais tarde, Cícero, que parece ter recuperado a razão, fala de uma "guerra civil [que] não é, de modo algum, uma guerra de opiniões entre os cidadãos; ela vem da audácia desenfreada de um só. Ele se vê senhor de um poderoso exército (...) quer tudo para si. Entregamos a ele, sem defesa, Roma e todas as suas riquezas". Quando está em Fórmias, portanto longe de Roma, apressa-se a criticar duramente César numa carta a Ático, dizendo que "cedemos ante um rebelde confesso, disposto a estrangular com suas mãos violentas a República". É impressionante o número de expressões como "que fazer? que partido tomar? como sair dessa insolúvel dificuldade?" que aparecem na correspondência de Cícero no ano 49. Ele quer sem descanso juntar-se a Pompeu e permanece imóvel, queixando-se a seus amigos: "Onde eu poderia estar em segurança? Onde encontrar Pompeu? Que caminho tomar? Minha cabeça não agüenta mais." De fato, ele perdeu completamente a cabeça por indecisão, porque busca o lado de quem tem chances de ganhar, num exemplo de oportunismo descarado, tentando simplesmente sentir de onde vem o vento. E pode-se apostar que seus colegas do Senado têm exatamente a mesma disposição de espírito, exceto aqueles, corajosos, que não abandonam nem abandonarão Pompeu.

César, a quem tudo parece favorecer, especialmente a tolice tática de Pompeu e de seus amigos, acolhe com pesar a defecção de seu ilustre auxiliar, Labieno, que fez com ele a campanha das Gálias e foi, entre outros, o vencedor dos parisienses de Lutécia, dirigidos pelo velho chefe gaulês Camulogenos. Labieno, que é qualificado por Cícero, numa carta a Ático, de "verdadeiro herói. Há muito não se fazia algo que fosse tão digno de um bom cidadão. Mesmo que tivesse apenas feito César sofrer, seria sempre isso". É pouco, evidentemente. Enquanto Curião, com três coortes, apodera-se de Iguvium (Gubbio), César marcha sobre Auximum (Osimo), que é facilmente tomada, tendo o defensor da cidade, Átio Varo, fugido sob a pressão dos decuriões que, nas palavras de César, afirmam que "não lhes cabe julgar a disputa presente, mas que nem eles próprios nem seus concidadãos podem aceitar que César, merecedor do respeito da República por tão belas ações, seja excluído da cidade e dos muros". Daí ele percorre a região de Picenum sem qualquer dificuldade, entra na cidade de Cingulum, na qual Labieno, justamente, fizera edificações, e marcha sobre Asculum, que Lêntulo Spínther, encarregado de defendê-la, abandona sem combater, seus regimentos tendo em parte desertado.

Domício Ahenobarbo, novo governador das Gálias, entrincheirou-se com um forte exército em Corfinium (Pentima) junto à via Valeriana que conduz do Adriático a Roma, estrada estratégica de uma importância capital. Os restos dos exércitos que fugiram diante de César vêm aumentar os efetivos de Ahenobarbo, que, em vez de juntar-se a Pompeu na Apúlia, conforme prometido, decide permanecer e resistir no local a César, que se aproxima e depara com cinco regimentos que procuram cortar uma ponte para impedir a passagem dos "cesarianos". A vanguarda de César põe em fuga os sapadores, que fogem para a cidade de Corfinium, cercada em seguida por César. Ahenobarbo envia alguns habitantes da região secretamente em embaixada, para solicitar um exército de apoio a Pompeu.

Marco Antônio é despachado por César à cidade de Sulmona, com cinco coortes da VIII legião, e os habitantes o acolhem com manifestações de alegria. Nesse meio-tempo, César fortifica seu acampamento de sitiante, faz vir trigo das cidades dos arredores e espera reforços, que chegam em três dias, entre os quais 22 coortes recentemente recrutadas na Gália e trezentos cavaleiros enviados pelo rei de Nórico (Baviera). Com Curião, ele cerca totalmente a cidade. Como Pompeu não respondeu a Ahenobarbo, este se vê abandonado a uma sorte pouco favorável e pensa em fugir. A decisão acaba sendo conhecida por seus soldados, que se reúnem para avaliar a situação dramática em que se encontram, com um chefe disposto a traí-los. Vigiam, então, e cercam a tenda de Ahenobarbo a fim de retê-lo, enviando mensageiros a César para assegurá-lo de que estão prontos a abrir-lhe as portas, a obedecer a suas ordens e a entregar-lhe pessoalmente Ahenobarbo.

Prudente, César agradece à delegação dos soldados de Corfinium mas não aceita, desconfiando de resistências possíveis e da pilhagem que a população da cidade poderia sofrer. Resolve, simplesmente, apertar o cerco. Lêntulo Spínther, que se acha em Corfinium, decide ir ao encontro de César, lembra-lhe sua antiga amizade e pede para poupar-lhe a vida. Magnânimo, César concede-lhe o indulto e permite-lhe que volte à cidade para testemunhar a todos e aos habitantes sua clemência. A cidade consente em capitular em 24 de janeiro de 49, e César convoca no dia seguinte todas as altas autoridades de Corfinium, pronuncia-lhes um discurso apaziguador sobre suas intenções e os manda de volta, livres, à sua cidade. O que Cícero comentará amargamente numa carta de fevereiro de 49 a Ático: "Não é deplorável que César tenha o nome de salvador de seus inimigos, e Pompeu, o de desertor de seus amigos?".

Daí por diante, levantado o ferrolho de Corfinium, César e suas legiões avançam sem encontrar resistência e, mais do que isso, em meio a aclamações. Cícero, que acompanha desde Fórmias os acontecimentos, está confuso e despeitado: "Veja os munícipes", escreve a Ático, "eles adoram César como um deus. (...) Todos procuram obter suas boas graças. (...) Cada cidade envia uma multidão ao encontro do vencedor! Que honras lhe prestam!" Enquanto isso, Pompeu retirou-se para Bríndisi, de onde sua intenção é partir para o Oriente a fim de afastar César de suas bases ocidentais. Este, feliz com a acolhida que recebe e com sua campanha militar que virou um verdadeiro passeio, chega rapidamente diante de Bríndisi, em 9 de março de 49, onde espera fazer o cerco e obter a rendição incondicional. Mas Pompeu já preparou sua partida, tendo apelado às províncias da Ásia e da Grécia, que o conhecem bem e logo lhe enviam contingentes armados e navios. Neles Pompeu faz embarcar seus principais partidários civis, como os cônsules e os senadores, dois tribunos do povo, mulheres e crianças, bem como trinta coortes, que partem rumo a Dirráquio (Dubrovnik). A seguir, Pompeu guarnece com trincheiras e paliçadas as entradas que conduzem ao porto, para que não possam atacá-lo quando estiver partindo. Manda murar as portas da cidade, armar barricadas nos cruzamentos, nas praças, e cavar fossos transversais nas ruas, onde são enterradas estacas pontiagudas ligeiramente cobertas de lama e terra.

César, que compreendeu que desta vez está sendo manejado, tenta ganhar tempo e envia um de seus oficiais, Canínio, a Escribônio Rebilo, um de seus ex-colegas de armas que se tornou partidário de Pompeu, para solicitar um encontro com este último. Pompeu se entrincheira atrás da legalidade, respondendo que não pode negociar com ninguém na ausência dos cônsules (que já estão viajando rumo à Macedônia). Assim, César é forçado a renunciar a seu projeto e retomar o curso da luta, que agora não lhe é favorável. De fato, Pompeu consegue embarcar à noite num navio e chegar são e salvo à Macedônia, deixando a César dois barcos carregados de soldados que se chocam contra a barreira que este tentou montar às pressas para impedir em vão a fuga de Pompeu e de uma grande parte de seu exército, em 17 de março de 49.

A tática de Pompeu é das mais claras e das mais engenhosas, ao menos intelectualmente: recrutar no Oriente numerosas tropas; fazer o bloqueio da Itália com sua frota, a fim de impedir o abastecimento da península e de Roma; provocar a fome, inclusive no exército de César; e apresentar-se como um salvador ao qual o conjunto dos romanos se aliariam, abandonando César e suas legiões à sua sorte, isto é, ao aniquilamento.

Cícero, mesmo sendo um prudente partidário de Pompeu, nunca se sabe, compreendeu muito bem, como todos os romanos, o plano do adversário principal de César e não o aprova. Inclusive está revoltado. Numa carta a Ático, escreve, inicialmente num tom brincalhão: "Você não ignora o quanto nosso caro Cneu [é o prenome de Pompeu] quer ser um segundo Sila". (Este voltou fortalecido do Oriente para massacrar, outrora, os partidários de Mário e governar Roma como um tirano.) "O propósito deles [dos pompeanos] é causar a fome em Roma e na Itália, para depois devastar e queimar tudo. E não terão escrúpulos em despojar os ricos. Mas tenho tantas obrigações para com Pompeu que não posso suportar ser-lhe ingrato." César, que percebeu bem a impopularidade do projeto de Pompeu e sabe que Cícero, como uma espécie de porta-voz da maioria romana, tampouco o aprova, dirige a este uma mensagem melíflua, como Cícero gosta de receber para se envaidecer: "Gostaria muito", escreve César entre outras coisas, "de encontrá-lo em breve em Roma, a fim de que eu possa, segundo meu velho hábito, recorrer em tudo a suas luzes e contar com todo o seu apoio". Alguns dias mais tarde, César encontra-o em Fórmias, mas Cícero, incapaz de escolher seu campo, não cede às lisonjas do homem que desafia a República e explica-se deste modo a Ático:

> Achei conveniente não ir a Roma. (...) Depois de muitos ditos e contraditos, César exclamou: "– Pois bem! Seja um mediador entre nós! – Terei liberdade de ação? – Não pretendo lhe ditar seu papel. – Então farei com que o Senado o impeça de passar à Espanha e de levar a guerra à Grécia. Tomarei sempre o partido de Pompeu. – Não, isto eu não quero. – Eu suspeitava. Sendo assim, não irei a Roma." (...) Em última análise, ele me implorou que eu refletisse. Queria, evidentemente, acabar com a discussão. Eu não

podia recusá-lo. Nesse ponto, separamo-nos. Acho que ele não está contente comigo. Em troca, estou muito satisfeito comigo mesmo, como há muito não me acontecia. Mas que comitiva a dele, bons deuses! É como você bem disse, um bando infernal! Que ninho de bandidos! Causa detestável! Infame partido!

Ao aceitar conversar com César, Cícero, apesar de suas invectivas epistolares, já deu um passo em direção a ele, e César não duvida de que não será o único a fazê-lo, quando os senadores se virem encurralados em Roma. Aliás, César dirige uma carta empolada de agradecimento a Cícero, dizendo-lhe em particular:

Estamos em marcha, as legiões tomaram a dianteira. Mas não quero deixar Fúrnio [um de seus delegados] partir sem enviar-lhe uma palavra de gratidão. Quanto não lhe devo? E quanto, estou certo disso, não lhe deverei ainda? Você faz tanto por mim! O que lhe peço, sobretudo, é que vá a Roma, onde estarei em breve, espero. Possa lá eu vê-lo e contar com suas luzes, seu crédito, sua posição, enfim, com tudo o que pode.

Carta que deve encher de vaidade o coração de Cícero e fazê-lo esquecer... que é um partidário de Pompeu. César compreendeu que a lisonja é uma arma e seguramente serve-se dela com outros personagens importantes em Roma. Na sua resposta, Cícero aceita por fim ser o mediador entre Pompeu e ele, mas nem ele nem César têm ilusões. Os acontecimentos andam mais depressa do que eles. César marcha então sobre Roma, onde espera entrar, diz-nos Cícero, em 1º de abril de 49, a fim de apresentar-se aos senadores no Campo de Marte, isto é, fora dos limites da cidade, como se respeitasse a legalidade, a de não entrar na cidade com suas legiões sem ter sido convidado.

Ele cumpre a palavra e apresenta-se aos senadores, pouco numerosos, que foram convocados por Marco Antônio e Longino, e, escreve o redator de *A guerra civil*, pronuncia-lhes este discurso em que recorda os fatos passados, apresentando-se como vítima perseguida:

Ele não solicitou nenhum favor extraordinário. Esperou o tempo prescrito para disputar o consulado, contentando-se em tomar os caminhos abertos a todos os cidadãos. Foi sustentado pelos dez tribunos do povo que, apesar de seus inimigos e da resistência de Catão, acostumado a perder tempo em vãs discussões, ordenaram que a justiça lhe fosse feita em sua ausência, sob o consulado mesmo de Pompeu. Se este último não aprovava o decreto, por que o deixou passar [o decreto que obrigava César a licenciar seu exército e apresentar-se em Roma sozinho]? Se o aprovava, por que impedir César de gozar da benevolência do povo? César falou de sua moderação: pediu espontaneamente que fossem licenciados os exércitos, ainda que isso pudesse prejudicar sua popularidade e sua honra. Mostrou a obstinação de seus inimigos, que exigiam dele uma coisa à qual não queriam se submeter, e que preferiam ver tudo em desordem a renunciar ao comando das tropas e ao poder. Apontou a injustiça com que lhe haviam tirado duas legiões, a crueldade e a insolência com que perseguiram os tribunos do povo, as ofertas que fizera, os encontros por ele solicitados e recusados. Em vista disso, conjurava os senadores a tomar em mãos a República e governá-la com ele. Se o temor os afastava, ele não os censuraria por isso e governaria sozinho a República. Cumpre enviar delegados a Pompeu para tratar de um acordo. César não tem as prevenções que Pompeu manifestou recentemente no Senado, dizendo que enviar delegados a um homem é reconhecer sua autoridade ou testemunhar que ele é temido. A seu ver, tais sentimentos são os de um espírito estreito e fraco. Quanto a ele, César, que buscou se distinguir por suas façanhas, o que ele quer, assim, é ultrapassar os outros em correção e em eqüidade.

Pronuncia o mesmo discurso ao povo que também acorre a ele, fora da cidade. Manda vir trigo das ilhas e promete 75 dracmas a cada cidadão, esperando assim atraí-los, e envia Q. Valério em missão à Sardenha, com uma legião; Curião à Sicília como protetor, com quatro legiões; e Tuberão à África, como havia prometido quando estava em Bríndisi.

Mas, após três dias de discussões, nenhum senador deseja enviar negociadores a Pompeu, este tendo declarado, segundo César, "que não faria qualquer distinção entre os cidadãos que ficassem em Roma e os que fossem ao acampamento de César".

Plutarco evoca então, e César não o faz, o nervo da guerra, isto é, o dinheiro.

> O tribuno Metelo quis impedi-lo de tomar dinheiro do tesouro público e alegou leis que o proibiam: "O tempo das armas", disse-lhe César, "não é o das leis. Se não aprovas o que quero fazer, retira-te: a guerra não tem necessidade alguma dessa liberdade de palavras. Quando o acordo for feito e eu tiver deposto as armas, poderás então discursar como quiseres. De resto", acrescentou, "quando te falo assim, não uso de todos os meus direitos. Pois vocês me pertencem, pelo direito de guerra, tu e todos os que se declararam contra mim e caíram em minhas mãos." Após essa lição dada a Metelo, ele avançou em direção às portas do tesouro. Como não encontrava as chaves, mandou chamar serralheiros e ordenou-lhes que abrissem as nove portas. Metelo quis ainda opor-se, e várias pessoas louvaram-no por sua firmeza. César elevou então o tom e ameaçou matá-lo se continuasse a ser importuno: "E sabes bem", acrescentou, "que para mim isso é mais difícil dizer do que fazer". Metelo retirou-se, assustado por tais palavras. E todos se apressaram a fornecer a César, sem mais dificuldades, todo o dinheiro de que ele necessitava para a guerra.

A seguir, depois de enviar Aristóbulo, um príncipe judeu, à Palestina, sua pátria, para que pudesse agir eventualmente contra Pompeu, César confia Roma e a Itália a Lépido e a Marco Antônio, e dirige-se pessoalmente à Espanha, que apoiava decididamente a posição de Pompeu, o que o fazia temer que a Gália fosse levada, por esse exemplo, a entrar em dissidência. De fato, as legiões de Pompeu achavam-se reunidas na Espanha, evidentemente longe de seu comandante, instalado na Macedônia. César, segundo relata Suetônio, disse a seus amigos: "Vou combater um exército sem general, para em seguida combater um general sem exército".

Cícero escreve então uma carta a Ático, em 14 de abril, de Como, em que fala mal de César, mas também de Pompeu, dizendo do primeiro que "o nome de tirano não lhe causa mais medo" e, do segundo, que "vai fazer guerra em terra e no mar, guerra justa, guerra santa, indispensável mesmo, mas que significará a destruição de Roma se for vencido e, se for vencedor, uma fonte de calamidades sem fim". Essa incapacidade de escolher, essa indecisão, muito significativa de uma classe política em via de decomposição, César as conhece e serve-se delas sem moderação. Marco Antônio e César pressionam então Cícero a não abandonar a Itália, pois seu exemplo poderia ser seguido, com prejuízo à causa de César. Cícero acaba por exclamar, numa carta a Ático datada de Como, em maio de 49: "Que fazer? Sou o mais infeliz dos homens e, ao mesmo tempo, o mais desonrado." Tem toda a razão. Mesmo assim, irá até o Épiro [Grécia] e o acampamento de Pompeu.

César costeia o Mediterrâneo para chegar à Espanha. Depara-se então com um imprevisto: Marselha, cidade grega que sempre mostrou uma benevolente neutralidade em relação a ele, especialmente durante a Guerra das Gálias, ousa fechar-lhe as portas. Furioso, César convoca uns quinze notáveis da cidade para pedir que mudem de atitude. Estes consultam a municipalidade e regressam à tenda de César para dizer-lhe que, "vendo o povo romano dividido em dois partidos, não são nem bastante esclarecidos nem bastante poderosos para decidir qual das duas causas é a mais justa; já que os chefes desses partidos, C. Pompeu e C. César, são ambos benfeitores da cidade, um tendo-lhes publicamente concedido as terras dos volscianos arecomicos e dos hélvios, enquanto o outro lhes permitiu, após conquistar as Gálias, aumentar o território e os rendimentos. Conseqüentemente, eles devem, por serviços iguais, testemunhar um reconhecimento igual, não servindo a um contra o outro e não recebendo qualquer dos dois em sua cidade e em seus portos". César, que relata esse discurso dos delegados marseleses, não tem então ilusões. A escolha deles está feita, e não é a seu favor. A verdade histórica é mais sutil. Com efeito, Pompeu "preparou" a cidade para uma aliança com ele, como lembra César, expedindo à cidade jovens marselheses de nobres famílias que provavelmente concluíam seus estudos em Roma, "exortando-os a não esquecerem seus antigos benefícios [Pompeu engrandecera essa Cidade-Estado no ano 69, ao dar-lhe todo o poder contra os hélvios e os volscianos de Nîmes]".

Domício, lugar-tenente de Pompeu, precedeu César ao entrar em Marselha com sete galeras e com a aprovação das autoridades dessa cidade, que conta com uma frota armada um pouco dispersa nos portos dos arredores. São barcos de todo tipo e às vezes em mau estado, mas os marselheses são bastante engenhosos para servir-se de alguns, utilizando seus pregos, madeiras e velas, para consertar e armar os que podem ainda enfrentar o mar, auxiliados nisso pelos álbicos, povo que habita as montanhas próximas, dos quais são aliados e que se transformaram, nessa circunstância, em carpinteiros e fabricantes de armas, ao mesmo tempo que requisitam trigo dos arredores e o acumulam nos celeiros da cidade.

Vexado, César faz o cerco de Marselha em junho de 49, com três legiões, monta em volta das muralhas torres e manteletes, faz equipar em Arles doze galeras que são terminadas em um mês e postas na água a alguma distância de Marselha. César passa o comando a D. Bruto e nomeia C. Trebônio à chefia das coortes destacadas das legiões, abandonando a cidade sitiada para ir à Espanha, a fim de obter pela força a capitulação dos exércitos de Pompeu, lá estacionados sem o chefe. O cerco de Marselha é marcado por numerosas batalhas navais entre a frota de Pompeu e a de César, enquanto os sitiados marselheses, que sabem combater, são bastante ardilosos para enganar por um falso armistício os romanos, a fim de melhor surpreendê-los. Assim impõem dificuldades aos sitiantes romanos comandados por Trebônio e a seus sapadores, fustigados a todo momento.

Embora combatendo com um afinco, uma abnegação e um patriotismo que César lhes reconhece, os marselheses são logo abandonados pelos marinheiros estrangeiros comandados por Nasídio e enviados por Pompeu, que não se sentem implicados nessa batalha, não precisando proteger sua cidade, nem seus bens, nem suas famílias, e, apesar da resistência e da valentia, são obrigados a reconhecer a derrota. Espera-se o retorno de César, que, durante toda a duração do cerco, guerreou na Espanha e, tendo vencido os exércitos de Pompeu depois de duros combates, chega a Marselha no final de outubro de 49. Seus habitantes, escreve César, "conforme as nossas ordens, trazem suas armas e suas máquinas, tiram do porto e do arsenal todos os seus navios e nos entregam todo o tesouro municipal". César não ordena a pilhagem da cidade, "por consideração", escreve, "à sua antigüidade e a seu renome". Deixando lá duas legiões, envia as outras à Itália e parte em seguida para Roma, onde M. Emílio Lépido, pretor, acaba de pedir ao povo para eleger César ditador, o que é feito. César pode considerar-se satisfeito com essa solução política que o torna senhor de Roma por seis meses.

Mas essa satisfação é acompanhada de uma desilusão. Ele terá de enfrentar um motim de alguns elementos de suas legiões, lideradas pela IX legião em Placência [Itália], no final do outono de 49. Os legionários, submetidos a duras provas na Espanha, acabam de saber que serão enviados a Bríndisi, seguramente para serem embarcados numa campanha contra Pompeu, no Oriente. É demais. Eles se insubordinam e se entregam a pilhagens e roubos, uma prática de guerra que César há muito lhes proibiu e que os deixa frustrados. A situação é grave, pois César, sem suas legiões, não é mais César. Assim ele se desvia da marcha sobre Roma para interpelar os motins e seus líderes. A acreditarmos em Díon Cássio, César joga habilmente com o sentimento de fidelidade que lhe devem as legiões que ele conduziu à vitória, enquanto exprime a tristeza e o desejo de punir de uma maneira feroz, por sentir-se traído. Ele fala como um chefe, com firmeza, com palavras que podemos encontrar nos oficiais de todas as nações e em todos os tempos quando confrontados ao problema do motim, e que sempre desenvolvem o tema e as variações da famosa fórmula universal: a disciplina faz a força das armas. Exprime-se igualmente como filósofo que aprendeu a refletir sobre as motivações humanas e que domina bem a dialética e a retórica filosófica e epicuriana aprendidas nas escolas de Rodes. Eis alguns trechos desse discurso:

> Soldados, quero ser amado por vocês. Mas eu não poderia tolerar-lhes as faltas para ter essa afeição. Quero bem a vocês e desejo, como um pai a seus filhos, que escapem de todos os perigos e cheguem à prosperidade e à glória. Mas não pensem que quem ama deve permitir aos que ele ama cometer faltas que inevitavelmente lhes acarretam perigos e vergonha. Ao contrário, deve formá-los para o bem e desviá-los do mal, por seus conselhos e castigos.
> Vocês reconhecerão a verdade de minhas palavras se não consideram como útil o proveito momentâneo, mas sim o que proporciona vantagens permanentes, se não arriscam a honra satisfazendo suas paixões, mas sim dominando-as. Pois é vergonhoso buscar prazeres seguidos de remorso, e desonroso ser subjugado pela volúpia após ter vencido os inimigos no campo de batalha.
> Nenhuma associação pode se formar nem se manter entre os homens, se os maus elementos não são contidos. Então, como acontece no corpo, a parte doente corrompe o resto, se não for curada. O mesmo acontece nos exércitos: os rebeldes, sentindo que têm força, tornam-se mais audaciosos. Transmitem seu mau espírito aos bons e paralisam-lhes o zelo. (...) Portanto, se realmente amam a virtude, vocês devem detestar os rebeldes como inimigos. (...)
> E não se julguem superiores, por estarem sob as bandeiras, àqueles seus concidadãos que estão em seus lares: tanto eles como vocês são romanos. Como vocês, eles fizeram a guerra e a farão. Não julguem ter o direito de fazer mal aos outros porque dispõem de armas. (...) Eu quis colocá-los em condições de entender o que digo e de compreender o que faço. Vocês nada têm em comum com os rebeldes e eu os felicito. Mas vejam como um pequeno número de homens, não contentes por não terem sido punidos, embora culpados, ousam nos ameaçar. (...) Perguntem qual seria o estado de uma casa onde os jovens desprezassem os velhos, o estado das escolas se os discípulos não respeitassem os

mestres. Como poderiam os doentes recobrar a saúde, se não obedecessem aos médicos? Que segurança teriam os que navegam, se os marujos não escutassem os pilotos? A natureza estabeleceu duas leis necessárias à salvação dos homens: uns devem comandar, os outros, obedecer. (...)
Sendo assim, a coerção nunca me fará conceder nada a soldados revoltados. A violência nunca me fará curvar. De que serve ser descendente de Enéias e de Júlio [Ascânio, filho de Enéias]? De que serve ter sido pretor e cônsul? Ter levado para longe dos lares vários de vocês e alistado mais tarde outros por novos recrutamentos? De que serve estar investido já há tanto tempo do poder proconsular, se devo ser escravo de algum de vocês, se cedo aqui, na Itália, não longe de Roma, eu que os conduzi à conquista da Gália e à vitória sobre os bretões? Que temor, que apreensão poderia reduzir-me a isso? Seria o medo de ser morto por algum de vocês? Mas, se todos quisessem acabar comigo, eu preferiria morrer a destruir a majestade do comando e abjurar os sentimentos que a dignidade de que estou revestido exige. A morte de um homem morto injustamente tem conseqüências menos perigosas para um Estado do que o hábito, contraído pelos soldados, de comandar seus chefes e usurpar a autoridade das leis.

Suetônio, que observa, por sua vez, que César nunca fora confrontado à menor sedição, evoca o castigo terrível infligido à IX legião, o da decimação [ou dizimação], isto é, a execução de um legionário em cada dez, a partir de um sorteio. Mas Díon Cássio mostra que César manipulou o sorteio e infligiu o castigo aos mais culpados pelos motins, antes de licenciar essa legião rebelde. "Foi somente com muita dificuldade, e atendendo a numerosas e prementes súplicas, que ele consentiu em restabelecê-la em seus direitos e em seus deveres."

Vitória de César sobre Pompeu

Tendo conseguido frustrar o motim antes que ele tomasse uma dimensão incontrolável, César retoma o caminho para Roma, onde chega ornado de todos os poderes de um ditador, título que Lépido lhe fez conceder. Ele é um político bastante fino, sobretudo após o incidente de Placência, para não aumentar o rancor dos adversários, que ele chama de volta, sem contrapartida, de seu exílio voluntário, com exceção de Mílon, que vive em Marselha e não quer voltar. Ele reorganiza a administração, um tanto flutuante após a partida dos adversários, a ponto de os tribunos do povo terem tido que exercer as funções de edil. Substitui os pontífices falecidos. Dá o direito de cidadania aos gauleses da Cisalpina transpadana, porque os havia comandado. Depois, segundo o costume, renuncia após seis meses ao título de ditador, mas conserva todas as suas prerrogativas, já que os senadores estão dispersos e os poderes públicos carecem de eficácia com o exílio dos funcionários da administração da República.

Ele resolve o problema das inúmeras dívidas que os credores reclamam, logo após as guerras e conquistas que obrigaram as autoridades civis e militares a pedir empréstimos. Os usurários mostram-se intransigentes, mas os devedores estão sem dinheiro, numa situação econômica e social catastrófica, como toda guerra civil provoca. Ainda que os tribunos do povo tenham tentado fixar os juros numa taxa moderada, os endividados são cada vez mais numerosos. César, que conhecia desde as origens de sua carreira o peso das dívidas e tentara melhorar, durante seu consulado em 59, a insuportável situação dos devedores, dá um novo vigor à sua reforma. Ataca também, como bom revolucionário – pois César está longe de ser um conservador –, os açambarcadores e aproveitadores de toda situação financeira malsã e proíbe que os cidadãos possuam mais de quinze mil dracmas de prata ou de ouro. Esse decreto faz com que os ricos se descubram e paguem às vezes aos credores somas que diziam antes não possuir.

Em *A guerra civil*, César insiste nessas medidas de apaziguamento e de salvação pública. "Atendendo ao pedido feito pelos pretores e pelos tribunos, ele restabelece em seus bens vários cidadãos condenados por conjuração quando Pompeu se achava em Roma com suas legiões." Abandona a ditadura, mas é imediatamente eleito, pelos comícios que convocou, ao consulado para o ano 48, juntamente com Público Servílio, para mostrar claramente que deve seu poder ao povo. Coloca nas províncias homens de sua confiança, especialmente na Sicília, na Transalpina, na Cisalpina e na Espanha.

César toma essas medidas numa quinzena de dias, sabendo que a rapidez das decisões, tanto no domínio civil como no militar, é sempre uma prova de sucesso e serve à sua popularidade. Assiste às festas latinas antes de se dirigir a Bríndisi com suas legiões, no final do outono de 49. Muito preocupado e mesmo meticuloso com as revelações dos deuses, ele que é grande pontífice, alegra-se em saber, segundo nos informa Díon Cássio, que, durante todos os preparativos militares aos quais se dedica, vários prodígios ocorrem em Roma e lhe são favoráveis.

> Um gavião deixou cair no Fórum um ramo de louro sobre um dos que estavam colocados ao lado dele. Depois, no momento em que era oferecido um sacrifício à deusa Fortuna, o touro escapou antes de ser abatido pelo sacrificador, saiu de Roma e, tendo chegado à beira de um pântano, o cruzou a nado. Esses presságios aumentaram sua confiança e ele apressou a partida, estimulado pelos adivinhos que anunciavam que ele encontraria a morte em Roma se ficasse, ao passo que sua salvação estaria assegurada e obteria a vitória se cruzasse o mar.

Mesmo as crianças não são esquecidas, pois, tendo César partido, reúnem-se em bandos rivais que brincam de guerra entre si, uns partidários de Pompeu, outros de César, e são os cesarianos que obtêm a vitória!

A pressa de César em deixar Roma é legítima. Em Tessalônica, Pompeu, desde cerca de um ano, prepara suas legiões ao combate. Plutarco, em seu *Pompeu*, insiste sobre o valor desse exército:

> Pompeu reunira forças consideráveis. Sua frota podia ser considerada como realmente invencível. Compunha-se de quinhentos navios e de um número mais considerável ainda de bergantins e embarcações ligeiras. Sua cavalaria era a flor de Roma e da Itália: sete mil cavaleiros, todos distinguidos pelo nascimento e pelas riquezas, como também pela coragem. Sua infantaria, formada de soldados reunidos de várias partes, tinha necessidade de ser disciplinada: ele a exercitou sem descanso durante sua temporada em Bérua [cidade da Macedônia ao pé do monte Bérnio]; e ele próprio, sempre ativo, como um homem no vigor da idade, entregava-se aos mesmos exercícios que os soldados. Para o exército era um grande encorajamento ver o grande Pompeu, com 58 anos, lutar a pé, completamente armado, depois montar a cavalo, sacar facilmente a espada enquanto corria a toda brida e colocá-la de volta na bainha com a mesma facilidade. Enfim, lançar o dardo, não apenas com precisão, mas também com uma força e a uma distância que a maior parte dos jovens não ultrapassava.

"Cada dia", acrescenta Plutarco, "chegavam ao acampamento de Pompeu reis e príncipes de todas as nações, e os capitães romanos que cercavam Pompeu eram em tão grande número como se formassem um Senado completo." Em contrapartida, os duzentos senadores que o acompanharam são incapazes de se entender para proclamar um verdadeiro governo no exílio. Sempre segundo Plutarco em seu *Pompeu*, "uma única medida astuciosa e popular, proposta por Catão, é tomada: que não se faria morrer nenhum cidadão romano a não ser em combate, e que nenhuma das cidades submetidas a Roma seria saqueada. Eles conservam seus cônsules do ano precedente", e, segundo Díon Cássio, "uns foram chamados procônsules, outros, propretores ou proquestores. Pois, embora tivessem pegado em armas e deixado a pátria, eles respeitavam de tal modo os costumes de seu país que os cumpriam à risca, mesmo quando era o caso de adotar medidas imperiosamente reclamadas pelas circunstâncias".

César, por seu lado, certamente mostrou indulgência ao mandar de volta a seus lares os oficiais do exército de Pompeu e ao integrar no próprio exército seus soldados. Mas ele se acha numa posição de fraqueza frente a Pompeu, com um exército ainda mais heterogêneo do que o do adversário. Deve atravessar o mar e efetuar um desembarque, o que estrategicamente não é a posição mais confortável.

> Ao chegar a Bríndisi, conta o próprio César em *A guerra civil*, César fez um discurso aos soldados. Disse-lhes que, "como eles chegavam ao limite de seus trabalhos e de seus perigos, não lhes devia custar deixar na Itália os escravos e as bagagens; que embarcariam com o mínimo de estorvo e em maior número; e que podiam contar com a vitória e com sua liberalidade". Todos responderam que ele ordenasse o que quisesse, eles obedeceriam de boa vontade. Assim, no dia seguinte, o quarto de janeiro, ele levantou âncora com sete legiões. No outro dia, tocou em terra. Encontrou, entre os rochedos dos montes Ciraunianos e outros locais perigosos, uma enseada bastante segura. E, não ousando entrar em porto algum, porque os supunha todos ocupados pelo inimigo, desembarcou as tropas nesse lugar, chamado Farsália: não havia perdido um único navio.

A façanha de César é dupla: ele não esbarrou na frota de Pompeu e, principalmente, teve a audácia de navegar no inverno, o que o adversário não imaginava. Ele ocupa rapidamente o Épiro do norte, no começo de janeiro de 48, e toma quatro cidadelas, aliadas a Pompeu. Mas deixou o grosso das tropas na Itália, sob o comando de Marco Antônio, e não pode tomar a ofensiva. Assim, manda de volta seus navios à Itália para trazerem o exército de apoio. Os soldados que haviam ficado na península, segundo relata Plutarco em seu *César*, resmungam, queixam-se dos riscos que correrão navegando em pleno inverno, o que contraria as leis da natureza e os deuses que as governam. Mas ao constatarem, quando chegam a Bríndisi, que César partiu, passam a ter pressa de juntar-se a ele e esperam impacientemente os barcos que os levarão às costas do Épiro.

César também os espera, inquieta-se com a falta de notícias. Então se lança, aos 53 anos de idade, numa aventura perigosa que bem mostra o homem de caráter e de sangue-frio que ele nunca deixou de ser. Plutarco, em seu *César*, faz o relato desse alto feito:

> César tomou a resolução arriscada de embarcar sozinho, sem ninguém saber, num barco de doze remos, com destino a Bríndisi, embora o mar estivesse coberto de naus inimigas. Ao anoitecer, disfarçado de escravo, sobe no barco, permanece num canto como um passageiro qualquer e sem pronunciar uma palavra. O barco descia o rio Aóo, não longe de Apolônia, a caminho do mar. A foz do rio era geralmente tranqüila, porque uma brisa da terra, que soprava todas as manhãs, afastava as ondas e as impedia de entrar no rio. Mas naquela noite elevou-se de repente um vento do mar tão violento que fez recuar a brisa da terra. O rio, agitado pelo redemoinho do mar e pela resistência das ondas que lutavam contra a corrente, tornou-se perigoso e terrível: suas águas, rechaçadas violentamente a montante, rodopiavam com terrível rapidez e pavorosos bramidos. O piloto não conseguia dominar as águas. Ordenou aos marujos que girassem a proa e subissem de volta o rio. Ao ouvir essa ordem, César fez-se conhecer e, tomando a mão do piloto, estupefato com essa presença, disse-lhe: "Vamos, meu bravo, continua teu caminho e nada temas. Levas César em teu barco e a fortuna de César." Os marujos esquecem a tempestade, remam novamente com todo o ardor para superar a violência das ondas. Mas os esforços são inúteis. Como entrava água por todos os lados e o barco estava prestes a afundar na embocadura do rio, César autorizou o piloto, a contragosto, que fizesse o caminho de volta e retornou ao acampamento.

Ele deverá aguardar ainda algum tempo a chegada dos exércitos tão esperados de Marco Antônio, na primavera de 48.

Começa então um confronto, em abril de 48, entre os exércitos de Pompeu, bem repousados e entrincheirados numa colina em Dirráquio (Dubrovnik), e os de César, pouco numerosos e submetidos a longas provações. César lança-se em enormes trabalhos para cercar a colina, mas sem conseguir atacar o adversário. No entanto força os pompeanos, reduzidos à fome, a deixar em seu reduto. Estes conseguem passar por uma falha no dispositivo do cerco em meados de julho de 48. Pompeu salvou seu exército e César o obrigou a fugir. Os dois comandantes proclamam-se vitoriosos, mas nenhum o é realmente. Apenas neutralizaram-se por um momento. Passa-se um mês, durante o qual os dois exércitos se procuram, lançam-se à perseguição um do outro, para acabarem se defrontando em Farsália. Os dois comandantes avaliam-se, fingem querer enviar porta-vozes para não aparecerem, um ou outro, como provocadores da guerra. Mas estão firmemente decididos a combater.

A esse respeito, Díon Cássio escreve:

> César e Pompeu eram vistos como os generais mais hábeis e os mais ilustres, não apenas entre os romanos como também entre todos os homens de seu tempo. Treinados no ofício das armas desde a infância, tinham vivido em meio a combates e conquistado a glória. Dotados de grande coragem, protegidos por uma boa fortuna, eram igualmente dignos de comandar exércitos e obter vitórias. Sob as insígnias de César marchava a parte mais numerosa e mais notável das legiões, a flor da Itália, da Espanha e de toda a Gália, e os homens mais belicosos das ilhas que ele conquistara.

Pompeu possui certamente um exército bem mais poderoso, melhor armado pelas doações dos pequenos reis da Europa central, "mas a bravura restabelecia o equilíbrio em favor do exército de César. Assim as vantagens contrabalançavam-se de parte a parte, e os dois exércitos marchavam para o combate com as mesmas chances de vitória e de derrota".

Pouco antes da batalha, César, que sabia lembrar, em circunstâncias capitais, que seu sangue provinha do sangue divino e que tinha uma ligação secreta e privilegiada com os deuses, fez, segundo Plutarco,

> um sacrifício para purificar o exército. Após a imolação da primeira vítima, o adivinho anunciou-lhe que em três dias o

inimigo seria vencido num combate. César perguntou-lhe se percebia nas entranhas sagradas alguns sinais favoráveis: "Tu responderás a essa pergunta melhor do que eu", disse o adivinho. "Os deuses fazem-me ver uma grande revolução, uma mudança geral do estado presente num estado completamente contrário. Portanto, se te crês preparado para o melhor, conta com um pior destino. Mas, se consideras tua posição incômoda, espera uma melhor sorte." Na véspera da batalha, enquanto ele visitava a guarda, percebeu-se à meia-noite um rasto de fogo no céu, o qual, passando por cima do acampamento de César, transformou-se de repente numa chama forte e brilhante e foi cair no acampamento de Pompeu. Quando foi feita a substituição da guarda ao amanhecer, soube-se que um grande pânico havia se espalhado entre os inimigos.

A batalha começa na aurora e por muito tempo é incerta, os dois lados combatendo com temeridade. Mas César consegue conter e depois massacrar a cavalaria de Pompeu que deveria ser o elemento decisivo, antes de despedaçar a infantaria do inimigo. Pompeu é vencido; arrasado, ele sai de seu torpor quando vê os legionários de César começarem a atacar seu acampamento, exclamando então, incrédulo e aniquilado: "O quê! Até no meu acampamento!" Rapidamente se desfaz do uniforme militar e veste um traje civil para poder fugir sem ser reconhecido: em 9 de agosto de 48, a Batalha de Farsália entrava para a História. A derrota para Pompeu é total: ele perdeu a metade dos homens, a outra metade é prisioneira de César, e seu braço direito, o procônsul Ahenobarbo, foi morto. Nas palavras de César:

> Pompeu escapou pela porta decúmana* e correu a toda brida até Larissa. Não se deteve e, reunindo-se na mesma celeridade com alguns fugitivos, correu a noite toda, acompanhado de uns trinta cavaleiros, chegou ao mar e subiu a bordo de um navio de transporte.

---

*Caminho ou via secundária de cidade ou acampamento romano, aberto no sentido leste-oeste. (N.T.)

Plutarco, em seu *César*, afirma que

> uma série de presságios anunciara a vitória. O mais notável é o que ocorreu em Trales [cidade da Ásia Menor, na Lídia]. Havia, no templo da Vitória, uma estátua de César. O solo em volta era formado de uma terra naturalmente dura e, além disso, coberta por uma pedra mais dura ainda. No entanto, dizem, desse solo elevou-se uma palmeira junto ao pedestal da estátua. Em Pádua, Caio Cornélio, homem hábil na arte dos augúrios, compatriota e amigo de Tito Lívio, contemplava naquele dia o vôo das aves. Soube então, segundo Tito Lívio, que a batalha se desenrolava naquele momento mesmo; e disse aos que estavam presentes que o caso ia se resolver e que os dois generais se combatiam. Depois, voltando a suas observações e tendo examinado os sinais, levantou-se com entusiasmo e exclamou: "Vences, ó César!". E, como os assistentes estivessem espantados com essa profecia, ele tirou a coroa que trazia na cabeça e jurou que só a poria de volta quando o acontecimento tivesse justificado sua predição. Eis aí, segundo Tito Lívio, como a coisa se passou. [Essa passagem de Tito Lívio relatada por Plutarco está hoje perdida.]

Mais uma vez, César testemunhou suas notáveis qualidades de chefe de guerra e sua ascendência sobre os soldados que o seguem sem protestar. Excetuada a revolta mencionada mais acima, Suetônio escreve:

> Durante uma guerra tão longa, nenhum soldado o abandonou. Houve mesmo um grande número deles que, feitos prisioneiros pelo inimigo, recusaram a vida que lhe ofereciam com a condição de pegar em armas contra ele. Sitiados ou sitiantes, suportavam tão pacientemente a fome e outras privações que Pompeu, tendo visto no cerco de Dirráquio a espécie de pão grosseiro de que se alimentavam, disse "que estava lidando com animais selvagens", e o fez desaparecer em seguida, sem mostrá-lo a ninguém, para que esse testemunho da paciência e da obstinação dos inimigos não desencorajasse seu exército. Uma prova dessa indomável coragem é que, após um único revés sofrido perto

de Dirráquio, eles pediram para serem castigados, e César teve de consolá-los em vez de puni-los.

Nas outras batalhas, eles venceram facilmente, apesar da inferioridade numérica, as inúmeras tropas que enfrentavam. Uma única coorte da sexta legião, encarregada da defesa de um pequeno forte, resistiu por algum tempo ao ataque de quatro legiões de Pompeu e pereceu quase inteiramente sob uma multidão de dardos: foram encontradas no recinto do forte 130 mil flechas. Tamanha bravura não surpreenderá, se considerarmos separadamente as façanhas de alguns deles: citarei apenas o centurião Cássio Sceva e o soldado C. Acílio. Sceva, mesmo com um olho vazado, a coxa e o ombro atravessados por flechas, o escudo atingido por centenas de golpes, permaneceu firme à porta de um forte cuja guarda lhe confiaram. Acílio, num combate naval perto de Marselha, imitou o memorável exemplo dado entre os gregos por Cinegiro: pegou com a mão direita o borda de uma nave inimiga e ela lhe foi cortada. Mesmo assim saltou para dentro da nave e a golpes de escudo fez recuar todos os que opunham resistência.

Enquanto isso, Cícero voltou a Bríndisi, onde se submete como que a uma prisão domiciliar por César e Marco Antônio, e passa o tempo a escrever cartas lamentosas aos amigos, cheias de lágrimas, suspiros e impotência. Sua única esperança é tornar-se o homem providencial que restabelecerá a paz civil negociando com César. O que é uma utopia. Ele estará de volta a Roma no final do ano 47.

César lança-se ao encalço de Pompeu, "para impedi-lo", como escreve, "de recrutar novas tropas e recomeçar a guerra. Com essa finalidade, fazia diariamente longas marchas forçadas com sua cavalaria. Uma legião tinha ordens de acompanhá-lo a passo mais lento. (...) Pompeu, com seus amigos, sabendo da aproximação de César, junta o dinheiro de que necessita" e toma um navio para o Oriente, onde desembarca no porto de Mitilene, para lá juntar-se ao filho e à esposa, Cornélia. Depois, costeia a Ásia Menor, desce até Ataléia, na Panfília, defronte a Chipre. Instalado algum tempo nessa cidade, cercado de alguns fiéis que lhe dão conselhos contraditórios, busca saber que país e que soberano seriam capazes de acolhê-lo. Pensa no reino dos partos, inimigo hereditário de Roma, e por essa razão, moralmente, não pode se decidir; depois, na Mauritânia do rei Juba; por fim, decide-se pelo Egito, onde reina Ptolomeu XIV, irmão de Cleópatra e com apenas treze anos de idade. Fazendo escala em Chipre, parte em seguida com a esposa numa trirreme da Seleucia, seguido por sua guarda e por amigos que embarcam em naves longas ou em navios mercantes. Atinge as costas do Egito sem obstáculos, em Pelúsio. Sob a influência de seu ministro, o eunuco Potino, o rei do Egito lançara, por sua vez, numa guerra civil contra a irmã. Instalado em Alexandria, ele discute com seus ministros o pedido feito por Pompeu de conceder-lhe a hospitalidade. Plutarco, em seu *Pompeu*, tira a conclusão desse debate. O mestre de retórica Teodoto de Quios, um dos conselheiros de Ptolomeu, é seu porta-voz: "Acolher Pompeu é tomar César como inimigo e Pompeu como mestre. Mas, se o mandarmos embora, ele poderá vingar-se um dia por ter sido expulso, e César também, por ter sido obrigado a persegui-lo. O melhor partido, pois, é recebê-lo e fazê-lo perecer. Com isso teremos a gratidão de César sem precisar temer Pompeu." E acrescentou, sorrindo: "Um morto não morde!".

A seqüência, dramática, é contada por Plutarco em seu *Pompeu*, mostrando-lhe ao mesmo tempo a grandeza e o horror (César fez o mesmo, porém com mais sobriedade):

> Aquilas [um dos conselheiros de Ptolomeu] foi encarregado da execução. Ele toma consigo dois romanos, Septímio e Sálvio, que outrora haviam sido, um, chefe de bando, o outro, centurião sob Pompeu. Junta-lhes três ou quatro escravos e dirige-se a remo, com essa comitiva, até a embarcação de Pompeu. Os principais companheiros de viagem de Pompeu haviam se reunido para ver como seria recebido o pedido de seu comandante-chefe caído em desgraça. Quando, em vez de uma recepção real ou pelo menos magnífica (...) avistaram só um pequeno número de homens que avançava num barco de pesca, essa embaixada miserável lhes pareceu suspeita e eles aconselharam Pompeu a ganhar o largo enquanto ainda estavam fora do alcance das flechas. O barco

se aproximava e Septímio, o primeiro a se levantar, saudou Pompeu em latim com o título de *imperator*. Aquilas saudou-o em grego e convidou-o a passar ao barco, alegando os baixios da costa e a grande quantidade de bancos de areia: segundo ele, não havia profundidade suficiente para uma trirreme passar. Ao mesmo tempo, viam-se naves do rei equipadas e soldados na praia. Assim a fuga era impossível, mesmo que Pompeu tivesse mudado de idéia. Mostrar desconfiança era fornecer aos assassinos o pretexto do crime. Pompeu beija Cornélia, que já o chorava como um homem morto, e ordena a dois centuriões de sua comitiva, Felipe, um de seus alforriados, e um escravo chamado Cites, subirem antes dele no barco. Quando Aquilas estendeu-lhe a mão por cima do barco, ele virou-se para a mulher e o filho e pronunciou estes versos de Sófocles:

Todo homem que entra na casa de um tirano
Torna-se seu escravo, embora tenha vindo livre.

Foram as últimas palavras que disse aos seus, para depois entrar no barco.
A distância era longa, entre a trirreme e a praia: vendo que, durante o trajeto, nenhum dos que estavam com ele dirigia-lhe uma palavra afetuosa, Pompeu pôs os olhos em Septímio: "Meu amigo, posso estar enganado, mas não fizeste a guerra comigo?". Septímio respondeu afirmativamente com um simples gesto de cabeça, sem dizer uma só palavra, sem mostrar a Pompeu qualquer interesse. Fez-se novamente um silêncio profundo. Pompeu pegou as tabuinhas em que escrevera um discurso em grego que pretendia fazer a Ptolomeu e pôs-se a ler esse discurso. Quando estavam perto da praia, Cornélia, tomada de grande inquietude, observava com os amigos o que ia acontecer. Ela começava a se tranqüilizar ao ver que vários cortesões do rei tinham vindo assistir ao desembarque, como para honrar Pompeu e recebê-lo. Nesse momento, Pompeu toma a mão de Filipe para levantar-se mais facilmente. Septímio desfere-lhe então um primeiro golpe de espada por trás, depois Sálvio e Aquilas sacam também as espadas. Tomando a toga com as mãos, Pompeu cobre o rosto e entrega-se aos golpes, sem nada dizer, sem nada fazer de indigno dele, e morre

lançando um simples suspiro. Tinha 58 anos de idade.
À visão desse crime, prossegue Plutarco sempre em seu *Pompeu*, os que estavam nos navios lançaram gritos terríveis que chegaram até a praia. Apressaram-se a levantar âncora e a fugir, favorecidos por um vento de popa. Assim os egípcios que se dispunham a persegui-los desistiram desse propósito. Os assassinos cortaram a cabeça de Pompeu e jogaram em cima do barco seu corpo nu, deixado exposto aos olhares dos que quisessem fartar-se com essa visão.

Felipe lava depois o corpo na água do mar, envolve-o numa túnica e junta na praia os restos de um barco pesqueiro, suficientes para acender uma fogueira. Ali coloca o corpo de Pompeu e ateia fogo.

Nesse meio-tempo, César chega à Ásia, passa pela Tróade, para visitar um lugar onde seu antepassado Anquises, auxiliado por Vênus, que lhe deu Enéias, combateu. O poeta latino Lucano atribuiu-lhe palavras de prece e de ação de graças em *A farsália*, quando despeja incenso sobre a chama de um altar improvisado:

> Deuses das cinzas de Tróia, quem quer que sejais que habitais em meio a essas ruínas! E vós, antepassados de Enéias e meus antepassados, cujos Lares são hoje reverenciados em Alba e em Lavinium, e cujos fogos trazidos da Frígia ardem ainda em nossos altares! E tu, Palas, cuja estátua que homem algum jamais viu é conservada em Roma no lugar mais sagrado do templo, como prova solene da duração de nosso império; um ilustre descendente de Júlio [filho de Enéias] faz queimar o incenso em vossos altares e vos invoca nesta terra, vossa antiga pátria. Concedei-me o êxito no restante de meus trabalhos: restabelecerei este reino e o farei florescer. A Ausônia* agradecida reerguerá os muros das cidades da Frígia, e Tróia, desta vez filha de Roma, renascerá de suas ruínas.

Ele torna a partir para Éfeso, onde entra em seguida para proteger o tesouro dessa cidade do qual os pompeanos quiseram se apoderar. Em toda a região fala-se de prodígios

---

*Nome dado pelos poetas a toda a Itália. (N.T.)

que Plutarco relatou com parcimônia, mas que César, em sua *Guerra civil*, desenvolveu mais amplamente, sempre muito interessado na ligação privilegiada com os deuses que lhe serve de propaganda.

> Asseguravam então, ele escreve, segundo os cálculos mais exatos, que no templo de Minerva na Élida [região da Grécia], no dia mesmo em que César vencera em Farsália, a estátua da Vitória, colocada defronte à de Minerva, havia se virado para as portas do templo. No mesmo dia, em Antioquia, na Síria, fora ouvido por duas vezes um tal clamor de trombetas e gritos de guerra que toda a cidade se armou e correu para as muralhas.

César logo abandona Éfeso, arma dez galeras em Rodes e parte para Alexandria com duas legiões e oitocentos cavalos. Assim que desembarca nessa cidade, em 2 de outubro, onde se fizera preceder por lictores como um procônsul conquistador, é mal acolhido, ao mesmo tempo em que fica sabendo da morte de Pompeu.

Teodoto avança em pleno mar. Traz a cabeça de Pompeu coberta de um véu, faz um discurso hipócrita para justificar o crime, depois descobre e apresenta a César a cabeça de Pompeu.

> A morte já havia alterado seus traços, escreve Lucano em *A farsália*. César teve dificuldade de reconhecê-lo. Não foi à primeira vista que rejeitou esse horrível presente e desviou o olhar: seus olhos fixaram-se para se certificar, mas quando constatou o crime e pôde, sem perigo, mostrar-se sensível e generoso, derramou algumas lágrimas que a dor não fazia correr; e, do fundo de um coração satisfeito, fez sair queixas simuladas.

Dirigindo-se a Teodoto, ele exclama:

> Tirais de mim o único mérito, a única vantagem da guerra civil, a de salvar os vencidos. Se a irmã de Ptolomeu não lhe fosse odiosa, eu daria a ele o que merece: enviar-lhe-ia em troca a cabeça de Cleópatra. Quem permitiu que ele misturasse minhas vitórias a traições e assassinatos? Foi

para dar-lhe sobre nós o direito da espada que combatemos em Tessália? Acaso o tornamos árbitro de nossas vidas? Esse poder que eu não quis partilhar com Pompeu, aceitarei que Ptolomeu ouse exercê-lo comigo? Em vão tantos povos armados teriam entrado em nossas disputas se houvesse no universo outro poder além de César, e se a terra tivesse dois senhores. A partir de agora abandono esta praia que detesto, sem o cuidado de meu renome que me proíbe deixar supor que vos evito mais por temor do que por indignação. (...) No entanto, aceito perdoar sua idade e não punir a fraqueza do crime que lhe sugeriram. Mas que ele saiba que o perdão é tudo que pode esperar. Quanto a vós, elevai uma fogueira onde a cabeça desse herói seja consumida; não para que vosso crime fique sepultado para sempre, mas para apaziguar sua sombra. Honrai com incenso e votos o túmulo digno dele; recolhei suas cinzas dispersas nesta praia e dai um abrigo a seus manes errantes. Que no seio dos mortos ele perceba a chegada de seu sogro e ouça o lamento que sinto por sua morte. (...) Os deuses não atenderam meu desejo, pois não permitiram, ó Pompeu, que, pondo de lado minhas armas vitoriosas e acolhendo-te nos braços, eu pudesse conjurar-te a retomar por mim tua antiga amizade e pedir para ti mesmo a vida; satisfeito de merecer, por meus esforços, ser teu igual, numa paz sincera, eu teria obtido de ti perdoar aos deuses minha vitória, e terias obtido que Roma perdoasse a mim mesmo.

César compreendeu depressa que está no centro de uma guerra civil que opõe Ptolomeu XIV à sua esposa e irmã, Cleópatra. Tenta então praticar uma política conciliatória e pede aos dois beligerantes que deponham armas e venham discutir diante dele, que será o árbitro benevolente. Consegue em seguida um desembarque na ilha de Faros, vigiada pelo famoso Farol, uma das sete maravilhas do mundo. Graças a essa ocupação, passa a controlar o porto e pode vigiar as entradas e saídas, apoderar-se dos víveres, das armas, e proteger suas galeras. Ele próprio instalou-se numa parte do palácio ligada a um teatro que serve de cidadela e se comunica com o porto e o arsenal. É ali que Cleópatra virá encontrá-lo.

César e Cleópatra

Plutarco relata a chegada surpreendente da rainha, então com vinte anos de idade, que César convocou sem conhecer.

> Cleópatra, acompanhada de Apolodoro, um siciliano, sobe num pequeno barco e chega à noite diante do palácio. Como não há meios de entrar sem ser reconhecida, envolve-se num colchão que Apolodoro ata com uma correia e faz entrar nos aposentos de César pela porta mesma do palácio. Esse ardil de Cleópatra foi, ao que dizem, o primeiro atrativo que cativou César.

Lucano, no estilo da epopéia, o da *Farsália*, contou esse encontro e também os laços amorosos que vão unir Cleópatra a César. Faz isso demonstrando profunda aversão pela egípcia, mas as leis do gênero poético que ele pratica exige que acentue os contrastes e as psicologias do lado da luz e do lado das trevas. Os historiadores contemporâneos da Roma antiga não negligenciaram Lucano e, por trás do estilo empolado, discerniram nele mais de uma verdade histórica:

> Confiante em sua beleza, Cleópatra mostrou-se, diante de César, aflita, mas sem derramar lágrimas. Da dor não havia tomado senão o que pudesse embelezá-la ainda mais. Com os cabelos despenteados e numa desordem favorável à volúpia, ela o aborda e fala nestes termos:
> "Ó César, o maior dos homens! Se a herdeira de Lagos, expulsa do trono de seus pais, pode ainda, neste infortúnio, lembrar-se de sua condição; se tua mão se digna a restabelecê-la em todos os direitos de seu nascimento, é uma rainha que vês a teus pés. És para mim um astro salutar que vem brilhar sobre meus Estados. Não serei a primeira mulher que terá dominado o Nilo, o Egito obedece indistintamente a uma rainha ou a um rei. Podes ler as últimas palavras de meu pai ao expirar: ele quer que, esposa de meu irmão, eu compartilhe seu leito e seu trono. E o jovem rei, por amar sua irmã, só precisa ser livre. Mas Potino apoderou-se tanto do seu espírito

como do poder. Não é a herança de meu pai que reclamo: liberta nossa casa da vergonha que a macula! Afasta dele, César, o satélite armado que o sitia e ordena ao rei reinar. De quanto orgulho se enche esse escravo, desde que cortou a cabeça de Pompeu! É a ti, César (possam os deuses afastar esse presságio), é a ti que ele ameaça agora: e já é por demais vergonhoso, para o mundo e para ti, que a morte de Pompeu tenha sido o crime ou o proveito de Potino." A linguagem de Cleópatra adulou em vão o ouvido feroz de César; mas o encanto de sua beleza transmite-se à súplica, e, mais eloqüentes do que a voz, seus olhos impuros falam e persuadem. Assim, após ter seduzido seu juiz, ela passou uma noite vergonhosa a encadeá-lo.

Maravilhado por esse espírito inventivo, acrescenta Plutarco, e a seguir subjugado por sua doçura, pela graça de sua conversação, César a reconciliou com o irmão, com a condição de que ela dividisse com este o poder real. Um grande festim seguiu-se a essa reconciliação.

Lucano fez desse banquete uma descrição suntuosa que não devia estar muito longe da verdade:

O lugar do festim assemelhava-se a um templo, tal como o século presente, embora corrupto, dificilmente o construiria. Os tetos estavam carregados de riquezas, os lambris de madeira se ocultavam sob espessas folhas de ouro. As paredes não eram incrustadas, mas construídas de ágata e pórfiro; em todo o palácio caminhava-se sobre ônix. O ébano de Méroe substituía em abundância o vil carvalho e servia às portas do palácio como suporte e não como ornamento. Os pórticos eram revestidos de marfim. Nessas portas imensas, a casca da tartaruga da Índia era aplicada em relevo, e em cada uma de suas manchas havia uma esmeralda cintilante. No interior viam-se apenas vasos de jaspe, assentos ornados de pedrarias, leitos onde a púrpura, o ouro, o escarlate deslumbravam os olhos pela rica mistura que o tear dos egípcios sabe dar a seus tecidos. A sala do festim estava repleta, com uma multidão de escravos, diferentes em idade e em cor. Uns, queimados pelo sol da Etiópia e com os cabelos erguidos atrás e dobrados em volta da cabeça. Outros, de um louro tão claro e brilhante que César disse nunca ter visto mais dourados nas margens do Reno. Via-se também uma juventude desafortunada que o ferro castrou. Em meio a ela distinguia-se a idade viril, mas despida de vigor, e tendo no queixo apenas a penugem da adolescência.

Ptolomeu [XIV] e Cleópatra puseram-se à mesa; César, mais alto que os reis, tomou assento entre o irmão e a irmã. Pouco satisfeita com o cetro do Egito e o coração do rei, seu irmão e esposo, Cleópatra empregara todos os sacrifícios do luxo para realçar o brilho de sua beleza. Os dons mais preciosos do Mar Vermelho ornam seus cabelos e enfeitam suas roupas. A brancura do seio resplandece através de um véu de Sídon [Líbano], alisado pelos cardadores de Siros [cidade da Macedônia], e cujo tecido largo e claro fora trabalhado pela agulha dos egípcios.

Sobre trípodes feitas com dentes brancos de elefante, foram colocadas mesas redondas de madeira do monte Atlas, e tão belas que César nunca viu outras iguais, mesmo após ter vencido Juba. (...)

Em vasos de ouro serviu-se tudo o que o ar, a terra, o Nilo e o mar produzem de mais requintado, tudo o que a loucura de um luxo desenfreado pôde encontrar de mais raro. Não é às necessidades da natureza, mas às delícias da mesa que se imolam nesse festim as aves, os animais selvagens, esses deuses do Nilo. Urnas de cristal derramam a água pura desse rio. Profundas taças com pedras preciosas recebem o sumo delicioso das vinhas de Méroe, esse líquido que um sol ardente faz borbulhar e ao qual confere em pouco tempo a madureza de uma longa velhice. O nardo odorífero e a rosa, que não cessam de florir neste clima, coroam a fronte dos convivas. Em seus cabelos ressuma o cínamo [canela], cuja essência não se evaporou. (...)

Para selar essa paz, em meados de outubro de 48, é confiada a Arsínoe e a Ptolomeu XV, irmã e irmão mais moços de Cleópatra e Ptolomeu XIV, a soberania sobre a ilha de Chipre. Mas, quinze dias depois, os ministros do rei ainda criança, como o eunuco Potino, que não suportam esse protetorado romano disfarçado, dirigem as tropas egípcias para Alexandria, sob o comando de Aquilas. César pede a Ptolomeu que envie homens de confiança a Aquilas para exortá-lo à moderação: eles são simplesmente massacrados. Aquilas, com um exército de ex-romanos naturalizados egípcios, bandidos, ladrões e escravos fugitivos, decide atacar César, que ele sabe ter um exército frágil em efetivos. César é obrigado a tomar o partido em favor de Cleópatra e contra o irmão – certamente uma doce obrigação para ele. O primeiro ato dessa guerra civil é dramático. Flechas inflamadas atingem a Biblioteca de Alexandria, famosa por conter as mais célebres obras da Antigüidade e pergaminhos preciosos: quatrocentos mil volumes são consumidos no incêndio.

Durante todo o outono e o começo do inverno de 48, César suporta o cerco sem dificuldade, rechaça os atacantes, faz executar Potino por traição e permite que Arsínoe, acompanhada do eunuco Ganimedes, fuja, provocando assim tensões no inimigo e o assassinato de Aquilas. Mas Ganimedes revela-se um adversário coriáceo, corta o abastecimento de água doce para matar de sede os legionários. A XXXVII legião, composta de ex-soldados de Pompeu, adere felizmente ao partido de César. As duas frotas, a egípcia e a romana, acabam por se enfrentar. César destrói uma parte da primeira e saqueia a ilha de Faros, antes de tentar tomar o Heptastade, grande dique que liga Alexandria a essa ilha. Mas os egípcios defendem-se e expulsam os romanos, que são obrigados a jogar-se n'água e voltar ao porto a nado para salvar a vida. César perde o manto de imperator e acompanha seus soldados nesse banho forçado, no começo do inverno de 48-47. Sobre esse episódio, as opiniões não são concordantes. A de Suetônio, já citado anteriormente, sustenta que César arrastou, enquanto nadava, seu manto púrpura de general com os dentes para não deixar esse despojo aos inimigos. César e suas legiões estão na defensiva, portanto, mas não se inquietam, sabendo que uma frota de apoio navega rumo a Alexandria, enquanto Mitridates de Pérgamo avança por terra e atravessa o Nilo no começo de janeiro de 47. Segundo seu costume, ao constatar que a sorte das armas lhe é novamente favorável, César, que acaba de ser proclamado ditador para o ano, entra em negociações com os alexandrinos que suplicam dar-lhes de volta o rei Ptolomeu XIV, "acrescentando", escreve o redator de *A Guerra de Alexandria*, "que toda a nação se cansou do governo de uma mulher [Cleópatra] cuja autoridade é precária".

O rei e César representam então uma comédia na qual nenhum dos dois acredita, e cujo relato pitoresco é feito em *A Guerra de Alexandria*:

> Assim, após ter exortado o jovem príncipe a governar bem o reino de seus pais, a salvar sua pátria que a espada e o fogo devastavam, a trazer os súditos de volta à razão e aos sentimentos sensatos, enfim, a permanecer fiel ao povo romano e a César, que tinha tal confiança nele que o devolvia a seus inimigos armados, César, que segurava a mão do jovem rei já bastante crescido, quis despedir-se dele. Mas o rei, hábil na arte de fingir, (...) começou por implorar a César, chorando, não mandá-lo embora: "Seria menos doce reinar", dizia ele, "do que usufruir a presença de César".

Não pode haver maior hipocrisia!

> Tendo enxugado as lágrimas do jovem, César, comovido ele próprio [é o redator de *A Guerra de Alexandria*, partidário do imperator, que escreve isto sem rir!], assegurou-lhe que, se era sincero, logo se reuniriam, e o mandou embora para junto dos seus. Mas esse príncipe, como que evadido da prisão, tão logo sentiu-se livre partiu em guerra furiosa contra César; as lágrimas que derramara durante aquela conversa, foi o que se pôde pensar, eram lágrimas de alegria.

Vários membros do estado-maior romano criticam César por ter sido enganado por uma criança, "como se nessa ocasião, César", diz ele de si próprio, "tivesse agido por pura bondade e não com propósitos cheios de astúcia". O que é verdade. Essa comédia vai durar muito pouco. O desafortunado rei Ptolomeu XIV, que retomou a luta, acabará por morrer afogado no Nilo. César, definitivamente vitorioso em março de 47, entra em Alexandria, onde todos os habitantes, em vestes de suplicantes, vêm manifestar-lhe lealdade. César, que sabe praticar a clemência quando necessária, aceita essa submissão e os tranqüiliza quanto às suas intenções pacíficas.

> César, senhor do Egito e de Alexandria, [diz *A Guerra de Alexandria*], estabelece ali como reis os que Ptolomeu XIII havia designado por testamento, suplicando ao povo romano não modificá-lo em nada. De fato, tendo morrido o rei Ptolomeu XIV, o mais velho dos dois filhos homens, ele deu a coroa ao mais moço e à mais velha das filhas, Cleópatra, a qual, fiel ao partido de César, não abandonara o local que ele ocupava. Em relação a Arsínoe, a mais moça, sob cujo nome Ganimedes exercera por muito tempo uma cruel tirania, decidiu fazê-la sair do reino a fim de que sediciosos não se servissem dela para estimular novos distúrbios.

Ele a envia a Roma. Para respeitar as leis egípcias e faraônicas, César casa Cleópatra com seu irmão mais moço, Ptolomeu XV, de dez anos de idade. Mas ele vive com a rainha já há várias semanas e, cansado de tantas campanhas militares, seguro das boas disposições dos alexandrinos a seu respeito, decide então tomar com a nova rainha do Egito um talamego, barco de cruzeiro bastante luxuoso, segundo a descrição de Apiano,

> (...) de dimensões consideráveis e manobrado por muitas fileiras de remadores. Continha espaços com colunatas, salões de festa e de repouso, quartos de dormir, santuários dedicados a Vênus (deusa do Amor, é claro, mas também ascendente de César) e a Dioniso e uma gruta, ou jardim de inverno. As guarnições de madeira eram de cedro e cipreste, as decorações executadas em pintura e folhas de ouro. A mobília era de estilo grego, com exceção da de uma das salas de banquete, decorada no estilo egípcio.

Falou-se de Cesarião, filho que César teria tido de Cleópatra VII Filopator. Suetônio escreve a respeito:

> César aceitou inclusive que o filho que teve dela fosse chamado com o seu nome. Alguns autores gregos escreveram que esse filho assemelhava-se a ele pelas feições e pelo andar. Marco Antônio afirmou, em pleno Senado, que César

o reconhecera e invocou o testemunho de C. Mátio, C. Ópio e outros amigos do ditador. Mas C. Ópio julgou necessário refutar esse fato [sendo amigo de Otávio, o futuro Augusto, que teria visto em Cesarião um concorrente possível] e publicou um livro que tinha por título: *Provas de que o filho de Cleópatra não é, como ela afirma, filho de César.*

Jérôme Carcopino, constatando que só se fala pela primeira vez de Cesarião em abril de 44, um mês após a morte de César, conclui que se trata de um bastardo de pai desconhecido, do qual a rainha do Egito fará constar a paternidade de César somente em 43. Em *Passion et politique chez les Césars* [*Paixão e política entre os Césares*], ele emite outra hipótese, a de um Cesarião cujo pai é Marco Antônio. A pobre criança, que se tornou rei fictício do Egito sob o nome de Ptolomeu XV, era, de todo modo, um importuno e será assassinada após a batalha de Áccio, no ano 31, por ordem de Otávio.

César é um epicurista, um sedutor, e encontrou nesse cruzeiro pelo Nilo os prazeres de que fora privado por anos de campanhas militares ininterruptas. O repouso do guerreiro, para ele, é a primavera de 47. Durante esse périplo fluvial, pode apreciar a vastidão e a beleza de um país que um dia se tornará província romana. Volta algumas semanas mais tarde a Alexandria, ao tomar conhecimento da revolta de Fárnaces, na Ásia. Arranca-se dos braços de Cleópatra, deixa a um alforriado, Rufião, "seu companheiro de libertinagem", escreve maliciosamente Suetônio, o comando das três legiões que ocupam o Egito, e parte para dominar esse Fárnaces, filho de Mitridates, rei do Ponto, inimigo mortal de Roma durante meio século, que aproveita a temporada um pouco longa demais de César no Egito para tentar retomar os territórios – que haviam pertencido a seu pai, como a Pequena Armênia e a Capadócia – das mãos dos reizinhos devotados a César.

Este retoma o caminho do Oriente Próximo e desembarca, em 13 de julho de 47, com a VI legião, marcha rapidamente contra o usurpador e, valendo-se do efeito-surpresa, vence-o facilmente em 2 de agosto de 47. Fárnaces é forçado a uma fuga sem glória, sob a proteção de alguns cavaleiros fiéis.

César fica estupefato por acabar em quatro horas uma guerra que devia, segundo ele, levar pelo menos várias semanas. Suetônio conta que, no triunfo em Roma de todas as suas conquistas, César "mandou pintar um quadro da batalha que seus legionários exaltavam, e no qual estavam inscritas apenas estas palavras: 'Veni, vidi, vici', o célebre *Vim, vi, venci*, que não indicavam, como as outras inscrições, todos os acontecimentos da guerra, mas assinalavam sua rapidez".

César organiza sua vitória, após a reconquista do Ponto, deixa a seus soldados o butim e duas legiões sob o comando de Célio Viniciano, eleva o rei Mitridates de Pérgamo à condição de soberano do conjunto dos territórios em torno do Bósforo e distribui as outras regiões limítrofes das províncias romanas entre reis devotados à sua causa, tornando-se assim o senhor do Oriente. Mas ele não permanece muito tempo nessas províncias afastadas e se apressa a chegar a Roma, no começo de outubro de 47, onde, como ficou sabendo no Egito, o aguardam problemas particularmente graves. De fato, os legionários de Farsália, trazidos de volta por Marco Antônio, que tem o título soberano de mestre da cavalaria, entregaram-se a todo tipo de gastos e orgias, e vêem-se de repente sem recursos, no final de 48. Começam a saquear, a roubar, atentando contra os bens e as pessoas na Campânia, onde estão acampados e onde terras lhes foram prometidas em vão. Marco Antônio tenta apaziguá-los indo até essa região da Itália e acredita ter conseguido, quando chega a notícia da vitória sobre Fárnaces, com a perspectiva de um retorno rápido de César, que não deixará de alistar os legionários indisciplinados para novas campanhas. Cícero, numa carta a Ático datada de Bríndisi em agosto de 47, também fala de uma revolta da X legião, que recebeu seu comandante Sila a pedradas. A rebelião se estende e Sila é obrigado a fugir para não ser morto por seus soldados. Ao chegar a Roma, no início do outono, César vê-se assim diante de uma insurreição militar, enquanto Catão, o Jovem, retoma na África a iniciativa anticesariana e começa a recrutar um exército com a ajuda dos nobres romanos que se acham a seu lado.

César aceita o risco de deixar vir a Roma os legionários amotinados, de deixá-los entrar na cidade. Reúne-se com eles no final de outubro de 47 e os interroga sobre suas reivindicações. Estes pedem para serem dispensados, "proferindo terríveis ameaças que expunham a cidade aos maiores perigos", sublinha Suetônio. César toma ao pé da letra o que eles dizem e laconicamente responde: "Eu vos dispenso". É tal a surpresa dos legionários que eles logo se calam, tomando consciência do que essa frase significa: não mais butins, não mais soldos, não mais terras. Para mostrar claramente sua determinação e intimidá-los ainda mais, César trata-os, num pequeno discurso sem amenidades, de "cidadãos" e não mais de soldados. Suetônio, que resume a cena, nos mostra os soldados desnorteados, exclamando: "Somos soldados!".

Em pouco tempo César consegue reverter a situação e mudar inteiramente a resolução dos legionários, dispostos novamente a segui-lo sem discutir e sem resmungar, mas como fiéis veteranos. Ele se apronta então para partir para a África, onde os antigos partidários de Pompeu voltaram a se reunir e a se armar, sob a autoridade de Labieno e de Catão, o Jovem, após terem conseguido rechaçar os partidários de César, como Curião, que lá perdeu a vida no verão de 49. Utica tornou-se a capital dos anticesarianos e dos republicanos; num país rico, formou-se uma espécie de governo no exílio, protegido por um exército comandado por Metelo Cipião, que exerce ao mesmo tempo os cargos de cônsul e de *imperator*. Os adversários agora irredutíveis de César reuniram-se a Juba I, rei da Mauritânia, que não hesitou em aliar-se com eles. A África do Norte, especialmente em sua parte leste, é um Estado dentro do Estado, um imenso campo entrincheirado com soldados, víveres e dinheiro em abundância, inclusive uma frota, e onde as cidades constroem fortificações para resistir a eventuais ataques das legiões de César.

Mas falta homogeneidade ao exército de Metelo Cipião. Seus recrutas são em sua maioria autóctones e bárbaros, um pouco forçados a se alistarem, e cujas colheitas foram requisitadas por Labieno, como lembra o redator de *A Guerra da*

África, que acrescenta: "As cidades, com exceção de algumas, haviam sido saqueadas e destruídas, seus habitantes forçados a se refugiarem nas praças-fortes, e os campos completamente devastados". Era o ponto fraco do dispositivo, e era um ponto importante: o exército dos anticesarianos não tinha uma base sólida; no entanto, sobre ele repousava toda a esperança de Catão, o Jovem, de Metelo Cipião e da aristocracia romana exilada, de reconquistar o poder e expulsar César definitivamente.

César não ignora somente as fraquezas do adversário, mas também as dificuldades que o esperam com uma pequena tropa. Assim que desembarca na África, no outono de 47, mostra-se prudente, evita empreender cercos de cidades ou entrar em contato com o inimigo. Passa todo o inverno de 47-46 a reconstituir sua frota e um exército digno de seu nome, graças à chegada de reforços em navios e legionários vindos da Sicília, ou graças à contribuição de desertores ou auxiliares nativos do exército adversário. Rechaça com sucesso cargas de cavalaria de Labieno. "Após esse combate", é dito em *A Guerra da África*, "trânsfugas de todo tipo juntaram-se a nós, e fizemos muitos prisioneiros entre a infantaria e a cavalaria inimigas." Enquanto isso, Roma nomeia César cônsul para o ano 46. Chegada a primavera, ele está pronto para enfrentar o inimigo com forças consideráveis e uma chance segura de vitória. Esta acontece em 6 de abril de 46, na planície junto à cidade de Tapso, feudo dos republicanos.

"César, senhor dos três campos do inimigo, os de Cipião, de Juba e de Afrânio", escreve o redator de *A Guerra da África*, "depois de ter matado dez mil homens e afugentado o resto, retirou-se em suas posições com uma perda de cinqüenta homens e alguns feridos." Ele deixa três legiões encarregadas de prosseguir o cerco de Tapso e marcha com outras cinco sobre Utica, cujo governador não é outro senão Catão, o Jovem, que entrará para a História com o nome de Catão de Utica.

Este logo compreende, ao saber do desastre de Tapso, que não poderá resistir pelas armas a César e decide suicidarse, ingressando, assim, na lenda e na história dos heróis da República romana. Faz isto com artimanha, tentando enganar os amigos que temiam esse gesto fatal. Conversa com eles, evoca os estóicos, mostra uma face tranqüila que lhes desfaz as suspeitas. Depois, estando no leito, lê o diálogo de Platão sobre a Alma, isto é, o *Fédon*, e pede a um escravo a espada que seu filho lhe confiscou. Não é atendido. Chama novamente o escravo e lhe dá um soco por não ter obedecido à sua ordem. Por fim, a arma lhe é dada e ele desfere um golpe no próprio peito, sem que a ferida seja imediatamente mortal; caído no chão, é socorrido às pressas por um médico que tenta reter as vísceras que lhe saem do ventre, mas ele impede que o faça e torna a abrir a ferida, antes de expirar.

A morte de um estóico e de um republicano, morte à antiga, descrita longamente por Plutarco num relato célebre, foi sentida por César como uma injúria e uma frustração, tal como escreve Plutarco. Ao tomar conhecimento da notícia fúnebre, César teria exclamado: "Ó Catão! Invejo-te a morte, pois não invejaste que eu te salvasse a vida." É verdade que, se Catão tivesse consentido em dever a vida a César, ele teria ofuscado a própria glória e realçado a de César.

Triunfos, vitórias, reformas

César entrou em Utica em meados de abril de 46. Não restam mais chefes do exército republicano de Roma, a não ser alguns comparsas, que César indulta antes de embarcar de volta à Itália, passando pela Sardenha. Chega ao porto de Óstia e em 25 de julho de 46 está em Roma, onde, entre agosto e setembro, serão comemorados quatro triunfos. Antes faz um discurso de propaganda ao povo, afirmando que as terras que acaba de conquistar são tão extensas que o povo romano terá a cada ano trigo e óleo em grande quantidade. No cortejo de triunfo da Gália figura Vercingetórix, que na mesma noite será executado no Tullianum, sinistra prisão encravada no Capitólio, essa colina que César escala à luz de archotes carregados por quarenta elefantes, perfilados à direita e à esquerda de sua carruagem. Depois é comemorado o triunfo do Egito, pois César voltou com Cleópatra, que ficará em Roma até ele morrer, antes de retornar a seu reino. Mas ele não a fez figurar no cortejo, ao contrário de Arsínoe, sua irmã, que deverá sofrer essa humilhação. Também festeja o triunfo do Ponto e da África. Neste último cortejo, Cipião não é nomeado, pois César sabe que se triunfa apenas sobre bárbaros e não sobre cidadãos romanos, mas ali figura o rei Juba e seu filho ainda jovem, que haveria de se tornar um dos historiadores gregos mais célebres do seu tempo.

Os legionários, segundo o costume, interpelam César montado no carro triunfal e zombam dele fazendo alusão a seus amores com Nicomedes:

> César levou dez anos para dominar a Gália,
> E Nicomedes uma hora para submeter César.
> Mas no dia do triunfo os papéis foram trocados:
> Coube ao grande Nicomedes montar na carruagem!

Não contentes com essa zombaria, os soldados prosseguem o ataque verbal com a mesma verve, divertindo-se então com a reputação de César como sedutor, reputação não usurpada:

> Escondam bem vossas parceiras, imprudentes citadinos;
> Eis de volta a carruagem deste adúltero careca
> Que, juntando os prazeres aos cuidados da guerra,
> Fazia o amor na Gália com o ouro dos romanos.

Não dissera Curião outrora, num discurso célebre, que César era "o marido de todas as mulheres e a mulher de todos os maridos"? Mas a César pouco importam esses gracejos que fazem parte do costume e destinam-se a pôr à prova a vaidade e o orgulho do comandante-chefe.

César não se priva de agradar o povo e oferece um banquete de 22 mil mesas de três leitos cada uma. Promove, em honra de sua filha Júlia, morta há muito tempo, combates de gladiadores. No circo, a arena é ampliada, cava-se ao redor um fosso cheio d'água onde são representadas naumaquias*. Jovens das famílias mais nobres fazem correr na arena carros de dois e quatro cavalos, saltando alternadamente de um corcel a outro, corcéis especialmente treinados para essa manobra. Crianças divididas em dois grupos, conforme a idade, celebram jogos chamados Troianos, que consistem em lutas eqüestres e lembram oportunamente que César descende de um combatente de Tróia, Anquises, e de Vênus, sua companheira, como ele o fará saber consagrando um templo a Vênus Genitrix.

O último espetáculo, que deve fazer esquecer todos os demais, é uma batalha organizada entre dois exércitos em que combatem de cada lado quinhentos soldados da infantaria, trezentos cavaleiros e vinte elefantes. A fim de proporcionar a essas tropas um vasto campo de batalha, são retiradas as barreiras do circo para instalar acampamentos nas duas extremidades. Durante três dias, atletas se oferecem em espetáculo num estádio feito expressamente para isso, nos arredores do Campo de Marte. Um lago artificial é construído e barcos

---
*Entre os romanos, espetáculo que representava um combate naval. (N.T.)

de Tiro e do Egito, de duas, três ou quatro fileiras de remos, carregados de soldados, travam um combate naval. Peças de teatro são representadas em todos os bairros da cidade por atores de todos os países e em todas as línguas. O anúncio de todos esses espetáculos atraiu a Roma um tal número de estrangeiros que em sua maioria eles dormem em tendas e nas praças, e muitas pessoas, entre elas dois senadores, foram esmagadas ou sufocadas na multidão. César distribui dinheiro aos soldados, destina-lhes terras, oferece ao povo trigo e óleo em abundância, bem como sestércios [moedas de cobre]. Adia por um ano o pagamento de aluguéis em Roma e em toda a Itália.

Nesse meio-tempo, Cícero parece mais ajuizado e toma o partido de esperar a evolução dos acontecimentos, embora continue a se apresentar aos amigos como um homem infeliz e uma Cassandra. Assim, ele escreve em 46 a Plâncio:

> Procuro poupar-me e suportar pacientemente os males presentes e por vir: eis o que chamo agora de dignidade. Essa conduta, é verdade, não é fácil num conflito cuja perspectiva final é um massacre ou a servidão. Em meio a nossos perigos, uma única reflexão me consola, é que previ tudo. Cansei de dizer, infelizmente, que, sucesso ou revés, tudo nos seria fatal e que corríamos um sério risco ao entregar as questões políticas à decisão da espada.

Mas César acreditou demais em sua boa estrela e em sua inteligência tática e considerou que a derrota de Tapso e o suicídio de Catão de Utica marcavam sua definitiva vitória. Ora, os "republicanos" resistem ainda e encontram na Espanha um foco de revolta capaz de ajudá-los. De fato, César, que deixou o governo dessa província a Q. Cássio em 49, com duas legiões, não vigiou bastante de perto o que lá se passava, especialmente as extorsões e as pilhagens de seu governador, que faz pesar os impostos sobre as populações autóctones. Quando César lhe pediu, em 48, que fosse à África a fim de ajudá-lo, ele não coube em si de contente, pois pensou lá encontrar novos motivos para pilhar outras províncias e o reino muito rico de Juba. Mas, ao reunir suas tropas em Córdoba, é vítima de uma tentativa de assassinato perpetrada por conjurados romanos, cansados desse governador ganancioso. Ele fica levemente ferido, mas a falsa notícia de sua morte se espalha e suscita a alegria dos soldados da II legião, que odeiam seu comandante e começam a se amotinar. A repressão é terrível. Cássio faz deter vários conjurados, que são torturados e mortos. Uma carta de César anuncia-lhe a derrota de Pompeu e ele fica um pouco penalizado. Vinga-se desse golpe do destino taxando os que lhe deviam dinheiro e, sobretudo, forçando os soldados que não queriam acompanhá-lo a comprarem sua dispensa. "Com isso", é dito em *A Guerra de Alexandria*, "aumentou seus ganhos, mas provocou um ódio ainda maior." A revolta se propaga nas fileiras dos legionários que adotam por chefe um certo M. Marcelo Esernino, o qual proclama sua lealdade para com César e parte em campanha contra Cássio e os soldados que lhe permanecem fiéis. César envia, de pontos diversos da África, exércitos de apoio à Espanha, ao mesmo tempo em que demite Cássio e o substitui por Trebônio.

Cássio é obrigado a fugir e a embarcar no porto de Málaga, "desejando assegurar o fruto de suas inumeráveis rapinas", escreve o redator de *A Guerra de Alexandria*:

> Quando se deteve na foz do Ebro para passar a noite, elevou-se pouco depois uma violenta tempestade; mas ele não levou isso em conta e partiu, acreditando poder continuar sua rota sem perigo. No entanto, arrastado pela corrente rápida do rio e barrado pelas ondas do mar na foz, sem poder avançar nem recuar, acabou perecendo com seu barco.

A morte de Cássio não interrompe o movimento de revolta dos legionários, que temiam um castigo de César. Insurreições eclodem nas cidades da Espanha contra César, que fora mal representado por Cássio. Além disso, no final do ano 47, Cneu, o filho de Pompeu, disposto a vingar a morte do pai, vai para a Espanha com suas legiões e junta-se aos amotinados, reunindo o conjunto das tropas hostis a César sob seu comando único na cidade de Cartagena, para onde convergem também os fugitivos da batalha de Tapso e todos os romanos que abraçaram a causa de Pompeu, de Cipião e de Catão de Utica. Diante da gravidade da situação, César envia soldados que lhe são leais e toma ele próprio o caminho da Espanha, montando um cavalo à rédea solta desde Roma até Obulco (Porcuna), onde chega no começo de dezembro de 46, tendo feito o trajeto no tempo recorde de 27 dias. Em 1º de janeiro de 45, é nomeado cônsul e, pela terceira vez, ditador.

A campanha militar de César dura apenas algumas semanas no início do ano 45, mas é feroz. César dirige-se a Córdoba, onde se encontra o grosso do exército de Sexto Pompeu, irmão de Cneu, também decidido a vingar a morte do pai. O *imperator* faz o cerco, mas com a finalidade de ganhar tempo e de obrigar Cneu, que fazia por sua vez o cerco da cidade de Ulia, a vir em socorro de seu irmão Sexto. César não prossegue a investida contra a cidade de Córdoba, mas vai para os arredores de Ategua (Teba la Vieja), ocupada por partidários dos dois filhos de Pompeu, a fim de bloqueá-la. No interior da cidade instala-se a discórdia entre os que são favoráveis a negociações, a maioria, e os que são contra. O fato é que os soldados de César não condescendem. Massacram os prisioneiros romanos do campo adversário, capturam, é dito em *A Guerra da Espanha*, "mensageiros que levavam mensagens de Córdoba a Pompeu e que, por imprudência, caíram em nosso campo; foram mandados de volta com as mãos cortadas". Escaramuças ocorrem a todo momento entre os habitantes da cidade sitiada e os legionários de César, que acabam partindo para o assalto.

> Após terem lançado sobre nós uma grande quantidade de dardos e fogo, os sitiados cometeram, diante de nossos olhos, execráveis crueldades: degolaram seus anfitriões e os precipitaram do alto das muralhas, como o teriam feito bárbaros e como nunca se viu nos registros da memória. (...) Com isso os soldados do filho de Pompeu queriam dar um exemplo a todos que manifestassem a vontade de se

render. Ao mesmo tempo ficou-se sabendo, por um desertor vindo da cidade, que Júnio, após o massacre dos habitantes que relatamos, ao sair de um subterrâneo onde estava, exclamou que os soldados "haviam cometido um crime hediondo, que os anfitriões que os receberam em seus lares, junto aos deuses penates, em nada mereciam tão horrível tratamento; que haviam violado, por esse atentado, o direito de hospitalidade". Disse muitas outras coisas semelhantes e, assustados por essas palavras, os criminosos se detiveram em meio à carnificina.

Mas a resolução dos mais decididos de morrer com armas na mão enfraquece enquanto tarda a chegada de um exército de apoio, e a guarnição envia a César, segundo o relato de *A Guerra da Espanha*, um delegado para implorar seu perdão. "Cansados de suportar os ataques contínuos de tuas legiões, de nos expormos noite e dia às espadas e às flechas de teus soldados, vencidos, abandonados por Pompeu, tomando consciência do teu valor, apelamos à tua clemência, pedimos-te a vida." "Agirei, responde César, em relação aos cidadãos romanos que se renderem, da mesma forma que agi em relação aos povos estrangeiros." A luta continua algumas horas, mas pela honra. Das muralhas são lançadas tabuinhas onde se acham estas palavras escritas pelo pompeano Munácio Flaco, até então defensor intransigente da cidade: "De L. Munácio a César. Visto que C. Pompeu me abandona, se quiseres conceder-me a vida, comprometo-me a servir-te com a mesma coragem e a mesma fidelidade com que servi a ele." "Nesse momento", acrescenta o redator de *A Guerra da Espanha*, "os delegados que já tinham vindo voltam a César para dizer-lhe que, se quiser conceder-lhes a vida, entregarão a cidade no dia seguinte. Ele respondeu que era César e que cumpriria a palavra. Assim, antes do décimo primeiro dia das calendas de março [isto é, 19 de fevereiro de 45], tornou-se o senhor da cidade e foi proclamado *imperator*."

Mas, se ganhou uma batalha, César ainda não ganhou a guerra enquanto não tiver conseguido vencer Cneu Pompeu. Ele busca provocar o confronto ao qual este se furta, embora às vezes não possa evitar os exércitos de César, como em Soricaria (Castro del Rio), onde César, segundo *A Guerra da Espanha*, afirma que massacrou o inimigo. Pompeu, paralisado, sentindo o vento da derrota, vinga-se contra as cidades espanholas que atravessa, como Ucubi e Carruca, saqueando-as e queimando-as. Acaba por seguir de longe César, que escolhe a planície abaixo da cidade de Munda (Montilla) como lugar do confronto final de uma guerra civil que não termina. Plutarco, assim como Veleio Patérculo, Floro e o redator de *A Guerra da Espanha*, sublinha a selvageria desse confronto.

"Munda", escreve Floro, "foi a última de todas as batalhas de César. Ali sua sorte costumeira pareceu abandoná-lo, e o combate, por muito tempo duvidoso, tomou um aspecto alarmante." "Conta-se", prossegue Plutarco, "que nesse momento de incerteza César perguntou-se se não chegara o fim de seus dias, podendo ler-se em seu rosto o pensamento da morte que o preocupava." Mas a vitória acabou sendo de César: um dos filhos de Pompeu foi morto e o outro teve a possibilidade de empreender a fuga. Plutarco escreve que "César matou trinta mil inimigos e perdeu seis mil dos seus, entre os mais bravos de seu exército. Ao voltar ao acampamento após a batalha, disse a seus amigos: 'Com freqüência combati pela vitória; mas acabo de combater pela vida'."

Q. Fábio Máximo completa o trabalho de César tomando a cidade de Munda em 17 de março de 45, cujos habitantes se mataram entre si, e a de Urso (Osuna). César dirige-se a Córdoba e depois a Cádis, em março de 45. Os soldados dos dois filhos de Pompeu, suspeitando que os habitantes desta última cidade estavam dispostos a se render a César, puseram fogo nela; assim, os soldados de César, nada encontrando para saquear, matam cerca de 22 mil incendiários, fugitivos e escravos recentemente alforriados, sem contar os que são massacrados fora das muralhas, confessa friamente o redator de *A Guerra da Espanha*. César recebe, em 12 de abril, a cabeça de Cneu Pompeu, que é exposta na cidade de Hispalis como exemplo ao povo, assim como recebera a de Pompeu pai, em Alexandria. Durante uma grande reunião pública em

Hispalis, ele apostrofa os espanhóis de origem romana, mostrando-lhes a indignidade de terem abraçado a causa dos filhos de Pompeu, quando Roma mostrava uma predileção pela província da Espanha.

Depois, certamente para relaxar intelectualmente, César redige um grande poema intitulado *A viagem*; volta a Roma no outono de 45 e, em outubro, celebra o triunfo de suas vitórias em Tapso e Munda contra os inimigos romanos, o que acontece pela primeira vez na história dos triunfos e é considerado, diante da clemência proverbial de César, como uma falta que irá aumentar o rancor de seus inimigos. Plutarco, que nunca cessou de ser hostil a César, tem palavras muito duras contra César triunfador dos filhos de Pompeu, como se estes fossem rebaixados à condição de chefes bárbaros – o que desagradou profundamente muitos romanos das mais diversas origens e mesmo muitos dos que haviam sido defensores de César.

> Pois não era por suas vitórias sobre generais estrangeiros ou sobre reis bárbaros que ele triunfava, insiste Plutarco, mas por ter destruído e extinto a raça do maior personagem que Roma já teve e que fora vítima dos caprichos do destino [trata-se, evidentemente, de Pompeu]. Era uma vergonha aos olhos deles celebrar um triunfo sobre infortúnios da pátria e glorificar-se por sucessos que somente a necessidade diante dos deuses e diante dos homens podia escusar. Ainda mais que, até então, César nunca havia enviado mensageiros nem escrito cartas públicas para anunciar as vitórias que obtivera nas guerras civis, havendo sempre rejeitado essa glória por um sentimento de moderação.

É certo que César acaba de cometer uma grave imprudência e que, por esse triunfo pouco comum, começa a perder o capital de popularidade e de confiança que adquiriu ao longo de toda a carreira. É um pressentimento? Uma precaução política? O fato é que César adota em segredo, em 23 de setembro de 45, o jovem Otávio, que haveria de tornar-se Augusto, o primeiro dos imperadores de Roma.

No entanto, os romanos, com exceção dos mais lúcidos, estão ainda subjugados por ele e aceitam que sejam destruídas aos poucos as bases constitucionais do regime republicano. Ele partilha com o povo o direito de eleição nos comícios, de modo que impõe facilmente seus candidatos às magistraturas. Luta contra os abusos, faz um recenseamento rigoroso da população de Roma e reduz, assim, o número daqueles que o Estado assistia – fornecendo-lhes trigo gratuitamente – de 320 mil para 150 mil. Os romanos foram tão atormentados pelas peripécias da guerra civil que já dura quatro anos, que estão convencidos de que a autoridade de um só homem restabelecerá a paz em Roma. O poder de César, agora, não se submete mais ao controle dos senadores e dos comícios. Esse poder é de fato, quando não de direito, cada vez mais monárquico. Cícero, imprudentemente, pede que se concedam honrarias a César, pensando por certo em lisonjeá-lo e desviá-lo de suas ambições de realeza. Outros, mais perversos, exigem ainda mais, de certo modo para arruinar César, tornando-o odioso aos que crêem ainda no regime republicano. Assim, seus inimigos tentam atrair César à armadilha da vaidade, para terem pretextos futuros de eliminá-lo.

Em realidade, ainda que aceite todas as dignidades mais altas e mesmo as honrarias excessivas, César, talvez por cansaço, continua a cultivar a clemência e propõe inclusive erguer um templo à glória desse sentimento, que é assim divinizado. Seu perdão estende-se a todos os que portaram armas contra ele. Absolve alguns particularmente virulentos, como Marco Júnio Bruto. Mas estará ele sendo realmente objetivo em relação a esse personagem, quando se sabe que, desde cerca de vinte anos, César mantém com Servília, a mãe de Bruto, uma relação singular, pois Suetônio afirma que essa mulher foi sua maior paixão? Por ocasião de seu primeiro consulado, em 59, ele deu a ela uma pérola rara por seu tamanho, que valia uma fortuna. No momento da guerra civil, confiscou muitos domínios que pertenciam a seus adversários e os presenteou a Servília.

Mesmo em relação à lembrança de Pompeu, César mostra-se inclinado a todas as indulgências e ordena que as estátuas do inimigo, derrubadas por seus amigos, sejam reerguidas, e a que se encontra no interior do Senado, que de lá fora retirada, seja reposta. Cícero, maldosamente, mas talvez não sem verdade, afirma que, ao reerguer "as estátuas de Pompeu, César fortaleceu as suas!". César demonstra também um descuido que beira a inconsciência ou talvez constitua um sinal de sua fadiga moral após tantas guerras; ele recusa os guarda-costas que os amigos lhe aconselham e exclama, no dizer de Plutarco: "Mais vale morrer de uma vez do que preocupar-se com a morte a toda hora".

Todavia, ele busca cultivar sua popularidade junto às massas, oferecendo numerosos banquetes e festas, distribuindo trigo aos indigentes, e não esquece seus soldados que o serviram por mais de quinze anos, fundando para eles colônias de povoamento, especialmente em Corinto, a fim de que os mais idosos possam passar seus últimos anos de vida em paz e sem preocupações. Oitenta mil pessoas se beneficiam dessa colonização. Mas César cuida para que a população de Roma não diminua em conseqüência dessa medida e decreta que os cidadãos de vinte a quarenta anos que não estiverem ligados por um dever público não poderão se ausentar por mais de três anos da Itália. Do mesmo modo, os filhos dos senadores, se quiserem fazer viagens longínquas, serão acompanhados de um magistrado para vigiá-los.

Ele confere o direito de cidadania a todos os que praticam a medicina em Roma, muitos deles estrangeiros, especialmente gregos e egípcios, sem contar alforriados, assim como a todos os que exercem profissões liberais. Suprime definitivamente a quarta parte exigida na cobrança de dívidas. Reforça as penas para crimes cometidos e, nesse ponto, estabelece uma medida de justiça social, atacando os privilégios dos mais ricos que, condenados, podiam se exilar sem nada perder de sua fortuna: ordena assim que os parricidas, como nos informa Cícero, tenham seus bens inteiramente confiscados e que os outros criminosos sejam privados da metade destes.

Instala uma certa ordem moral no Senado e faz expulsar os membros dessa assembléia acusados de prevaricação. Mas provoca uma grande irritação quando confere a estrangeiros, que ele acaba de fazer cidadãos romanos, o título de senadores. Um cartaz logo aparece em diversos locais freqüentados de Roma, com estes dizeres, segundo Suetônio: "Saudações a todos! É proibido mostrar aos novos senadores o caminho do Senado!" Nas ruas de Roma, cantava-se também assim:

> Os gauleses que a guerra fez escravos
> Escondem seus saiotes debaixo do laticlavo.*

Impõe tributos às mercadorias estrangeiras para favorecer a produção interna. Proíbe também o uso de liteiras, sinais de ostentação provocante em relação aos mais pobres, mas admite algumas exceções para pessoas idosas e para certos dias. Do mesmo modo, e pelas mesmas razões, faz apreender no comércio mercadorias de custo exorbitante que só os muito ricos podem adquirir. Suetônio relata que "às vezes lictores e soldados iam inclusive, por ordem dele, até às mesas para apreender o que pudera escapar à vigilância dos guardas".

Ele joga sempre com a vaidade dos homens, distribuindo os cargos de pretores ou cônsules, quando estes não têm mais poder algum e valem apenas como títulos honoríficos. Plutarco conta uma anedota ao mesmo tempo engraçada e significativa a esse respeito:

> Tendo o cônsul Máximo morrido um dia antes de expirar seu mandato, César nomeou Canínio Rebilo cônsul para o único dia que restava. Como ia-se em comitiva, segundo o costume, até a casa do novo cônsul para felicitá-lo e acompanhá-lo ao Senado, Cícero exclamou: "Apressemo-nos, para que ele não perca o cargo antes de nossa chegada!".

Aos poucos, é um verdadeiro regime absolutista que César edifica sobre os escombros das antigas magistraturas,

---

*A toga do senador romano. (N.T.)

que permanecem apenas como honrarias, e não como cargos, outorgadas aos mais zelosos de seus partidários ou mesmo a adversários que ele perdoou e dos quais espera, por esse gesto, o reconhecimento ou pelo menos uma neutralidade benevolente. Mais do que isso, e à imagem dos reis helenísticos, ele busca construir em torno de si um poder de direito divino e ser considerado como um deus na terra. Várias vezes, durante sua carreira, lembrou que é o descendente de Júlio [filho de Enéias] e de Vênus. A cada vitória, fez apregoar prodígios e milagres que o saudaram. Em *A guerra civil*, o redator escreve:

> Asseguravam, segundo os cálculos mais exatos, que no templo de Minerva na Élida, no dia mesmo em que César vencera em Farsália, a estátua da Vitória, colocada defronte à de Minerva, havia se virado para as portas do templo. No mesmo dia, em Antioquia, na Síria, fora ouvido por duas vezes um tal clamor de trombetas e gritos de guerra que toda a cidade se armou e correu para as muralhas. O mesmo se passou na cidade de Ptolemais. Em Pérgamo, no santuário do templo onde somente os sacerdotes podem entrar e que os gregos chamam Adira, os tambores sagrados começaram a tocar sozinhos. Em Trales [Ásia Menor], no templo da Vitória, onde fora erguida uma estátua a César, uma palmeira irrompeu naquele dia do chão do templo e se elevou até a abóbada.

Ao fazer cunhar moedas com sua efígie, ele age como todos os soberanos helenísticos da Antigüidade. Assim também, quando une seu cargo de grande pontífice ao de áugure, está assumindo o comando do conjunto da religião romana. Autorizado a vestir sempre o manto púrpura de *imperator*, apresenta-se como acima de todos. Quando retorna de sua última batalha, a de Munda, na Espanha, contra os filhos de Pompeu, e sobe ao Capitólio, pode avistar seu nome inscrito ao lado da Tríade capitolina – Júpiter, Marte e Quirino –, como se aos poucos se tornasse igual a eles. No interior do templo vê-se um carro conduzido por sua estátua, com a seguinte dedicatória de um Senado que lhe é agora completamente devotado: "A César, o semideus".

Cícero, sim, o próprio Cícero, não fica abaixo nos louvores a César, que anistiou Marcelo, um de seus inimigos, e lhe oferece coroas dignas de um deus, prodigalizando elogios hiperbólicos, como se estivesse se dirigindo a um homem fora do comum, quase a uma divindade. Ele enaltece os feitos guerreiros, porém mais ainda a clemência de César, nestes termos reveladores, em seu agradecimento pela anistia de Marcelo:

> Não há força que não possa ser abalada e destruída pela espada e pelos esforços; mas vencer-se a si mesmo, reprimir a cólera, moderar a vitória, estender a mão a um adversário que se distinguiu pela nobreza, pelo talento, pela virtude, reerguê-lo, colocá-lo na mais alta posição, é fazer mais do que um herói, *é igualar-se à divindade*. [Grifo nosso.]

Noutro momento, ele utilizará uma expressão semelhante ao pedir a César a clemência para um de seus adversários e irmão de Ligário, em seu *Discurso em favor de Ligário*: "De todas as virtudes que brilham em vós, a que mais admiramos e prezamos é a clemência. É salvando homens que os homens mais se aproximam da divindade." Para um republicano como Cícero, essas expressões são mais do que ambíguas e denotam a convicção pouco profunda que anima o ilustre advogado.

Mais adiante, ele insiste no poder de um só que César representa, sem parecer melindrar-se, embora descontente, em levar tão longe a bajulação e a lisonja. Essa atitude de Cícero é certamente exemplar da dos republicanos vencidos. Ele dirige-se aos senadores que fazem elogios a César, e humilha-se, esperando dias melhores ao louvar a clemência deste para com Marcelo, de quem tomou a defesa:

> O que acabastes de fazer, exclama invocando César (isto é, a anistia de Marcelo), é obra apenas vossa. Ninguém duvida de que as vitórias obtidas sob vosso comando sejam brilhantes, mas elas foram secundadas por muitos guerreiros. Aqui, sois ao mesmo tempo a cabeça que comanda e o braço que

> executa. A duração de vossos troféus e monumentos não pode ser eterna; obras dos homens, são mortais como eles; mas essa justiça e essa bondade, das quais acabastes de dar um raro exemplo, terão a cada dia um novo brilho, e o que os anos tirarão dos monumentos será acrescentado à vossa glória. (...) Assim, somente a vós pertence o título de invencível, pois triunfastes dos direitos e da força da vitória.

Todo o resto do discurso segue essa veia, repleta de reverências verbais, de evocações de um César aureolado de glória e de qualidades excepcionais.

Certamente Cícero permite-se alguns conselhos, exortando César a restabelecer a confiança e as instituições da República, a cicatrizar as feridas, para depois poder aplicar o que ele próprio disse: "Vivi o bastante para a natureza e para a glória". Ou seja, Cícero aconselha-o um dia a retirar-se, fazendo porém esta ressalva, para não ofendê-lo: "Mas como", ele exclama, "vossa grande alma se recolherá nos limites estreitos que a natureza impôs à vida do homem?! Não, ela arderá sempre com o desejo de imortalidade. Para César, a vida não é este instante fugaz durante o qual a alma está unida ao corpo; a vida, para César, é essa existência que se perpetuará na lembrança de todos os séculos, que se prolongará nos tempos mais distantes e não terá outro limite senão a própria eternidade." Não é isto divinizar César, dar-lhe uma dimensão histórica quase mítica? Nesse ponto Cícero não se engana. Pois, a despeito de suas desonestidades intelectuais, ele é, sem dúvida, uma das mais belas inteligências e um dos espíritos mais cultos de sua época.

Cícero, intérprete inconsciente ou indireto de uma certa opinião pública, indica claramente, mesmo se no fundo não está de acordo, que se cria aos poucos o culto ao divino César. Ele o dirá a Marco Antônio, em sua *Segunda Filípica*, em setembro de 44, terrível requisitório contra o mestre de cavalaria de César que assina sua condenação à morte um ano mais tarde. "Assim como Júpiter, Marte e Quirino, Júlio César tornou-se deus." Ele reprova então Marco Antônio por não ter a coragem de suas próprias opiniões a esse respeito e, na qualidade de flâmine* de César divinizado após a morte, não conceder a este as honrarias que doravante a lei prescreve.

> Você perguntará, diz ele a Marco Antônio, se aprovo que um altar, que um templo, que um sacerdote lhe sejam consagrados. Seguramente não, mas você, que defende os atos de César, profanou as preces solenes e não quis que a almofada sagrada fosse posta diante do novo deus! Antônio, é preciso destruir esse culto ou observá-lo em todos os pontos.

O que mostra que a divinização de César, iniciada enquanto vivia, tornou-se uma realidade seis meses após seu assassinato.

César, que conheceu a vida espartana dos acampamentos militares romanos, sente-se muito feliz, confiando em seu poder irrestrito e em sua fortuna, de viver no luxo. Recentemente mandara edificar uma casa de campo em Arícia, cuja construção e os ornamentos lhe custaram somas colossais. Resolve destruí-la, porque não corresponde exatamente às suas expectativas. As más línguas dizem que ordenou a expedição à Bretanha (Inglaterra) com o único objetivo de buscar pérolas raras e que passa os dias na praia a avaliá-las para escolher as mais belas. É verdade que, no último ano de sua existência, coleciona pedras preciosas, esculturas, estátuas e quadros, e compra a preços exorbitantes escravos de bela estatura e boa educação.

Preocupado, como todos os ditadores ou chefes de Estado, em deixar atrás de si marcas de sua chegada ao poder, a fim de conquistar uma imortalidade histórica, César considera grandes projetos militares e civis, assim como grandes obras públicas. Forma o desejo de atacar os partos que ameaçam no Oriente as províncias romanas e começa os preparativos de sua expedição. Mas põe os olhos ainda mais longe, invejoso como sempre foi da glória de Alexandre, e, uma vez vencidos os partos, quer atravessar a Hircânia [antiga região da Pérsia], ao longo do Mar Cáspio e do Cáucaso, conquistar

---

*Sacerdote da Roma antiga. (N.T.)

a Cítia [ao norte do Mar Negro], e depois voltar-se contra a Germânia e submeter seus povos – o que nunca conseguiu fazer –, atravessar a Gália e retornar à Itália, estendendo assim os territórios de Roma o mais longe possível e garantindo a segurança definitiva de suas fronteiras.

Tem também a pretensão de cortar o istmo de Corinto por um canal e encarrega um empreendedor particularmente reputado, um certo Anieno, dos trabalhos preparatórios desse imenso canteiro de obras. Gostaria igualmente de abrir um canal que ligasse Roma a Circeum, para desviar o Tibre em direção ao mar na altura de Terracina, criando assim uma nova via comercial para Roma. Propõe-se a secar os famosos pântanos Pontinos, origem de febres e paludismo, entre Pometium e Setia, e transformar essas terras em campos férteis que milhares de camponeses colonizariam. Tem planos de abrir uma saída para as águas do lago Ficino.

Para evitar o risco de inundações, deseja construir grandes diques que protegeriam Roma, próxima do mar, assim como pretende desobstruir a enseada de Óstia, semeada de ilhotas rochosas que, cobertas pelo mar, constituem um perigo para os navegadores. Sendo Óstia um porto congestionado, ele pensa em construir outros portos em enseadas artificiais, a fim de que os muitos navios que fazem escala nessa parte do Mediterrâneo possam encontrar um abrigo seguro e ser descarregados rapidamente.

Pensa no embelezamento de Roma, para que nesta cidade, capital do mundo, permaneçam vestígios e sinais de seu papel de evérgeta. Sonha erguer um templo dedicado a Marte, deus da Guerra, que seria um dos maiores do mundo. Manifesta o desejo de edificar um imenso teatro ao pé da rocha Tarpéia [junto ao Capitólio]. Lembrando-se do incêndio da biblioteca de Alexandria, onde grande parte do patrimônio da Antigüidade desapareceu, gostaria que fosse edificada uma grande biblioteca pública, da mesma dimensão que a do Egito, com todo tipo de livros, pergaminhos e tabuinhas gregas e romanas, abarcando a totalidade da cultura conhecida na época. Pensa em confiar a Varrão a tarefa de adquirir esses escritos e classificá-los. Mas não se limita apenas a essas medidas piedosas ou conservadoras. Quer zelar também pela segurança, salubridade e solidez das ruas de Roma e pela boa circulação no conjunto da cidade. Há muito ambiciona construir um novo Fórum para descongestionar o antigo, com uma nova basílica, mas dando aos diversos prédios, antigos e novos, uma unidade e uma harmonia arquitetônica que lhes faltam.

No centro do Fórum de Júlio César, eleva-se o templo de Vênus Genitrix, mãe de Roma e da família do próprio César, que só será terminado após a morte do imperator. Uma estátua eqüestre mostra-o montado em seu cavalo fabuloso. Em volta do Fórum, estende-se uma elegante galeria com lojas, num estilo clássico, harmonioso e sem ostentação. Esses projetos se realizam aos poucos, e em 44 são inaugurados três templos, dedicados à Concórdia, à Clemência e à Bem-aventurança. Ele faz aumentar o Circo (que não é ainda o Coliseu, construído na época de Nero), e, em sua morte, Roma adquire um outro aspecto, mais grandioso, em que o mármore começa a substituir o tijolo.

César, espécie de escritor que não realizou sua vocação, permanece sempre muito ligado às letras e encontra alguma compensação na redação de uma extensa correspondência. Suetônio nos dá inclusive um detalhe singular: "Ele parece ter sido o primeiro a escrever seus relatórios em pequenas páginas superpostas e na forma de um jornal, enquanto antes os cônsules e os generais escreviam os seus em pergaminhos. Possuímos (...) cartas dele aos amigos sobre suas questões domésticas." Como todos os homens de poder, ele utiliza o segredo, "uma espécie de código cujo sentido era ininteligível [as letras estando dispostas de maneira a nunca poderem formar uma palavra], e que consistia, digo isto para os que quiserem decifrá-la, em mudar a ordem das letras, escrevendo a quarta pela primeira, como o 'd' pelo 'a', e outras semelhantes".

César consegue impor o calendário Juliano, reforma revolucionária que o papa Gregório, o Grande, haveria de completar seis séculos mais tarde. Plutarco fala disso, não sem admiração:

> Na alta Antigüidade, os romanos nunca tiveram períodos fixos e regulados para conciliar seus meses com o ano; donde resultava que os sacrifícios e as festas, recuando pouco a pouco, realizavam-se sucessivamente em estações inteiramente opostas àquelas nas quais deviam ser celebrados. Na época mesma de César, em que apenas o ano solar era usado, os cidadãos comuns não conheciam sua revolução, e os sacerdotes, os únicos a terem conhecimento do tempo, acrescentavam, sem que ninguém esperasse, o mês intercalar que eles chamavam Mercedonius. Esse mês, cujo uso foi introduzido, dizem, pelo rei Numa, era apenas um remédio fraco e um meio bastante modesto para corrigir os erros do cálculo do ano (...). César propôs o problema aos mais sábios filósofos e matemáticos de seu tempo; e publicou, com base em métodos já descobertos, uma reforma exata e particular que os romanos ainda empregam, e graças à qual, sobre essa questão da desigualdade do tempo, enganam-se muito menos do que todos os outros povos. No entanto, os invejosos e os que não podiam suportar a dominação de César fizeram dessa reforma um motivo de troça. O orador Cícero, se não me engano, tendo ouvido alguém dizer que a constelação da Lira se levantaria no dia seguinte, exclamou: "Sim, levantar-se-á se promulgarem um édito com esse propósito!", como se essa reforma fosse apenas uma coerção a mais.

Cícero, através de numerosas alusões em sua correspondência, mostra-se cada vez mais odioso em relação a César. Assim, é grande a surpresa quando uma carta por ele endereçada a Ático, e enviada de Pozzuoli em dezembro de 45, informa-nos que recebeu César com grande pompa em sua vila e que parece muito satisfeito com isso. César passou antes na casa de Lúcio Márcio Filipo, antes de dar um passeio pelo rio e chegar à casa de campo de Cícero:

> Ele tomou um banho, conta o orador sem modéstia. Leram-lhe versos sobre Mamurra [versos de Catulo contra o

governador Mamurra e, através dele, contra o próprio César]; mas ele não franziu o cenho, fez-se ungir e pôs-se à mesa. Como havia tomado um vomitivo, bebeu e comeu com apetite e satisfação. Serviços magníficos e suntuosos, acompanhados de conversas de bom gosto e com um requintado sal. Enfim, se quiser saber de tudo, o mais agradável humor do mundo. Três mesas abundantemente servidas estavam preparadas em três salas para os íntimos de sua comitiva. Nada faltou ao comum dos alforriados e dos escravos. Os alforriados mais importantes foram mais bem tratados ainda. O que mais acrescentar? Diziam: eis aí um homem que sabe viver. O hóspede que recebi não era, porém, dessas pessoas a quem se diz: adeus, caro amigo, e volte sempre. É o bastante, por ora. Aliás, não se falou de questões sérias. Conversação puramente literária. Enfim, que mais dizer? Ele pareceu encantado e mostrou-se mais amável do que se pode imaginar (...) Assim transcorreu essa jornada de hospitalidade ou de albergue, se preferir; essa jornada que me assustava tanto, como sabe, e que nada teve de incômodo.

Quando se pensa que três meses mais tarde...

Rumo à monarquia e à morte

César é nomeado, em 14 de janeiro de 44, cônsul, *imperator* e, sobretudo, ditador pela quarta vez. Um mês mais tarde, recebe o título de ditador vitalício. Sabendo o quanto é impopular a realeza com que sonha, mas que foi abolida em Roma pela República desde o século V, ele se permite, em diversos momentos, sondar o povo a esse respeito, por uma série de sinais e gestos bem preparados. Tem, para ajudá-lo nessa tarefa, que consiste em testar o povo romano sobre a questão da realeza, amigos devotados que preparam, de certo modo, o terreno. Alguns, em particular os ministros da religião romana, pontífices, sacerdotes, áugures, espalham em Roma o boato de que, segundo os livros sibilinos, os partos, que César prepara-se para ir conquistar, só seriam submetidos pelo exército romano quando este fosse comandado por um rei, caso contrário a campanha militar estaria votada ao fracasso.

Um dia em que César voltava de Alba a Roma, seus partidários, devidamente repreendidos, como se pode supor, saúdam-no publicamente com o título de rei. Essa tentativa é acolhida com hostilidade pelo povo, que se põe a protestar com furor. Imediatamente, César finge irritação com os amigos por demais zelosos e aturdidos e exclama: "Eu não me chamo rei, mas César!". Essa frase ambígua, pois em realidade não rejeita o título de rei, cai num silêncio profundo e reprovador. César prossegue o caminho com um ar grave e descontente, porque acaba de se dar conta de que ser rei em Roma é quase impossível.

Tampouco esconde sua irritação com membros constituídos de uma República que continua a existir nos fatos e que ele considera um regime caduco. Num dia em que o Senado lhe concede honrarias extraordinárias, os cônsules e os pretores, acompanhados de todos os membros dessa assembléia, vão ao Fórum, onde ele está sentado na tribuna dos discursos, para comunicar-lhe o decreto. Ele não se levanta à chegada dessa comitiva e lhes dá audiência como se o fizesse a simples particulares, respondendo com altivez que seria preferível reduzir as honrarias em vez de aumentá-las – modo de dizer, ao mesmo tempo velado e provocador, que rejeita todas as honrarias que lhe podem ser concedidas pelos representantes de uma República romana moribunda. Essa atitude aflige não somente os senadores mas também o povo, que considera que Roma inteira está sendo, assim, desprezada. César percebe isso, volta para casa, descobre o pescoço e, num acesso de cólera frente a essa resistência a seu desejo de ser rei, exclama diante dos amigos que está disposto a expor-se ao primeiro que quisesse matá-lo.

Depois, compreendendo que fora longe demais na invectiva, muda de tática e explica sua cólera pela epilepsia, doença da qual sofre há muito tempo, assim como Alexandre, o Grande, e declara: "Os que são vítimas dela perdem o uso de seus sentidos quando falam em pé diante de uma assembléia numerosa: tomados primeiramente de um tremor geral, eles sofrem de ofuscamentos e vertigens que os privam de toda consciência". Mas essa desculpa não engana. Em realidade, ele quis levantar-se à chegada dos senadores, mas os bajuladores o impediram, em particular um deles, Cornélio Balbo, que o reteve por uma dobra da toga e disse: "Não lembras que és César?", dando-lhe a entender que era muito superior a todos os representantes da assembléia.

Mas César é obstinado e quer novamente sondar a opinião pública sobre o tema do restabelecimento de um rei para governar Roma. No dia das Lupercais, em 15 de fevereiro de 44, outrora uma festa dos pastores para pedir aos deuses fecundidade a seus rebanhos, jovens das famílias nobres e a maioria dos magistrados correm completamente nus pela cidade, armados de correias de couro com que batem nas pessoas que encontram. Mesmo as mulheres participam dessa festa muito singular, e não as menos importantes, pois as que pertencem à alta nobreza também consentem em misturar-se à multidão, expor-se aos golpes, convencidas de que, se estiverem grávidas, terão uma gestação favorável ou, se são estéreis, que se tornarão fecundas. Todos saem dessa corrida ensangüentados. César, da tribuna, assiste à festa sentado num assento de ouro e vestido com uma toga triunfal. Marco Antônio, novo cônsul do ano 44 e amigo fiel de César, expõe-se ao perigo nessa ocasião e participa da corrida sagrada, tumultuosa e brutal. Ao chegar ao Fórum, onde se encontra César, abre passagem em meio à multidão, sobe no estrado e oferece a seu mestre um diadema enlaçado de um ramo de louro, isto é, a coroa dos reis helenísticos. A claque que César instruiu faz-se ouvir, mas muito modestamente, na multidão compacta e um pouco ruidosa diante da provocação. César percebe novamente que o povo não é favorável à oferenda e rejeita com a mão e com desdém o diadema. Seu gesto é imediatamente aclamado. Mas foi combinado que Marco Antônio reiterasse a oferta. Mais uma vez ouvem-se raros aplausos e César torna a rechaçá-lo, de modo que em todo o Fórum ressoa uma imensa aclamação.

Compreendendo o quanto o povo é hostil a qualquer monarca, César pede que o diadema seja deposto no Capitólio, no templo de Júpiter. Mas, querendo levar docemente o povo à sua idéia agora obsessiva de um restabelecimento da realeza, ele imagina com seus fiéis uma nova pedagogia nesse sentido. Faz coroar suas estátuas, numerosas em Roma, com a faixa real. Dois tribunos do povo, Cesétio e Marulo, furiosos com tal provocação, vão pessoalmente arrancar esses ornamentos reais, e na volta deparam com a hostilidade e os protestos de alguns, entre os quais reconhecem muitos dos que recentemente saudaram César com o título de rei, no Fórum, e que continuam insolentemente a bradar seus slogans. Os tribunos pedem a seus guardas que detenham os perturbadores e os conduzam à prisão. O escândalo atrai muita gente e todos aplaudem a firmeza dos dois magistrados que são qualificados de Bruto, em lembrança daquele que, no século V a.C., pôs fim ao reinado dos Tarquínios e ao regime da realeza, transferindo assim o poder único de um soberano ao Senado e ao povo.

César peca então por imprudência e descobre-se, destituindo os dois tribunos do cargo. Essa medida autoritária e ilegal reaviva a cólera popular, a tal ponto que uma inscrição, em forma de *graffiti*, é gravada sob a estátua de L. Bruto, o que havia expulso o último rei de Roma: "Quisessem os deuses que vivesses!", e sob a de César:

> Bruto, que vingou Roma dos tiranos,
> Foi o primeiro inscrito nos fastos consulares;
> César, que expulsou cônsules populares,
> É o último inscrito na lista dos reis.

César profere inclusive, nas palavras de seus inimigos, insultos ao povo romano, incapaz de reformar-se, comparando este a brutos sem cultura, como os habitantes de Cumas, na Campânia, que tinham a reputação proverbial de serem homens grosseiros e estúpidos. A injúria é grave e terá conseqüências.

De fato, o povo aclamou o nome de Lúcio Júnio Bruto, cujo irmão outrora fora morto por Tarquínio, o rei de Roma. Tendo o filho deste último violado Lucrécia, que, desesperada, suicidou-se por ver sua virtude assim ultrajada, houve uma revolução: Bruto liderou-a, expulsando a família abominada dos Tarquínios e tornando-se, com seu colega T. Colatino, um dos dois primeiros cônsules da recém-nascida República romana. Esse gesto heróico nunca foi esquecido pelos romanos, que o conhecem desde a mais tenra idade. Ora, no ano 44 existe um Marco Júnio Bruto, descendente, por seu pai, daquele antigo e famoso Bruto. Devemos lembrar também que ele é filho de Servília, a mulher com quem César mantém uma ligação bastante antiga. Marco Júnio Bruto foi sempre dilacerado por contradições de ordem familiar durante a guerra civil. Seu pai, colocado por Lépido na chefia das forças armadas da Gália cisalpina, fora assassinado por ordem de Pompeu, o que deveria ter feito dele um cesariano fanático. Mas sua mãe é cunhada de Catão de Utica, o intransigente adversário de César que preferiu a morte, como vimos, à clemência do inimigo. Bruto, ainda jovem, deixou de lado o rancor e, fascinado pelo tio Catão de Utica, abraça sua causa, a dos republicanos. Mas, logo após a batalha de Farsália, deixa-se aliciar por César, que o cumula de honrarias e de quem se torna o filho adotivo. As más línguas dizem-no o fruto dos amores de César e de Servília, o que não pode ser verdade: ele tinha treze anos, em 66, quando essa ligação começou! César confia-lhe o governo da Gália cisalpina em 46. Bruto exerce o comando com moderação, sem sentir-se em país conquistado. Quando César, ao retornar da Espanha, atravessa a Itália, ele observa o bom estado das cidades e a prosperidade da população, mostrando-se muito satisfeito com a contribuição de Bruto à sua glória. Para recompensá-lo, nomeia-o pretor urbano, em 44, prometendo-lhe, após esse cargo, o governo da Macedônia e a designação como cônsul por quatro anos (o que significa, para César, abandonar Cássio, seu concorrente, mas também esposo de sua irmã Júlia e, portanto, seu cunhado). César não esconde, privadamente, que Cássio tem mais de um título para merecer essas honrarias, tendo realizado façanhas guerreiras contra os partos, mas, por razões fáceis de compreender, é levado a preferir Bruto.

Este, porém, talvez incomodado por aparecer como o protegido de César, e por trair assim um de seus antepassados, verdadeiro personagem mítico de Roma, busca sair dessa situação moralmente comprometedora filiando-se a uma conjuração para derrubar César e encabeçada por Cássio, seu desafortunado concorrente.

César é advertido do perigo que corre e da traição possível e mesmo provável de Bruto. Incapaz de conceber uma deslealdade de seu protegido, ele zomba da inquietação dos amigos e, pegando a pele do corpo com a mão, exclama, segundo Plutarco: "Mas o quê! Acham que Bruto não esperará a dissolução desta miserável carne?", dando a entender que após sua morte cabe a Bruto sucedê-lo. Por outro lado, se vêm contar-lhe que Marco Antônio e Dolabella montam intrigas suspeitas, mesmo sendo seus amigos, ele responde, segundo Plutarco: "Não é dessa gente gorda e bem penteada que tenho medo, mas de homens magros e pálidos". Ora, como Bruto e Cássio o são, é lícito compreender que César começa a desconfiar deles.

Bruto hesita em tomar uma resolução durante algumas semanas, no início do ano 44. Os conjurados, ou os que desejam a queda de César, não ousam pedir-lhe abertamente que se junte a eles, temendo serem descobertos ou mesmo denunciados por Bruto. Contentam-se em colocar em seu escritório de pretor urbano bilhetes anônimos, para pressioná-lo, e dos quais Plutarco nos dá alguns exemplos em seu *César*, mas também em seu *Bruto*: "Dormes, Bruto. Não és um verdadeiro Bruto". "Quisesse Deus que ainda estivesses vivo, Bruto!" "Por que deixaste de viver, Bruto?"

Cássio, decidido a vingar-se da afronta que lhe fez César, busca aliar-se a Bruto, que não esqueceu sua desavença com ele, mas que é sensível ao argumento de que César é um tirano que lhe concede favores para amolecer sua disposição em favor da República e para amarrá-lo ainda mais à sua pessoa. A decisão de Bruto é tomada, bem como a de muitos conjurados, quando, em 14 de fevereiro de 44, César é nomeado ditador perpétuo. Ignora-se, nesse momento, que César aprecia tanto mais o título, de inspiração monárquica, que o torna senhor absoluto de Roma por toda a vida, na medida em que o jovem Otávio fora adotado secretamente por ele no ano anterior e, em caso de vacância do poder, assumirá automaticamente a sucessão como herdeiro. Estamos então próximos da dinastia dos Antoninos, cujos imperadores, até Marco Aurélio, escolherão por adoção seus sucessores, no século II de nossa era.

Numa fórmula feliz, Plutarco escreve que "Bruto detestava a tirania e Cássio, o tirano". Assim eles podiam se aliar, o primeiro, por pura ideologia; o segundo, por ódio pessoal e por um caso muito particular. De fato, Cássio havia reunido e conduzido leões a Mégara [Grécia] para os jogos oferecidos por ocasião de sua edilidade. César, que os encontrou na cidade quando foi tomada por Caleno, simplesmente os confiscara! O caso teve um desdobramento desastroso para os megarenses. Estes, quando viram a cidade em poder do inimigo, abriram as jaulas dos animais e os soltaram para que se precipitassem sobre os romanos. Mas as feras reagiram de outro modo e se lançaram contra os megarenses desarmados, matando e estraçalhando muitos deles. Teria Cássio, então, entrado num complô contra César por causa de uma história de leões?

Seria cômico, se não fosse sério. Cássio nunca escondeu em sua vida uma aversão aos tiranos e, em criança, inclusive brigara com um colega de classe, Fausto, filho de Sila, o terrível ditador dos anos 80, que se gabava de ter um pai como o seu. Cássio, portanto, logo se torna a alma do complô; e quando se abre a alguns de seus amigos mais seguros, estes lhe respondem que aceitam entrar na conjuração se esta for liderada por Bruto, pois esse homem é, por seu nome, um símbolo. Se ele aceitar ser o chefe do complô, será o sinal de que se desligou totalmente do protetor, e sua direção será tanto mais aceita se o sucesso do empreendimento for garantido.

Cássio decide então reconciliar-se com Bruto, indo visitá-lo para testemunhar-lhe a amizade. Depois pergunta-lhe se não tem a intenção de ir ao Senado no dia das calendas de março, acrescentando, segundo Plutarco: "Ouvi dizer que nesse dia os amigos de César vão apresentar um projeto de lei destinado a fazê-lo rei". Bruto, cauteloso e desconfiando da brusca virada de Cássio em relação a ele, fareja alguma armadilha e responde secamente que não assistirá à sessão. Cássio insiste: "Mas se formos convocados?". Bruto replica: "Então meu dever será não me calar, mas defender a liberdade e morrer antes de vê-la expirar".

Cássio, sentindo que Bruto está visivelmente perturbado, ousa então desafiá-lo:

> Onde está o romano que gostaria de consentir em tua morte? Ignoras quem tu és, Bruto? Achas que são tecelões e

taberneiros, e não os homens mais importantes e poderosos da cidade, que cobrem teu tribunal de pretor urbano com esses escritos que encontras diariamente? O que eles esperam dos pretores são distribuições de dinheiro, espetáculos, combates de gladiadores. Mas o que reclamam de ti, como uma dívida hereditária, é a derrubada da tirania. Estão dispostos a suportar tudo por ti, se aceitares te mostrar tal como eles pensam que deves ser.

Para dar mais força a essa exortação, Cássio dá um abraço em Bruto. Os dois homens se despedem, doravante amigos e cúmplices. Recrutam facilmente seguidores entre pessoas que César indultou e que se sentem tanto mais irritadas quanto não querem se mostrar agradecidas. Quinto Ligário, partidário de Pompeu, é um dos que o ditador vitalício absolveu. Bruto, que é seu amigo há muitos anos, vai visitá-lo e o encontra no leito, enfermo, e observa enigmaticamente que é um mau momento para ficar doente. Ligário ergue-se do leito e aperta a mão de Bruto, dizendo: "Se tens algum propósito digno de ti, então estou curado". Os dois amigos visitam em segredo pessoas que poderiam juntar-se à causa, sondam suas opiniões e, às que lhes parecem de confiança e não temem os perigos nem a morte, comunicam o projeto de pôr fim ao poder de César, isto é, a intenção de atentar contra sua vida.

Eles desconfiam de Cícero e evitam fazê-lo entrar na conjuração, achando que ele talvez tivesse alguma simpatia por essa decisão criminosa, mas que mostrou muitas vezes em sua carreira um lado bastante covarde e, com freqüência, uma falta de sangue-frio. Consideram ainda que o orador é um homem cuja idade, 63 anos, o fará hesitante e medroso.

Se Cícero for detido e torturado, é certo, segundo eles, que abrirá a boca. Sabem também que Cícero é um homem circunspecto e prudente, e que pode desencorajá-los a se lançarem no complô: como é eloqüente e inteligente, por certo não deixará de apresentar argumentos, havendo o risco de barrar, com sua retórica e seus raciocínios imbatíveis, os mais decididos a agir.

Cícero, de fato, mostra-se cheio de moderação em suas cartas, mas no ano 45 cita várias vezes Bruto e reconhece, numa missiva a seu amigo Ático, em agosto, que "o poder de Bruto está bem estabelecido!". Escreve também a César para felicitá-lo por seu *Anti-Catão*, "de igual a igual", "sem bajulação ridícula", permite-se dizer a Ático. Mas, lendo-se todas as suas cartas de agosto de 45 a março de 44, percebe-se visivelmente que não foi colocado a par do complô.

Bruto também se abstém de avisar Estatílio, célebre filósofo epicuriano que ensina em Roma, assim como Favônio, não obstante ser um êmulo de Catão. Lembra-se de uma conversa que teve com eles pouco antes, durante a qual lançou algumas frases vagas e hostis sobre a aspiração de César à realeza, mas sem insistir, como uma reflexão que de repente lhe viesse à cabeça. Imediatamente Favônio rebelou-se e respondeu que uma guerra civil é bem mais funesta que a injustiça das monarquias. Quanto a Estatílio, ele filosofou como de hábito e declarou que o homem sábio e prudente não se expunha ao perigo em favor dos insensatos.

Um jurisconsulto romano, Labeão, presente por ocasião dessa conversa, não hesita em refutar os argumentos especiosos, a seu ver, desses dois filósofos. Bruto mostra-se conciliador e rapidamente se afasta dos dois amigos, para não despertar suas suspeitas. Mas, vendo que Labeão contestou a prudência dos dois interlocutores, vai à casa dele no dia seguinte e o convence, sem dificuldade, a entrar na conjuração. Eles decidem também introduzir um outro Bruto, cognominado Albino, que não é reputado por sua coragem, mas possui uma tropa de gladiadores para os espetáculos oferecidos na arena e, por essa razão, pode lhes ser útil. Seu apoio é tanto mais precioso porque ele goza da confiança de César e, portanto, nunca será suspeito aos olhos dele, o que lhe permite uma grande facilidade de movimentos sem precisar se ocultar. Labeão e Cássio comunicam-lhe a conjuração. Albino cala-se prudentemente e não se compromete em nada. Vai, em seguida, à casa de Bruto para pedir conselho e, ao saber que este é o chefe da conjuração, não hesita e compromete-se a ajudá-lo com todas as suas forças e toda a sua fortuna.

Como se vê, basta que o nome de Bruto seja pronunciado para que muitas pessoas se aliem ao complô, tal é a reputação de integridade desse homem. Os conjurados não fazem entre si nenhum juramento, mas guardam o segredo, sabendo se calar, nada divulgar. Em Roma, com exceção deles, ninguém parece saber nem mesmo acreditar ser possível um complô, apesar das advertências, como escreve Plutarco em seu *Bruto*, "que os deuses deram por predições, por prodígios, por sinais revelados através das vítimas" animais sacrificados pelos sacerdotes e pelos áugures.

Bruto rapidamente se vê na liderança de um grande número de conjurados entre as pessoas mais ilustres e virtuosas de Roma, que não hesitaram em enfrentar um imenso perigo para permanecerem fiéis a suas idéias e à República. É uma enorme responsabilidade para Bruto, que deve mostrar prudência a todo instante para não comprometer seus amigos, permanecer senhor de sua linguagem, não trair seu pensamento por mensagens ambíguas que poderiam ser interpretadas e decodificadas pela polícia de César ou por seus amigos. Em público, ele sabe conter-se e ser ardiloso, mas privadamente é roído pela inquietude, tem pesadelos, desperta sobressaltado, diz Plutarco, depois passa a metade das noites a refletir sobre o desenrolar e o bom funcionamento do complô, a avaliar suas falhas ou erros possíveis, a calcular suas conseqüências, a tomar consciência da imensa dificuldade do empreendimento.

Sua esposa, Pórcia, deitada a seu lado, percebe a perturbação do marido e o quanto sua agitação trai projetos incomuns, e dos quais ele tem dificuldade de achar a solução. Ela é filha de Catão de Utica e prima distante de Bruto, que se casou com ela, muito jovem, quando já era a viúva de Calpúrnio Bíbulo, colega de César no consulado de 59, de quem teve um filho, também chamado Bíbulo. Pórcia é uma daquelas hábeis mulheres romanas que fizeram a admiração dos historiadores de Roma. Espírito fino e culto, fez estudos de filosofia. Adora o marido. Tendo uma grande elevação de espírito ligada a muita prudência, sabe que não deve precipitar-se nem perguntar a Bruto o segredo que o angustia, antes de ter-lhe provado que é capaz de aceitá-lo e de ser corajosa.

Ela imagina então um estratagema bastante original. Pega uma pequena faca, semelhante às que os barbeiros utilizam para cortar as unhas. Depois de dispensar todas as escravas e servas, faz na coxa uma profunda incisão, de modo que em pouco tempo perde muito sangue e é acometida de uma febre acompanhada de tremores. Bruto, alertado e tomado de uma terrível inquietação, acorre para junto da cabeceira da mulher, que, mesmo sofrendo muito, pede-lhe que se aproxime e faz este discurso, relatado por Plutarco em seu *Bruto*: "Bruto, sou filha de Catão e entrei em tua casa não apenas para ser tua companheira de mesa e de leito, mas para partilhar contigo os dias bons e os dias ruins. Não me deste, desde nosso casamento, qualquer motivo de queixa. Mas eu, que prova posso te dar do meu reconhecimento e da minha ternura, se me crês incapaz de suportar contigo tanto um incidente de tua vida que requer segredo quanto uma confidência que exige a fidelidade? Sei que geralmente julgam a mulher muito fraca para guardar um segredo. Mas a boa educação e o convívio com as pessoas virtuosas, Bruto, têm uma influência sobre o caráter, e sou ao mesmo tempo filha de Catão e mulher de Bruto. Confiando já nesse duplo apoio, eu quis me assegurar, no entanto, de que sou insensível à dor."

Ao concluir essas palavras, ela descobre a coxa, mostra-lhe o ferimento e conta como e por que o fez. Bruto é tomado de assombro. Ergue as mãos ao céu e pede aos deuses que lhe concedam um êxito completo em seu projeto, a fim de que o julguem digno de ser o esposo de uma mulher tão excepcional quanto Pórcia, a quem confia o segredo. Depois chama os médicos e os cirurgiões mais célebres de Roma para cuidar desse ferimento.

Os conjurados imaginam diferentes estratagemas para matar César. Eles dividiriam suas forças, segundo Suetônio:

"Uns o precipitariam da ponte, durante os comícios do Campo de Marte e no momento em que ele convocasse os tribunos a votar, enquanto os outros o esperariam embaixo para massacrá-lo, ou então o atacariam na Via sagrada, ou, ainda, na entrada do teatro".

Mas como o Senado deve se reunir no dia dos idos de março, e como César deve ir até lá, os conjurados escolhem esse dia para executar o plano. Não deve faltar nenhum, para não haver suspeitas, e eles devem se agrupar e estar cercados dos personagens mais ilustres politicamente e dos mais republicanos de Roma, que não deixarão de aprovar esse homicídio, declarando-se defensores da liberdade. O local escolhido é o mais de acordo ao êxito da conjuração: um dos pórticos que cercam o teatro onde se encontra a sala guarnecida de assentos, no meio da qual ergue-se a estátua que Roma elevou a Pompeu, estátua, convém lembrar, que César, em sua magnanimidade, mandou repor, sem ódio ao ex-adversário.

Em 15 de março de 44, Bruto confessa à sua mulher, e a ela apenas, que chegou o dia de pôr fim à vida de César, e sai de casa, com um punhal escondido sob a toga, para ir ao Senado. Enquanto caminha pela via Ápia, é alcançado por um de seus escravos, que, ofegante, vem anunciar-lhe que sua mulher está morrendo. De fato, Pórcia, completamente tomada pela inquietude, e não podendo suportar o peso da angústia, não consegue se conter: o menor ruído a faz estremecer e, como escreve Plutarco, "como as mulheres tomadas pelo furor das bacantes", ela sai de casa, numa agitação delirante e totalmente fora de si, perguntando a cada passante que parece vir do Fórum onde Bruto se encontra, o que ele faz, e envia sucessivamente seus escravos com uma mensagem destinada a ele, para ter a todo momento notícias frescas.

Como o tempo passa e as notícias não chegam, ela volta para casa e, no meio do átrio, incapaz de suportar a incerteza, empalidece, perde a voz e cai desfalecida. As servas, vendo-a nesse estado e julgando-a morta, lançam gritos de desespero.

Os vizinhos acorrem e a notícia da morte de Pórcia se espalha imediatamente pela cidade. Mas Pórcia sai do desmaio e, graças aos cuidados dispensados por seus escravos domésticos, recupera os sentidos e a calma. Enquanto isso, anunciam a Bruto que sua mulher está provavelmente morta, mas este decide que sua infelicidade pessoal não deve prevalecer sobre o interesse público, isto é, sobre o bom desenrolar do complô.

Os outros conjurados reúnem-se na casa de Cássio, cujo filho deve vestir a toga viril. Eles acompanham este último ao Fórum para a cerimônia. Depois, entram no pórtico dito de Pompeu, onde esperam a chegada de César com uma serenidade e uma impassibilidade tais que ninguém pode suspeitar-lhes a intenção. Alguns deles devem cumprir naquele dia suas funções de pretores, isto é, de juízes, e escutam os queixosos com atenção, sem nervosismo, confrontando os pontos de vista e as disputas entre as partes com a mais perfeita tranqüilidade. Pronunciam as sentenças com uma extrema aplicação. Um dos acusados, que acaba de ser condenado por Bruto, pretor urbano, e que recusa-se a pagar a multa, invoca César, bradando e protestando contra o julgamento. Bruto declara com altivez, segundo Plutarco: "César jamais me impediu e jamais me impedirá de julgar segundo as leis".

No entanto os conjurados mostram-se secretamente inquietos. César ainda não chegou, quando é sempre pontual em seus deslocamentos. Teria sido informado acerca da conjuração? Eles ignoram que César foi alertado, há vários dias, por uma série de prodígios e fatos perturbadores que suscitaram sua perplexidade, quando não seu temor, pois, como todos os romanos, César é supersticioso, embora finja não ser. "Fogos celestes se acenderam, ruídos noturnos indefiníveis fizeram-se ouvir, aves solitárias vieram em pleno dia pousar nos templos do Fórum", segundo Plutarco. O geógrafo Estrabão conta que foram vistos homens flamejantes combatendo entre si, no céu. O ordenança de um militar viu uma chama muito viva brotar de sua mão, como se esta ardesse.

Mas, quando a chama se extinguiu, o homem não tinha qualquer traço de queimadura.

Suetônio evoca também prodígios ocorridos em outros locais que não Roma, e que se manifestaram alguns meses antes.

> Os colonos a quem a Lei Júlia – uma lei editada por César – dera terras na Campânia, querendo construir casas de campo, destruíram sepulturas da Antigüidade mais remota, e com tanto mais pressa quanto descobriam nas escavações, de tempo em tempo, vasos de um trabalho muito antigo. Num túmulo onde, diziam, estava sepultado Cápis, fundador de Cápua, encontraram uma lâmina de bronze que portava em caracteres gregos, e nessa língua, uma inscrição assim concebida: "Quando tiverem descoberto as cinzas de Cápis, um descendente de Júlio [César, portanto] perecerá pela mão de seus familiares e será logo vingado pelos infortúnios da Itália".

Suetônio prossegue, invocando o testemunho de Cornélio Balbo, um amigo de César:

> Alguns dias antes da morte de César, Balbo ficou sabendo que os cavalos que ele havia consagrado aos deuses antes de passar o Rubicão, e que foram deixados a vagar sem dono, recusavam toda espécie de alimento e derramavam abundantes lágrimas. Por seu lado, o arúspice Spurinna advertiu César, durante um sacrifício, a proteger-se de um perigo que o ameaçava até os idos de março. Na véspera desses mesmos idos, uma carriça [um passarinho muito pequeno] que viera pousar, com um pequeno ramo de louro, na sala do Senado, dita de Pompeu, foi perseguida e atacada por diferentes aves, saídas de um bosque vizinho.

Num sacrifício que César oferecia, não foi encontrado o coração da vítima, "prodígio assustador", comenta Plutarco. Contava-se também que um adivinho alertou César a acautelar-se de um grande perigo que o ameaçava no dia 15 de março de 44. No dia 14 de março à noite, César janta na casa de Lépido e, como de costume, examina sua correspondência à mesa. Durante a conversa, um dos convivas coloca uma questão inquietante: "Que morte é a melhor?". César, antecipando-se a todas as respostas, diz em voz alta: "Uma morte brusca e inopinada!".

Após esse jantar, tendo César voltado para casa e se deitado junto à sua mulher, como costumava fazer, todas as portas e as janelas do quarto se abriram de repente sozinhas, como sob a força de um vento que não havia. César sonha que voa acima das nuvens e põe sua mão na de Júpiter. Despertado em sobressalto pelo ruído e pela claridade da lua, ele ouve a esposa Calpúrnia, que dorme num sono profundo, emitir gemidos confusos e pronunciar palavras incompreensíveis. Calpúrnia, ao despertar, teria dito a ele, segundo alguns, que chorava seu esposo e que o segurava, degolado, nos braços; segundo outros, em particular o historiador Tito Lívio, ela teria sonhado que um pináculo, que o Senado fizera colocar no topo da casa de César como sinal de distinção àquele que nela habitava, fora destruído, o que teria provocado seus gemidos e suas lágrimas.

Advertida por esses sonhos, e quando o dia amanhece, Calpúrnia implora a César, que não se sente muito bem, que não saia e adie a reunião do Senado e sua participação. "Se não dás atenção a meus sonhos", diz ela, segundo Plutarco em seu *César*, "pelo menos recorre a outras adivinhações e consulta as entranhas das vítimas para conhecer o futuro." Apesar de sua calma, César perturba-se com os alarmes da esposa, dominada por fortes inquietações, o que é muito raro. Um pouco abalado, ele consulta então adivinhos que, após vários sacrifícios, declaram que os sinais do céu e dos deuses lhe são, de fato, desfavoráveis. Assim, aceita submeter-se a essas indicações e decide enviar Marco Antônio ao Senado para adiar a reunião prevista.

Nesse momento, César recebe a visita de Décimo Bruto, cognominado Albino para distingui-lo de Marco Júnio Bruto, e que também foi designado por César como seu segundo herdeiro. Ora, já vimos que ele é um dos cúmplices da conjuração. Ficou sabendo da decisão de César de adiar a reunião e teme que no lapso de tempo a seguir seja descoberta a trama do complô. Ele permite-se então, para tranqüilizar César, que evoca os sonhos inquietantes de Calpúrnia, fazer gracejos sobre os adivinhos pouco confiáveis e até mesmo charlatães. Depois, pede-lhe que reconsidere a decisão, para não ofender gravemente a dignidade do Senado, atingido por essa medida unilateral. Plutarco relata os argumentos do hipócrita:

> Foi por tua convocação, disse ele a César, que os senadores se reuniram: todos estão dispostos a declarar-te rei de todas as províncias situadas fora da Itália e a permitir que portes o diadema em toda parte exceto em Roma, na terra e no mar. Se, agora que estão sentados em seus lugares, alguém for lhes dizer que se retirem e voltem outro dia, aquele que os sonhos de Calpúrnia aprovarem, o que vão dizer teus adversários? E quem acreditará em teus amigos quando disserem que isso não é servidão e tirania? Mas se consideras que este dia é nefasto, acrescentou, a melhor solução é ainda ir ao Senado e declarar que adias a reunião para um outro dia.

Décimo Bruto consegue assim convencer César e, tomando-o pelo braço, sai com ele na quinta hora, isto é, às onze da manhã. Tão logo César, muito cercado, transpõe a soleira, um escravo, que desejava muito lhe falar mas não pôde atravessar a multidão e chegar até ele, consegue penetrar na casa e aproximar-se de Calpúrnia, a quem pede proteção e hospitalidade, pois tem coisas importantes a comunicar a César, assim que ele voltar. Enquanto isso, César, sentado numa liteira transportada por escravos, dirige-se ao Senado. É aclamado por uma grande multidão. Um certo Artemidoro de Cnido, que ensina em Roma letras gregas e adivinhou, tendo relações com estudantes cúmplices de Bruto, que uma conjuração se prepara, tenta entregar a César um papel a fim de indicar-lhe o perigo que corre. Vendo que César, à medida que recebe pedidos de numerosas pessoas ao redor, passa as tabuinhas ou os pergaminhos aos lictores que o acompanham, ele tenta se aproximar o mais perto dele e, apresentando a petição na qual escreveu suas revelações, sopra no ouvido de César, segundo as palavras de Plutarco: "Lê isto, sozinho e rapidamente, pois são coisas muito importantes que te interessam pessoalmente". César, mais uma vez abalado, pois conhece o filósofo e não o considera um mágico, procura várias vezes isolar-se para ler a advertência. Mas não consegue, tal é a pressão da multidão que o cerca e, segundo o costume, solicita recomendações ou favores.

César, já alarmado pelos sinais desfavoráveis que as vítimas sacrificadas pelos sacerdotes indicaram, decidiu não discutir no Senado nenhuma questão importante naquele dia e reconvocar a assembléia, sob pretexto de uma indisposição. Ao chegar diante da Assembléia dos Pais conscritos e continuando a levar a mensagem de Artemidoro na mão, a única que não entregou aos lictores, ele desce da liteira e é acolhido por Popílio Lenas, que há pouco desejou a Bruto e a Cássio sucesso no seu empreendimento. Os dois conversam longamente sobre a ordem do dia, que César quer abreviar. Os conjurados, que se acham reunidos sob o pórtico, não conseguem ouvir essa conversa, mas temem que Lenas denuncie de maneira detalhada o complô. De repente sentem-se desencorajados e ansiosos, olham-se uns aos outros fixamente, como para darem um sinal comum, o de não se fazerem prender e, portanto, suicidarem-se. Cássio e alguns dos conjurados já pegaram o punhal oculto sob a toga, quando Bruto vê que Lenas acaba de fazer o sinal convencionado de que tudo se desenrola conforme o previsto e que não há traição.

Ele evita revelar aos conjurados, entre os quais muitos senadores, que o complô deve terminar com a morte de César, e não com sua simples destituição e exílio. Mas exibe um grande sorriso para tranqüilizar Cássio e seus companheiros de segredo. Lenas despede-se enfim de César, beijando-lhe a mão.

César entra então na sala do Senado. Lá se acham sentados os senadores, que se levantam para aclamá-lo. Segundo Suetônio, ao avistar o arúspice Spurinna, ele faz-lhe um gracejo, dizendo que "suas predições estavam erradas, pois os idos de março tinham chegado sem trazer nenhuma desgraça". "Sim", responde o áugure, "chegaram, mas ainda não passaram." César senta-se e os conjurados, sem precipitação, com naturalidade, cercam seu assento, fingindo querer conversar cada qual pessoalmente. Ele está exatamente defronte à estátua de Pompeu, ao pé da qual Cássio parece estranhamente se recolher. Vê Marco Antônio, o amigo mais devotado à sua causa, conversando com Trebônio à porta do Senado. Parece-lhe que este último retém o interlocutor pela toga para impedi-lo de entrar na sala. De fato, todos sabem em Roma que Marco Antônio é reputado pela valentia e pelo vigor. César não tem tempo de refletir sobre esse sinal estranho. Túlio Címber já avança em sua direção e lhe pede a volta do irmão, exilado. Os conjurados juntam suas súplicas às dele, tomando as mãos de César e beijando-as, alguns beijando-lhe a fronte, em sinal de deferência. César rejeita as súplicas e, diante da insistência do pequeno grupo que se aproxima de um modo um tanto ameaçador, levanta-se para rechaçá-lo.

Nesse instante, Túlio pega a toga de César com as duas mãos e descobre-lhe os ombros, o que para os conjurados é o sinal de ataque. Casca, que se encontra atrás de César, saca o punhal e desfere-lhe o primeiro golpe junto ao ombro, mas o ferimento é superficial. A mão de Casca certamente tremeu. César pega imediatamente o punho da arma que acaba de golpeá-lo e exclama em latim: "Pérfido Casca, que fazes?", e Casca grita em grego: "Meu irmão, socorro!".

Os senadores, que em sua maioria não fazem parte do complô, são tomados de horror ante esse espetáculo, levantam-se, tão trêmulos e pasmos que não pensam sequer em fugir, nem em acudir para defender César dos agressores, nem mesmo em protestar. Impotentes e imóveis, assistem à seqüência e vêem César cercado de conjurados armados de punhais e facas que o golpeiam nos olhos e no rosto. César defende-se, diz Plutarco, "como um animal feroz encurralado por caçadores e tenta afastar essas mãos armadas". Todos, de fato, querem desferir um golpe para provar que participaram desse assassinato de modo pessoal e eficaz. Nesse momento, todos consideram César uma vítima maléfica que deve ser sacrificada para que viva a República. São tão numerosos e acham-se tão amontoados que acabam, como tubarões despedaçando a presa, por se ferir mutuamente, logo cobrindo-se de sangue. Bruto, que se aproximou de César, tem a mão ferida, mas pode ainda desferir contra seu protetor, contra seu pai adotivo, o golpe de misericórdia, apunhalando-o na virilha. Ao vê-lo, César exclama, não em latim, como sempre se pensou, mas em grego, segundo numerosos testemunhos: "Até tu, meu menino?" (e não meu filho, como é admitido), testemunhando sua trágica incredulidade. É então que, diante dessa última traição, César abandona a luta, cobre o rosto com uma aba da toga e entrega-se às lâminas dos assassinos que acabam por transpassar seu corpo sem vida.

César depois de César

Os contemporâneos ficaram impressionados com a facilidade com que César, que não buscou se proteger – havia dispensado sua guarda espanhola –, foi morto, e concluíram que ele desejava morrer, estando cansado demais para lutar, talvez em má saúde, uma espécie de suicídio disfarçado. É a razão pela qual, segundo Suetônio, ele teria desprezado voluntariamente as advertências da religião e os conselhos dos amigos e de Calpúrnia, a esposa. Outros atribuíram-lhe o pensamento, escreve Suetônio, de que "prefaria sucumbir de uma vez ao complô dos inimigos a temê-los sempre". Ainda segundo outros, ele tinha o costume de dizer "que a República estava mais interessada do que ele próprio na sua conservação; que ele conquistara, havia muito, bastante glória e poder, mas que a República, se ele viesse a perecer, não teria repouso algum e se afundaria nos terríveis males das guerras civis".

> Mas, conclui Suetônio, o que geralmente se admite é que sua morte foi mais ou menos tal como ele quis. Pois, lendo um dia em Xenofonte que Ciro havia dado, durante sua última enfermidade, algumas ordens para seus funerais, ele demonstrou sua aversão por uma morte lenta, e desejou que a sua fosse rápida e súbita.

Bruto, uma vez executado o crime, avança em direção aos senadores, mas estes, apavorados, fogem na maior desordem, acreditando que seriam as próximas vítimas dos conjurados. Cícero recebe a notícia do assassinato de César de um certo Lúcio Minúcio Básilo e responde-lhe com algumas palavras que traem ao mesmo tempo sua alegria mas também um medo intenso: "Muito bem, muito bem! Alegro-me, te amo. Sou teu, estou sempre a teu lado. E tu, me amas? O que me contas? O que fazem? Quero saber." Compreende-se melhor esses sentimentos mitigados de Cícero se lemos uma passagem de sua *Segunda Filípica*, que pronuncia alguns meses antes de seu próprio assassinato. Com efeito, ele acaba de saber, juntamente com a boa notícia da morte de César, que Bruto pronunciou seu nome como o de um dos cúmplices, e resolve explicar-se nesse panfleto contra Marco Antônio, que o acusa em pleno Senado, em 19 de setembro de 44, de ter sido o cúmplice de Bruto e mesmo seu inspirador. Cícero nega e não nega ao mesmo tempo, entregando-se a um desmentido do qual tem o segredo, mas que não engana ninguém. Ele sonhava matar César e Bruto o fez. É a última disputa entre os dois homens, entre um morto e um vivo, e não servirá à glória do segundo. A passagem merece ser citada, pois, como de hábito, é através das palavras de Cícero que uma grande parte da classe senatorial se exprime, mostrando sua covardia, sua hipocrisia, e testemunhando, enfim, que ela agoniza num regime que César compreendeu bem que estava moribundo:

> Logo que César foi morto, disse Marco Antônio, Bruto, elevando o punhal ensangüentado, proferiu o nome de Cícero e o felicitou pelo restabelecimento da liberdade. Por que eu e não qualquer outro? É porque eu sabia do segredo? Não seria antes porque Bruto, tendo imitado o que fiz outrora [isto é, a execução dos conjurados de Catilina], julgou dever tomar-me por testemunha de que ele aspirava à mesma glória que eu? E você, o mais estúpido dos mortais, não compreende que, se é um crime ter desejado a morte de César, tal como me acusa, também é um crime ter-se alegrado com sua morte.

Quando nos lembramos do bilhete a Básilo citado acima em que Cícero se alegra ostensivamente com a morte de César dizendo "muito bem, muito bem", ficamos atônitos diante de tal descaramento. E ele continua: "Pois que diferença há entre aconselhar uma ação e aprová-la? Que eu tenha desejado sua morte ou que tenha me alegrado com ela, não é a mesma coisa?" De fato, ele quer e não quer dizer abertamente.

Aproveitando a confusão, Marco Antônio e Lépido, os dois amigos mais fiéis de César, escapam às escondidas, e o primeiro, temendo ser visado por uma possível proscrição, disfarça-se de plebeu para melhor se ocultar. No entanto nunca esteve na intenção dos conjurados lançar-se a um massacre generalizado, César é o único que está em causa. Bruto e seus amigos saem do Senado com as armas ensangüentadas na mão e tomam tranqüilamente o caminho do Capitólio, chamando ingenuamente os cidadãos a celebrarem sua liberdade reconquistada.

Num primeiro momento, a visão desses assassinos que serenamente apelam à calma e à concórdia semeia a confusão e a desordem em Roma inteira. Ninguém imagina que os conjurados não vão atacar outros partidários de César. Como as horas passam e nada de nefasto se produz, os cidadãos e os senadores retomam coragem e sobem ao Capitólio, onde estão reunidos os conjurados. Bruto pronuncia um discurso para justificar sua conduta e a de seus amigos; depois todos descem do Capitólio até o Fórum, onde o povo, muito favorável a César, reuniu-se e mostra-se hostil. Mas ninguém ousa reagir, por causa das personalidades eminentes que cercam Bruto e seus amigos. Bruto mais uma vez justifica o assassinato, mas algumas pessoas começam a protestar, sobretudo quando Cornélio Cinna põe-se desastradamente a injuriar a memória de César. Os conjurados são obrigados a fugir e tornam a subir rapidamente a colina do Capitólio.

Logo no dia seguinte, porém, para acalmar o povo, alguns personagens reconhecidos e honrados em Roma, como Marco Antônio, Planco e Cícero, dirigem-se aos senadores que se reuniram no templo da Terra e propõem uma anistia geral, convidando todos à concórdia. Fica decidido que os conjurados terão a vida e os bens protegidos. Marco Antônio aceita enviar seu filho como refém aos conjurados, para mostrar o espírito pacífico que o anima, assim como os senadores. Cássio vai à casa de Marco Antônio para jantar com ele, e Bruto faz o mesmo na casa de Lépido. No outro dia, os senadores felicitam Marco Antônio por ter, conciliatoriamente, evitado uma nova guerra civil, e mostram sua gratidão aos conjurados dando-lhes governos: Bruto ficará com Creta; Cássio, com a África; Trebônio, com a Ásia; Címber, com a

Bitínia; e o outro Bruto, cognominado Albino, com a Gália cisalpina. Essa vergonhosa unanimidade de fachada se desfaz muito rapidamente. Marco Antônio, que apenas procurou com muita habilidade ganhar tempo, propõe a abertura do testamento de César e sua leitura pública, bem como funerais oficiais para César. Há opiniões contrárias, mas Bruto comete o erro de juntar-se a esse pedido.

É feita a leitura do testamento de César na casa de Marco Antônio. Ao povo que ele sempre defendeu, César deixa um legado considerável, setenta dracmas a cada cidadão romano, além de doar-lhe jardins dos quais era proprietário na outra margem do Tibre – onde será construído, alguns anos mais tarde, um templo dedicado à deusa Fortuna. Diante dessa generosidade, o povo, rapidamente informado, sente que acaba de perder um amigo e um protetor cujo corpo, coberto de feridas, passa agora diante de seus olhos para ser colocado numa fogueira erguida no Campo de Marte, junto ao túmulo de Júlia, sua filha morta prematuramente. Em algumas horas foi construída, diante da tribuna dos discursos, uma capela dourada que tem por modelo o templo de Vênus Genitrix. Lá foi colocado um leito de marfim, forrado de púrpura, cor do comandante-chefe, e ouro, insígnia dos soberanos, e recoberto por sua toga ensangüentada. Uma procissão um tanto desordenada se forma, cada um querendo homenagear César e oferecer dádivas em sacrifício. Jogos fúnebres são oferecidos ao público, poetas recitam versos próprios a excitar a dor do povo diante da morte de César e sua indignação para com os criminosos. É assim que um verso extraído do *Julgamento pelas armas de Aquiles*, de Pacúvio, produz grande emoção:

> Então os poupei para cair sob seus golpes?

que todos tomam como uma alusão evidente à clemência de César ao perdoar seus adversários, tão ingratos que o assassinaram.

À guisa de elogio fúnebre, Marco Antônio, tendo colocado o corpo de César sobre seu leito mortuário, faz ler por um arauto o senátus-consulto que concede ao ilustre defunto todas as honrarias divinas e humanas. Marco Antônio toma a seguir a palavra e, vendo que suas frases de veneração a César sensibilizam o povo, procura comovê-lo ainda mais apoderando-se da toga ensangüentada, desdobrando-a para mostrar que foi perfurada dezenas de vezes, com furor, pelos assassinos, o que excita também a fúria da multidão. Todos se precipitam: bancos e mesas do mercado, e até mesmo as tribunas dos magistrados, são amontoados para formar ali mesmo uma fogueira onde o cadáver de César é colocado. Ela é acesa por dois homens, que trazem uma espada na cintura e dardos na mão. Enquanto as chamas se elevam, tocadores de flauta e atores, que haviam participado da cerimônia oficial e, com essa intenção, vestido os ornamentos consagrados às pompas triunfais, despojam-se deles e os lançam nas chamas. Os veteranos legionários dos exércitos de César lançam ao fogo também as armas com que se ornaram para os funerais, e as mulheres arrancam jóias do pescoço, dos braços e dos dedos para jogá-las igualmente nas chamas, inclusive as bulas* de seus filhos [um amuleto que todo romano usa até a idade viril] e suas togas brancas. Uma multidão de estrangeiros também participa desse luto público e aproxima-se da fogueira manifestando sua dor, cada um à maneira própria de seu país em semelhantes cerimônias. Observa-se que os judeus velam, várias noites seguidas, junto às cinzas de César.

Alguns amotinadores buscam evidentemente provocar distúrbios e, armados de tições inflamados, vão às casas dos assassinos para incendiá-las, ou procuram os conjurados para matá-los. Estes tiveram o cuidado de se esconder ou de fugir; Bruto, em particular, refugia-se em Antium, cidade do Lácio à beira-mar, até que o furor do povo se acalme, mas prefere distanciar-se ainda mais e, após ter atravessado a Lucânia, vai para Eléia. A caça aos assassinos de César acabará por fazer uma vítima inocente, um certo Hélvio Cinna,

---

*Pequena bola de metal. (N.T.)

que veio homenagear seu amigo César. Espalha-se o boato de que ele é um dos assassinos de César, confundido com seu homônimo Cornélio Cinna, que, de fato, desferiu golpes contra o ditador e lançou insultos à memória de César. O povo lança-se sobre Hélvio, lincha-o e faz desfilar sua cabeça espetada numa lança.

"Mais tarde", escreve Suetônio, "foi elevada no Fórum uma coluna de mármore da Numídia, inteiriça e com cerca de quinze metros de altura, com esta inscrição: 'Ao pai da pátria'."

Esse título concedido a César pode ser uma forma de conclusão. Pai da pátria nova, do regime do principado, primeiro imperador de Roma, César compreendeu que a Roma republicana não estava mais à altura das questões e dos desafios que se colocavam, em razão da extensão de seus territórios e fronteiras, e que corria o risco de asfixia. Certamente ele não conseguiu desarmar a oposição dos republicanos e de todos os que, por princípio e por respeito aos Antigos, eram hostis à monarquia derrubada em Roma quatro séculos antes, e sua morte mergulhará novamente o mundo romano na guerra civil, que só terminará em 31 a.C. com a vitória de Otávio, futuro Augusto, sobre Marco Antônio e Cleópatra, em Áccio. Mas ao iniciar, inclusive por seu sacrifício, a marcha de Roma rumo ao Império, ele sofreu também a influência do Oriente helenístico e suas lições de universalismo, das quais Roma tirará proveito, unindo sob seu nome o Oriente e o Ocidente. Os termos César e Pai da Pátria vão figurar, daí em diante, nos títulos de todos os imperadores romanos, como uma homenagem implícita, gravada tanto na História quanto na pedra, a um pai fundador, unanimemente reconhecido.

ANEXOS

Referências cronológicas

101 a.C (julho) – Nascimento de Caio Júlio César.

86 – Morte de Mário, tio de César pelo lado materno.

83 – Sila toma o poder em Roma e lança-se no massacre e na proscrição dos partidários de Mário.

82 – Exílio de César no Oriente.

78 – Retorno de César a Roma.

77 – César instala-se em Rodes, onde freqüenta cursos de filosofia e de retórica.

74 – Captura de César por piratas.

73 – César é escolhido como pontífice.

72 – É eleito tribuno militar, encarregado do recrutamento das tropas.

70 – É nomeado questor para o ano seguinte.

69 – César exerce seu questorado na Espanha-Ulterior.

67 – César desposa, em terceiras núpcias, Pompéia, filha de Pompeu.

63 (março) – César é eleito grande pontífice.

63 (setembro) – César é designado pretor para 62.

63 (setembro a dezembro) – Conjuração de Catilina, que César apóia em segredo e abandona no momento em que ela eclode.

62 (dezembro) – O caso Clódio e o escândalo das Damia.

61 (maio) – César é nomeado propretor da Espanha-Ulterior.

60 (julho) – Primeiro triunvirato que sela a aliança entre César, Pompeu e Crasso.

60 (agosto) – César é eleito cônsul para o ano 59.

59 (abril) – Segunda lei agrária imposta por César. Ele desposa em quartas núpcias Calpúrnia, enquanto sua filha Júlia se casa com Pompeu. César é nomeado procônsul da Gália cisalpina, da Ilíria e da Gália transalpina, dita cabeluda, para o ano 58 e por cinco anos.

58 (abril) – Início da campanha das Gálias.

57-56 – Conquista e pacificação da Gália.

56 (5 de abril) – César, Pompeu e Crasso renovam, em Luca, o triunvirato do ano 60.

55 – César desembarca na Bretanha (Inglaterra).

52 (23 de janeiro) – Um levante geral da Gália é decidido na floresta de Orléans.

52 (13 de fevereiro) – Romanos são massacrados em Orléans: é o sinal da insurreição dos povos da Gália, sob o comando de Vercingetórix.

52 (primavera) – Cerco e tomada de Avaricum (Bourges) por César. Labieno apodera-se de Lutécia (Paris). César faz o cerco de Gergóvia, cidade natal de Vercingetórix, mas é forçado a recuar.

52 (setembro) – César apodera-se de Alésia, após um cerco de dois meses. Vercingetórix e a Gália são vencidos.

50 – Início do conflito entre César e o Senado de Roma e entre César e Pompeu.

49 (12 de janeiro) – Em Ariminium (Rimini), César atravessa o Rubicão, pequeno rio que marca o limite legal e simbólico que um general não deve ultrapassar com seu exército.

49 (1º de abril) – Entrada de César em Roma.

49 (agosto) – Primeiras vitórias de César sobre os partidários de Pompeu e conquista da Espanha-Ulterior.

49 (dezembro) – César é nomeado ditador.

48 (agosto) – Vitória em Farsália de César sobre Pompeu. Este último foge para o Egito.

48 (outubro) – César tem uma ligação com Cleópatra, rainha do Egito.

47 (fim do verão) – Reorganização do Oriente sob dominação romana.

46 (6 de abril) – Vitória de César em Tapso. Suicídio do republicano Catão de Utica.

46 (julho a setembro) – César celebra quatro vezes triunfos sobre seus inimigos e, particularmente, sobre Vercingetórix.

45 (17 de março) – Vitória sangrenta de Munda (Montilla) sobre os filhos de Pompeu.

45-44 (inverno) – César empreende grandes reformas institucionais, sociais, políticas e práticas e projeta grandes obras públicas.

44 (14 de janeiro) – César é nomeado cônsul e *imperator*.

44 (14 de fevereiro) – César é nomeado ditador vitalício.

44 (15 de março) – César é assassinado por ocasião dos famosos idos de março.

Referências bibliográficas

Todas as citações dos autores gregos e latinos deste livro são tiradas de traduções que há muito pertencem ao domínio público. Autorizei-me apenas a modernizar algumas expressões antiquadas, alguns torneios de sintaxe um tanto arcaicos, precisar aproximações ou passar por cima de pudores que hoje não têm mais razão de ser. Tentei, é verdade, rejuvenescer essas traduções, embora conservando-lhes uma certa pátina antiga que tem seu valor.

Para os autores latinos, utilizei os volumes da coleção dos *Autores latinos* dirigida por Nisard na segunda metade do século XIX. Para os gregos, servi-me da *Histoire romaine* de Díon Cássio, na edição da Librairie Firmin Didot, de 1845. Para *A farsália,* de Lucano, recorri à tradução francesa de Marmontel revista e corrigida numa edição do século XIX. Para as *Vidas de homens ilustres,* de Plutarco, à tradução em quatro volumes de Aléxis Pierron, de 1853.

A bibliografia sobre César é tão abundante que poderia formar por si só um livro inteiro. Paul-Marie Duval, em sua bibliografia na edição da *Guerre des Gaules* (Gallimard, Folio, 1981), já escreveu: "Entra ano, sai ano, aparecem de vinte a cinqüenta escritos sobre César...". Compreender-se-á que nossa escolha foi muito difícil e que nos ativemos às obras de referência incontestáveis.

As fontes latinas

As principais dentre elas são as obras do próprio César, *A Guerra das Gálias*, certamente, mas igualmente *A guerra civil*, *A Guerra de Alexandria* e *A Guerra da África*. César foi o redator de *A Guerra das Gálias*, mas foi seu oficial de intendência, Hírtio, que prosseguiu a tarefa ou fez um trabalho de revisão. Os outros livros não são certamente da mão de César, mas é evidente que este os leu, anotou e revisou.

A Vida de César, de Suetônio, é indispensável, especialmente por conhecer a psicologia e o caráter do *imperator*. Ela pode ser completada por capítulos extraídos de outros livros de historiadores latinos, como a *História romana,* de Veleio Patérculo e a de Floro. Não deve ser omitida também *A farsália,* de Lucano, poema épico que, pela riqueza de sua prosopopéia, sobretudo ao descrever as relações entre César e Cleópatra, é particularmente sugestivo.

Não se pode tampouco passar em silêncio alguns tratados, discursos ou panfletos de Cícero, com freqüência citados em nosso livro, mas também sua correspondência (mais de novecentas cartas) que o historiador da Antigüidade Jérôme Carcopino soube decifrar, em dois volumes apaixonantes e apaixonados: *Les Secrets de la Correspondance de Cicéron* [*Os segredos da correspondência de Cícero*] (L'Artisan du Livre, 1947).

As fontes gregas

Plutarco escreveu um *César* nas *Vidas de homens ilustres*, mas dedicou-lhe também diversas páginas em seu *Cícero, Catão o jovem, Bruto, Marco Antônio, Crasso, Pompeu.* Às vezes ele se repete, às vezes não, ou de uma maneira diferente. Por sobreposições, portanto, é possível completar o que ele escreveu apenas sobre César. Seus julgamentos pertencem mais à moral que à História.

A *História romana,* de Díon Cássio, constitui uma fonte não-negligenciável, sobretudo nos livros XXXVI a XLIII que nos foram transmitidos, necessariamente modificados pelo cronista bizantino Xifilino. Também não negligenciável é Apiano e sua *História romana*, livros XIII a XVII, e a *Vida de César*, de Nicolau de Damasco.

As obras fundamentais

Para se ter uma idéia de conjunto e de qualidade sobre os personagens presentes na vida de Júlio César, convém não negligenciar a *Realencyclopädie Altertums Wissenschaft* e, em particular, os artigos consagrados a César, Cícero e Pompeu. Se há um livro que, dedicado a César e a seu tempo, ultrapassa de longe os outros estudos sobre essa personalidade, é seguramente o *Jules César* de Jérôme Carcopino (PUF, 1968). Publicado em 1936, em *L'Histoire romaine*, tomo II, na coleção *Histoire génerale de Glotz*, ele foi reeditado aos cuidados de Pierre Grimal, com revisões e acréscimos bibliográficos. Convém saber que Jérôme Carcopino é um defensor incondicional de César e um opositor geralmente feroz dos inimigos do *imperator*, a começar por Cícero e pelos republicanos da oligarquia senatorial romana. Também não é inútil lembrar, sem que isso pareça desmerecer Jérôme Carcopino, mestre incontestável dos estudos históricos latinos durante cerca de meio século, que este jamais ocultou, em sua época, uma simpatia pelos regimes autoritários e que, por trás de César, é a ideologia de um poder forte que ele defende com muita erudição e habilidade.

Jérôme Carcopino acrescentou outros detalhes ao retrato político de César nos capítulos que lhe dedicou em três outros livros:

Passion et politique chez les Césars (Flammarion, 1958). Aqui ele emite a hipótese ousada de que Cesarião, filho de Cleópatra, não foi engendrado por César, mas por Marco Antônio. Em seu *Jules César*, anterior a esse livro, limitava-se a falar de um filho bastardo de Cleópatra, sem dar-lhe um pai putativo.

Les Profils des Conquérants [*Os perfis dos conquistadores*], Flammarion, 1992.

Alésia ou les ruses de César [*Alésia ou os ardis de César*], Flammariom, 1994. Com uma vivacidade demonstrativa que arrasta com freqüência a convicção de seus leitores,

Jérôme Carcopino insiste aqui, em meio a uma polêmica ainda hoje não encerrada, na identificação clássica do local de Alise-Sainte-Reine, na Côte-d'Or, como sendo o da antiga Alésia.

Não devem ser esquecidos também dois "clássicos" sobre a Antigüidade romana e a Antigüidade gaulesa:

Theodor Mommsen, *Histoire de Rome*, três tomos, Laffont, "Bouquins", 1985. Mommsen (1817-1903), mais ainda do que Carcopino, mostra-se o zelador de César, de quem enaltece as visões políticas e a envergadura de homem de Estado, a seu ver indiscutível. Esse historiador obteve o prêmio Nobel de Literatura. Ele afirma, na época da publicação de sua *História de Roma*, em 1856, e até sua morte, a preponderância da historiografia alemã no domínio da Antigüidade romana e defende um nacionalismo pangermânico.

Camille Jullian, *Histoire de la Gaule*, reeditado em dois tomos, Hachette, 1993. Este livro, setenta anos após a morte de seu autor, continua sendo um monumento indispensável de erudição, de síntese e de intuição. Além disso, é redigido num estilo admirável. Ele manifesta, por seu lado, uma certa hostilidade ao domínio de Theodor Mommsen sobre os estudos romanos, no contexto da hostilidade franco-alemã anterior à guerra de 1914 e da Revanche.

Gaston Boissier, *Cicéron et ses amis, études sur la société romaine au temps de César* (Hachette, 1892). Com grande exatidão de julgamento, ele traça as coordenadas sobre as relações entre César e Cícero, num longo capítulo sobre o monarquista frente ao republicano, sobre a luta sorrateira entre os dois maiores espíritos da época, mesmo que o primeiro tenha um político maior do que o segundo. Não é desinteressante consultar, do mesmo autor, *La Conjuration de Catilina* (Hachette, 1905).

Entre os livros recentes publicados sobre César, há um que vai além do personagem, considerado como um *outsider* bem-sucedido, para melhor compreendê-lo no contexto político, intelectual e moral da época: é o César de Christian Meier (Seuil, 1989). É uma pena que sua bibliografia seja muito curta para um trabalho de tão grande reflexão histórica.

Um pequeno livro de síntese, que não esconde tudo o que deve ao *Jules César* de Carcopino, é o de Jacques Madaule, *César* (Seuil, 1959). E o de Michel Rambaud, *César* (PUF, "Que sais-je?", 1963), que é também o autor de um livro capital nos estudos "cesarianos": *L'Art de la déformation historique dans les Commentaires de César* (Les Belles Lettres, 1966).

Eberhardt Horst, *César* (Fayard, 1998). O historiador alemão analisa em profundidade a psicologia de César, que, entre astúcia e impaciência, prudência e temeridade, chega ao poder por uma série de apostas arriscadas e na maioria das vezes ganhas.

Les ides de Mars, l'assassinat de César ou de la dictature? [*Os idos de março, assassinato de César ou da ditadura?*], apresentado por Robert Étienne (Gallimard/Julliard, coleção Archives, 1973). Esse livro é fundamental porque vai além do assassinato de César, através dos relatos que dele fizeram cinco historiadores da Antigüidade: Nicolau de Damasco, Suetônio, Plutarco, Apiano e Díon Cássio, alçando o episódio trágico ao nível de um debate imaginário sobre a personalidade de César e sobre suas responsabilidades morais e políticas, bem como as dos que o cercavam, amigos e inimigos, que acabaram por provocar os famosos idos de março de 15 de março de 44. A vida de cada um desses historiadores, contada por Robert Étienne, o olhar que cada um dirige ao *imperator*, as motivações pessoais e a influência do tempo em que ele escreve projetam luzes indispensáveis e suplementares para melhor compreender César e seu assassinato.

Quanto às pesquisas bibliográficas mais "específicas", duas obras são indispensáveis: *Histoire de Rome* por André Pigagnol (PUF, coleção Clio, 1962), e *Rome et la conquête du monde méditerranéen, 2. Genèse d'un empire*, sob a direção de Claude Nicolet (PUF, col. Nouvelle Clio, 1978).

Sobre o autor

Historiador e romancista, Joël Schmidt já publicou cerca de quarenta livros, muitos deles dedicados ao mundo romano: *Dictionnaire de la mythologie grecque et romaine* (Larousse, 1965, última edição 2005), *Vie et mort des esclaves dans la Rome antique* (Albin Michel, livro premiado pela Academia francesa, 1973, nova edição 2003), *Lutèce, Paris des origines à Clovis* (Perrin, prêmio Cazes-Brasserie Lipp, também premiado pela Academia francesa, 1987), *Spartacus et la revolte des gladiateurs* (Mercure de France, 1988), *Saint Geneviève et la fin de la Gaule romaine* (Perrin, 1989), *Le royaume wisigoth de Toulouse* (Perrin, 1992, nova edição 1997), *Les Gaulois contre les Romains – la guerre de 1000 ans* (Perrin, 2004).

Coleção **L&PM** POCKET (lançamentos mais recentes)

559(4). **Júlio César** – Joël Schmidt
560. **Receitas da família** – J. A. Pinheiro Machado
561. **Boas maneiras à mesa** – Celia Ribeiro
562(9). **Filhos sadios, pais felizes** – R. Pagnoncelli
563(10). **Fatos & mitos** – Dr. Fernando Lucchese
564. **Ménage à trois** – Paula Taitelbaum
565. **Mulheres!** – David Coimbra
566. **Poemas de Álvaro de Campos** – Fernando Pessoa
567. **Medo e outras histórias** – Stefan Zweig
568. **Snoopy e sua turma (1)** – Schulz
569. **Piadas para sempre (1)** – Visconde da Casa Verde
570. **O alvo móvel** – Ross Macdonald
571. **O melhor do Recruta Zero (2)** – Mort Walker
572. **Um sonho americano** – Norman Mailer
573. **Os broncos também amam** – Angeli
574. **Crônica de um amor louco** – Bukowski
575(5). **Freud** – René Major e Chantal Talagrand
576(6). **Picasso** – Gilles Plazy
577(7). **Gandhi** – Christine Jordis
578. **A tumba** – H. P. Lovecraft
579. **O príncipe e o mendigo** – Mark Twain
580. **Garfield, um charme de gato (7)** – Jim Davis
581. **Ilusões perdidas** – Balzac
582. **Esplendores e misérias das cortesãs** – Balzac
583. **Walter Ego** – Angeli
584. **Striptiras (1)** – Laerte
585. **Fagundes: um puxa-saco de mão cheia** – Laerte
586. **Depois do último trem** – Josué Guimarães
587. **Ricardo III** – Shakespeare
588. **Dona Anja** – Josué Guimarães
589. **24 horas na vida de uma mulher** – Stefan Zweig
590. **O terceiro homem** – Graham Greene
591. **Mulher no escuro** – Dashiell Hammett
592. **No que acredito** – Bertrand Russell
593. **Odisséia (1): Telemaquia** – Homero
594. **O cavalo cego** – Josué Guimarães
595. **Henrique V** – Shakespeare
596. **Fabulário geral do delírio cotidiano** – Bukowski
597. **Tiros na noite 1: A mulher do bandido** – Dashiell Hammett
598. **Snoopy em Feliz Dia dos Namorados! (2)** – Schulz
599. **Mas não se matam cavalos?** – Horace McCoy
600. **Crime e castigo** – Dostoiévski
601(7). **Mistério no Caribe** – Agatha Christie
602. **Odisséia (2): Regresso** – Homero
603. **Piadas para sempre (2)** – Visconde da Casa Verde
604. **À sombra do vulcão** – Malcolm Lowry
605(8). **Kerouac** – Yves Buin
606. **E agora são cinzas** – Angeli
607. **As mil e uma noites** – Paulo Caruso
608. **Um assassino entre nós** – Ruth Rendell
609. **Crack-up** – F. Scott Fitzgerald
610. **Do amor** – Stendhal
611. **Cartas do Yage** – William Burroughs e Allen Ginsberg
612. **Striptiras (2)** – Laerte
613. **Henry & June** – Anaïs Nin
614. **A piscina mortal** – Ross Macdonald
615. **Geraldão (2)** – Glauco
616. **Tempo de delicadeza** – A. R. de Sant'Anna
617. **Tiros na noite 2: Medo de tiro** – Dashiell Hammett
618. **Snoopy em Assim é a vida, Charlie Brown! (3)** – Schulz
619. **1954 – Um tiro no coração** – Hélio Silva
620. **Sobre a inspiração poética (Íon)** e ... – Platão
621. **Garfield e seus amigos (8)** – Jim Davis
622. **Odisséia (3): Ítaca** – Homero
623. **A louca matança** – Chester Himes
624. **Factótum** – Bukowski
625. **Guerra e Paz: volume 1** – Tolstói
626. **Guerra e Paz: volume 2** – Tolstói
627. **Guerra e Paz: volume 3** – Tolstói
628. **Guerra e Paz: volume 4** – Tolstói
629(9). **Shakespeare** – Claude Mourthé
630. **Bem está o que bem acaba** – Shakespeare
631. **O contrato social** – Rousseau
632. **Geração Beat** – Jack Kerouac
633. **Snoopy: É Natal! (4)** – Charles Schulz
634(8). **Testemunha da acusação** – Agatha Christie
635. **Um elefante no caos** – Millôr Fernandes
636. **Guia de leitura (100 autores que você precisa ler)** – Organização de Léa Masina
637. **Pistoleiros também mandam flores** – David Coimbra
638. **O prazer das palavras** – vol. 1 – Cláudio Moreno
639. **O prazer das palavras** – vol. 2 – Cláudio Moreno
640. **Novíssimo testamento: com Deus e o diabo, a dupla da criação** – Iotti
641. **Literatura Brasileira: modos de usar** – Luís Augusto Fischer
642. **Dicionário de Porto-Alegrês** – Luís A. Fischer
643. **Clô Dias & Noites** – Sérgio Jockymann
644. **Memorial de Isla Negra** – Pablo Neruda
645. **Um homem extraordinário e outras histórias** – Tchékhov
646. **Ana sem terra** – Alcy Cheuiche
647. **Adultérios** – Woody Allen
648. **Para sempre ou nunca mais** – R. Chandler
649. **Nosso homem em Havana** – Graham Greene
650. **Dicionário Caldas Aulete de Bolso**
651. **Snoopy: Posso fazer uma pergunta, professora? (5)** – Charles Schulz
652(10). **Luís XVI** – Bernard Vincent
653. **O mercador de Veneza** – Shakespeare
654. **Cancioneiro** – Fernando Pessoa
655. **Non-Stop** – Martha Medeiros
656. **Carpinteiros, levantem bem alto a cumeeira & Seymour, uma apresentação** – J.D. Salinger
657. **Ensaios céticos** – Bertrand Russell
658. **O melhor de Hagar 5** – Dik e Chris Browne
659. **Primeiro amor** – Ivan Turguêniev
660. **A trégua** – Mario Benedetti
661. **Um parque de diversões da cabeça** – Lawrence Ferlinghetti
662. **Aprendendo a viver** – Sêneca
663. **Garfield, um gato em apuros (9)** – Jim Davis
664. **Dilbert 1** – Scott Adams

665. **Dicionário de dificuldades** – Domingos Paschoal Cegalla
666. **A imaginação** – Jean-Paul Sartre
667. **O ladrão e os cães** – Naguib Mahfuz
668. **Gramática do português contemporâneo** – Celso Cunha
669. **A volta do parafuso** *seguido de* **Daisy Miller** – Henry James
670. **Notas do subsolo** – Dostoiévski
671. **Abobrinhas da Brasilônia** – Glauco
672. **Geraldão (3)** – Glauco
673. **Piadas para sempre (3)** – Visconde da Casa Verde
674. **Duas viagens ao Brasil** – Hans Staden
675. **Bandeira de bolso** – Manuel Bandeira
676. **A arte da guerra** – Maquiavel
677. **Além do bem e do mal** – Nietzsche
678. **O coronel Chabert** *seguido de* **A mulher abandonada** – Balzac
679. **O sorriso de marfim** – Ross Macdonald
680. **100 receitas de pescados** – Sílvio Lancellotti
681. **O juiz e seu carrasco** – Friedrich Dürrenmatt
682. **Noites brancas** – Dostoiévski
683. **Quadras ao gosto popular** – Fernando Pessoa
684. **Romanceiro da Inconfidência** – Cecília Meireles
685. **Kaos** – Millôr Fernandes
686. **A pele de onagro** – Balzac
687. **As ligações perigosas** – Choderlos de Laclos
688. **Dicionário de matemática** – Luiz Fernandes Cardoso
689. **Os Lusíadas** – Luís Vaz de Camões
690(11). **Átila** – Éric Deschodt
691. **Um jeito tranqüilo de matar** – Chester Himes
692. **A felicidade conjugal** *seguido de* **O diabo** – Tolstói
693. **Viagem de um naturalista ao redor do mundo** – vol. 1 – Charles Darwin
694. **Viagem de um naturalista ao redor do mundo** – vol. 2 – Charles Darwin
695. **Memórias da casa dos mortos** – Dostoiévski
696. **A Celestina** – Fernando de Rojas
697. **Snoopy: Como você é azarado, Charlie Brown! (6)** – Charles Schulz
698. **Dez (quase) amores** – Claudia Tajes
699(9). **Poirot sempre espera** – Agatha Christie
700. **Cecília de bolso** – Cecília Meireles
701. **Apologia de Sócrates** *precedido de* **Êutifron e** *seguido de* **Críton** – Platão
702. **Wood & Stock** – Angeli
703. **Striptiras (3)** – Laerte
704. **Discurso sobre a origem e os fundamentos da desigualdade entre os homens** – Rousseau
705. **Os duelistas** – Joseph Conrad
706. **Dilbert (2)** – Scott Adams
707. **Viver e escrever** (vol. 1) – Edla van Steen
708. **Viver e escrever** (vol. 2) – Edla van Steen
709. **Viver e escrever** (vol. 3) – Edla van Steen
710(10). **A teia da aranha** – Agatha Christie
711. **O banquete** – Platão
712. **Os belos e malditos** – F. Scott Fitzgerald
713. **Libelo contra a arte moderna** – Salvador Dalí
714. **Akropolis** – Valerio Massimo Manfredi
715. **Devoradores de mortos** – Michael Crichton
716. **Sob o sol da Toscana** – Frances Mayes
717. **Batom na cueca** – Nani
718. **Vida dura** – Claudia Tajes
719. **Carne trêmula** – Ruth Rendell
720. **Cris, a fera** – David Coimbra
721. **O anticristo** – Nietzsche
722. **Como um romance** – Daniel Pennac
723. **Emboscada no Forte Bragg** – Tom Wolfe
724. **Assédio sexual** – Michael Crichton
725. **O espírito do Zen** – Alan W. Watts
726. **Um bonde chamado desejo** – Tennessee Williams
727. **Como gostais** *seguido de* **Conto de inverno** – Shakespeare
728. **Tratado sobre a tolerância** – Voltaire
729. **Snoopy: Doces ou travessuras? (7)** – Charles Schulz
730. **Cardápios do Anonymus Gourmet** – J.A. Pinheiro Machado
731. **100 receitas com lata** – J.A. Pinheiro Machado
732. **Conhece o Mário?** vol.2 – Santiago
733. **Dilbert (3)** – Scott Adams
734. **História de um louco amor** *seguido de* **Passado amor** – Horacio Quiroga
735(11). **Sexo: muito prazer** – Laura Meyer da Silva
736(12). **Para entender o adolescente** – Dr. Ronald Pagnoncelli
737(13). **Desembarcando a tristeza** – Dr. Fernando Lucchese
738. **Poirot e o mistério da arca espanhola & outras histórias** – Agatha Christie
739. **A última legião** – Valerio Massimo Manfredi
740. **As virgens suicidas** – Jeffrey Eugenides
741. **Sol nascente** – Michael Crichton
742. **Duzentos ladrões** – Dalton Trevisan
743. **Os devaneios do caminhante solitário** – Rousseau
744. **Garfield, o rei da preguiça (10)** – Jim Davis
745. **Os magnatas** – Charles R. Morris
746. **Pulp** – Charles Bukowski
747. **Enquanto agonizo** – William Faulkner
748. **Aline: viciada em sexo (3)** – Adão Iturrusgarai
749. **A dama do cachorrinho** – Anton Tchékhov
750. **Tito Andrônico** – Shakespeare
751. **Antologia poética** – Anna Akhmátova
752. **O melhor de Hagar 6** – Dik e Chris Browne
753(12). **Michelangelo** – Nadine Sautel
754. **Dilbert (4)** – Scott Adams
755. **O jardim das cerejeiras** *seguido de* **Tio Vânia** – Tchékhov
756. **Geração Beat** – Claudio Willer
757. **Santos Dumont** – Alcy Cheuiche
758. **Budismo** – Claude B. Levenson
759. **Cleópatra** – Christian-Georges Schwentzel
760. **Revolução Francesa** – Frédéric Bluche, Stéphane Rials e Jean Tulard
761. **A crise de 1929** – Bernard Gazier
762. **Sigmund Freud** – Edson Sousa e Paulo Endo
763. **Império Romano** – Patrick Le Roux
764. **Cruzadas** – Cécile Morrisson
765. **O mistério do Trem Azul** – Agatha Christie
766. **Os escrúpulos de Maigret** – Simenon
767. **Maigret se diverte** – Simenon
768. **Senso comum** – Thomas Paine
769. **O parque dos dinossauros** – Michael Crichton
770. **Trilogia da paixão** – Goethe

771. A simples arte de matar (vol.1) – R. Chandler
772. A simples arte de matar (vol.2) – R. Chandler
773. Snoopy: No mundo da lua! (8) – Charles Schulz
774. Os Quatro Grandes – Agatha Christie
775. Um brinde de cianureto – Agatha Christie
776. Súplicas atendidas – Truman Capote
777. Ainda restam aveleiras – Simenon
778. Maigret e o ladrão preguiçoso – Simenon
779. A viúva imortal – Millôr Fernandes
780. Cabala – Roland Goetschel
781. Capitalismo – Claude Jessua
782. Mitologia grega – Pierre Grimal
783. Economia: 100 palavras-chave – Jean-Paul Betbèze
784. Marxismo – Henri Lefebvre
785. Punição para a inocência – Agatha Christie
786. A extravagância do morto – Agatha Christie
787. (13). Cézanne – Bernard Fauconnier
788. A identidade Bourne – Robert Ludlum
789. Da tranquilidade da alma – Sêneca
790. Um artista da fome *seguido de* Na colônia penal e outras histórias – Kafka
791. Histórias de fantasmas – Charles Dickens
792. A louca de Maigret – Simenon
793. O amigo de infância de Maigret – Simenon
794. O revólver de Maigret – Simenon
795. A fuga do sr. Monde – Simenon
796. O Uraguai – Basílio da Gama
797. A mão misteriosa – Agatha Christie
798. Testemunha ocular do crime – Agatha Christie
799. Crepúsculo dos ídolos – Friedrich Nietzsche
800. Maigret e o negociante de vinhos – Simemon
801. Maigret e o mendigo – Simenon
802. O grande golpe – Dashiell Hammett
803. Humor barra pesada – Nani
804. Vinho – Jean-François Gautier
805. Egito Antigo – Sophie Desplancques
806. (14). Baudelaire – Jean-Baptiste Baronian
807. Caminho da sabedoria, caminho da paz – Dalai Lama e Felizitas von Schönborn
808. Senhor e servo e outras histórias – Tolstói
809. Os cadernos de Malte Laurids Brigge – Rilke
810. Dilbert (5) – Scott Adams
811. Big Sur – Jack Kerouac
812. Seguindo a correnteza – Agatha Christie
813. O álibi – Sandra Brown
814. Montanha-russa – Martha Medeiros
815. Coisas da vida – Martha Medeiros
816. A cantada infalível *seguido de* A mulher do centroavante – David Coimbra
817. Maigret e os crimes do cais – Simenon
818. Sinal vermelho – Simenon
819. Snoopy: Pausa para a soneca (9) – Charles Schulz
820. De pernas pro ar – Eduardo Galeano
821. Tragédias gregas – Pascal Thiercy
822. Existencialismo – Jacques Colette
823. Nietzsche – Jean Granier
824. Amar ou depender? – Walter Riso
825. Darmapada: A doutrina budista em versos
826. J'Accuse...! – a verdade em marcha – Zola
827. Os crimes ABC – Agatha Christie
828. Um gato entre os pombos – Agatha Christie
829. Maigret e o sumiço do sr. Charles – Simenon
830. Maigret e a morte do jogador – Simenon
831. Dicionário de teatro – Luiz Paulo Vasconcellos
832. Cartas extraviadas – Martha Medeiros
833. A longa viagem de prazer – J. J. Morosoli
834. Receitas fáceis – J. A. Pinheiro Machado
835. (14). Mais fatos & mitos – Dr. Fernando Lucchese
836. (15). Boa viagem! – Dr. Fernando Lucchese
837. Aline: Finalmente nua!!! (4) – Adão Iturrusgarai
838. Mônica tem uma novidade! – Mauricio de Sousa
839. Cebolinha em apuros! – Mauricio de Sousa
840. Sócios no crime – Agatha Christie
841. Bocas do tempo – Eduardo Galeano
842. Orgulho e preconceito – Jane Austen
843. Impressionismo – Dominique Lobstein
844. Escrita chinesa – Viviane Alleton
845. Paris: uma história – Yvan Combeau
846. (15). Van Gogh – David Haziot
847. Maigret e o corpo sem cabeça – Simenon
848. Portal do destino – Agatha Christie
849. O futuro de uma ilusão – Freud
850. O mal-estar na cultura – Freud
851. Maigret e o matador – Simenon
852. Maigret e o fantasma – Simenon
853. Um crime adormecido – Agatha Christie
854. Satori em Paris – Jack Kerouac
855. Medo e delírio em Las Vegas – Hunter Thompson
856. Um negócio fracassado e outros contos de humor – Tchékhov
857. Mônica está de férias! – Mauricio de Sousa
858. De quem é esse coelho? – Mauricio de Sousa
859. O burgomestre de Furnes – Simenon
860. O mistério Sittaford – Agatha Christie
861. Manhã transfigurada – Luiz Antonio de Assis Brasil
862. Alexandre, o Grande – Pierre Briant
863. Jesus – Charles Perrot
864. Islã – Paul Balta
865. Guerra da Secessão – Farid Ameur
866. Um rio que vem da Grécia – Cláudio Moreno
867. Maigret e os colegas americanos – Simenon
868. Assassinato na casa do pastor – Agatha Christie
869. Manual do líder – Napoleão Bonaparte
870. (16). Billie Holiday – Sylvia Fol
871. Bidu arrasando! – Mauricio de Sousa
872. Desventuras em família – Mauricio de Sousa
873. Liberty Bar – Simenon
874. E no final a morte – Agatha Christie
875. Guia prático do Português correto – vol. 4 – Cláudio Moreno
876. Dilbert (6) – Scott Adams
877. (17). Leonardo da Vinci – Sophie Chauveau
878. Bella Toscana – Frances Mayes
879. A arte da ficção – David Lodge
880. Striptiras (4) – Laerte
881. Skrotinhos – Angeli
882. Depois do funeral – Agatha Christie
883. Radicci 7 – Iotti
884. Walden – H. D. Thoreau
885. Lincoln – Allen C. Guelzo
886. Primeira Guerra Mundial – Michael Howard
887. A linha de sombra – Joseph Conrad
888. O amor é um cão dos diabos – Bukowski

ENCYCLOPÆDIA é a nova série da Coleção **L&PM** POCKET, que traz livros de referência com conteúdo acessível, útil e na medida certa. São temas universais, escritos por especialistas de forma compreensível e descomplicada.

PRIMEIROS LANÇAMENTOS: **Alexandre, o Grande**, Pierre Briant – **Budismo**, Claude B. Levenson – **Cabala**, Roland Goetschel – **Capitalismo**, Claude Jessua – **Cleópatra**, Christian-Georges Schwentzel – **A crise de 1929**, Bernard Gazier – **Cruzadas**, Cécile Morrisson – **Economia: 100 palavras-chave**, Jean-Paul Betbèze – **Egito Antigo**, Sophie Desplancques – **Escrita chinesa**, Viviane Alleton – **Existencialismo**, Jacques Colette – **Geração Beat**, Claudio Willer – **Guerra da Secessão**, Farid Ameur – **Império Romano**, Patrick Le Roux – **Impressionismo**, Dominique Lobstein – **Islã**, Paul Balta – **Jesus**, Charles Perrot – **Marxismo**, Henri Lefebvre – **Mitologia grega**, Pierre Grimal – **Nietzsche**, Jean Granier – **Paris: uma história**, Yvan Combeau – **Revolução Francesa**, Frédéric Bluche, Stéphane Rials e Jean Tulard – **Santos Dumont**, Alcy Cheuiche – **Sigmund Freud**, Edson Sousa e Paulo Endo – **Tragédias gregas**, Pascal Thiercy – **Vinho**, Jean-François Gautier

L&PM POCKET **ENCYCLOPÆDIA**
Conhecimento na medida certa

IMPRESSÃO:

GRÁFICA EDITORA
Pallotti
IMAGEM DE QUALIDADE

Santa Maria - RS - Fone/Fax: (55) 3220.4500
www.pallotti.com.br